Titelbild
Drachenboot im chinesischen Garten
in Singapur

Hildebrand's Urlaubsführer

Impressionen
Bilder des Landes
Reiseerlebnisse und Betrachtungen

Informationen
Länderkunde
Ihr Urlaubsland von A–Z
Praktische Hinweise
Index

Anhang: Urlaubskarte

Hildebrand's Urlaubsführer Malaysia, Singapur

Herausgeber
K+G Verlagsgesellschaft mbH
Schönberger Weg 15–17
6000 Frankfurt/Main 90

Autoren
Kurt Goetz Huehn

Redaktion
Gabriele Kellermann, Peggy Belles

Fotos
W. Freihen, K. G. Huehn,
C. J. Eicke, J. H. Euler,
I. Hagen, D. Hanka, N. Karl,
H. Tettenborn, Laon Nago Thai

Illustrationen
Eckart Müller, Peter Rank, Manfred Rup

Kartographie
K+G, KARTO+GRAFIK Verlagsgesellschaft mbH

Lithographie
Haußmann-Repro, 6100 Darmstadt

Satz
LibroSatz, 6239 Kriftel

Druck
Schwab Offset KG, 6452 Hainburg

Alle Rechte vorbehalten
© K+G KARTO+GRAFIK
Verlagsgesellschaft mbH
3., überarbeitete und erweiterte Auflage 1990
Gesamtherstellung K+G Verlagsges. mbH
Printed in Germany
ISBN 3-88989-021-0

Hildebrand's Urlaubsführer

MALAYSIA SINGAPUR

Kechil Tapak Tangan
Nyiru di tadahkan

(My hands being small
I hold out a winnowing tray)

KARTO+GRAFIK VERLAGSGESELLSCHAFT MBH

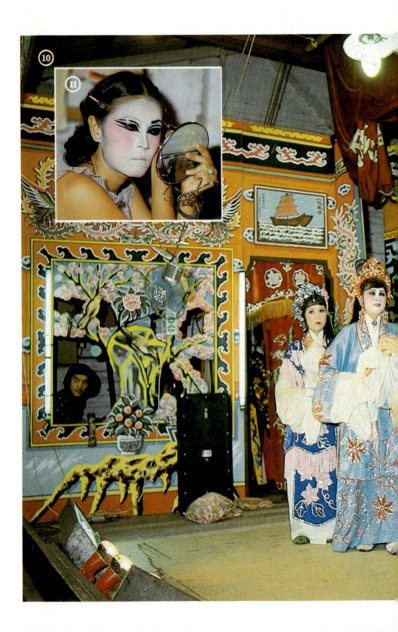

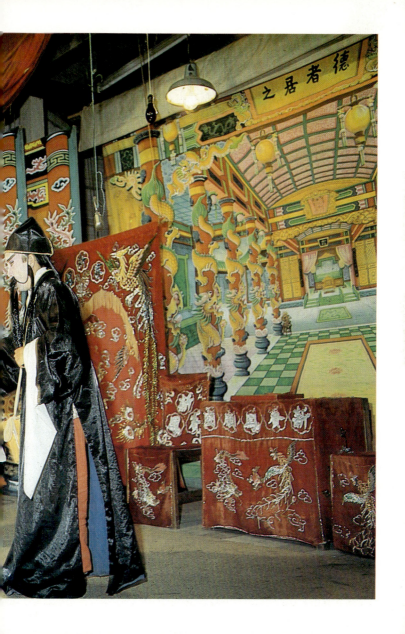

Bildlegenden

Die Skyline Singapurs verändert sich ständig. Neue Wolkenkratzer schießen wie Pilze aus dem Boden und verdrängen das alte Chinatown, das dem Auge des fremden Besuchers zwar die erwartete Exotik vermittelte, seine Bewohner aber vor große hygienische Probleme stellte. Die alten geschichtsträchtigen Häuser an der Mündung des Singapur-Flusses (siehe Bild) sollen jedoch erhalten bleiben.

2. Der Reiz von Kuala Lumpur liegt im Kontrast zwischen Alt und Neu. Die englische Kolonialzeit hat Malaysia ein reiches Erbe hinterlassen. Die Doppelstockbusse im Zentrum der Hauptstadt sind nur ein Teil davon.

3. Die Fischer der Ostküste beliefern weite Teile der Halbinsel mit dem Grundnahrungsmittel Fisch.

4. Typische Häuser eines malaiischen Kampongs (Dorf) in der Nähe von Port Dickson.

5. Das alte sehenswerte Chinatown Singapurs in der Betonklemme des Bankenviertels.

6. Sozialer Wohnungsbau in Kuala Lumpur wird, obwohl er durchschnittlich nur 4 qm pro Person bietet, als Fortschritt empfunden.

7. Der Speisesaal des geschichtsträchtigen Raffles-Hotels in Singapur ist ein Paradebeispiel gelungener Kolonialarchitektur.

8. Zum chinesischen Neujahrsfest führt man in Singapur den Löwentanz auf.

9. Singapurs Tigerbalm-Garten führt den Besucher in die Welt chinesischer Sagen und Mythen ein.

10. Die chinesische Oper findet in Verbindung mit Tempelfesten auch heute noch in der Regel auf der Straße statt. Die Opern von Singapurs Hokkien-Chinesen gelten als die farbenprächtigsten. Zuschauen kostet nichts.

11. Fürs Schminken benötigen die Schauspieler teilweise mehrere Stunden.

12. Noch trägt die Mehrzahl malaiischer Mädchen trotz islamischen Glaubens westliche Kleidung.

13. Nicht nur zum Gang in die Moschee, auch zur Schule und zum täglichen Einkauf tragen islamische Fundamentalistinnen ihre Tracht. Manche strenge Gruppierungen lassen nur noch die Augenpartie unbedeckt. Es ist mittlerweile kein Geheimnis mehr, daß seit der islamischen Revolution im Iran viele Moslems weltweit wieder einer strengeren Interpretation des Koran Glauben schenken – so auch in Malaysia.

14. Ein buddhistischer Mönch in einem Höhlenkloster bei Ipoh. Sein Gesicht ist von Pockennarben entstellt.

15. Ein malaiisches Hochzeitsfest dauert teilweise bis zu 8 Tagen.

16. Ein Junge trinkt die Milch einer Kokosnuß. Bei uns kommen sie meist ohne ihre dicke Außenschale auf den Markt und sind in der Regel ausgereift. Nur eine junge Frucht liefert jedoch den erfrischenden Genuß.

17. Singapurs indische Minderheit lebt und feiert traditionsbewußt.

18. Malaiische Mädchen träumen heute nicht mehr nur von Ehe und Familie, sondern auch von beruflicher Karriere und finanzieller Unabhängigkeit.

19. Von einem Lebensabend im Lehnstuhl halten chinesische Senioren ebenfalls nicht viel. Auf den Märkten von Singapur versuchen viele alte Leute ihren Beitrag zum Familienbudget zu verdienen.

20. Die Iban in Sarawak waren einst gefürchtete Kopfjäger. Im Festgewand vermittelt dieser alte Mann noch etwas von Macht und Ansehen seines Stammes in vergangener Zeit.

21. Die Latex-Milch aus den Kautschukbäumen Malaysias deckt 35% des Weltbedarfs.

22. Die Fänge der traditionell arbeitenden Krabbenfischer gehen an der Westküste in der durch die internationale Schiffahrt stark befahrenen Straße von Malakka stark zurück. Auch hier lassen die Folgen der Umweltverschmutzung nicht lange auf sich warten.

23. Nicht nur in den ländlichen Gebieten, auch in vielen Städten wird die Versorgung der Öffentlichkeit mit Wasser häufig noch durch Brunnen gesichert. Wasserholen ist in Südostasien noch ausschließlich Frauensache.

24. Zinngraveurin beim größten Hersteller für Zier- und Gebrauchszinn in Malaysia: Selangor Pewter in Kuala Lumpur.

25. In der Gesellschaft Malaysias haben alte Menschen noch viele Funktionen: U. a. wird ihnen die Überwachung der Felder anvertraut. Mit langen Stangen vertreiben sie die Vögel aus den Feldern.

26. Blick aus einem chinesischen Felsentempel bei Ipoh.

27. Für die Anpflanzung von Kautschuk und Ölpalmen werden noch immer große Regenwaldflächen gerodet.

28. Blick auf das Blätterdach des Taman Negara, des ältesten tropischen Regenwaldes der Erde.

29. Eine Straße in Richtung der Cameron Highlands. Auf diesem Bild ist deutlich der menschliche Eingriff in die Landschaft zu erkennen: Die Bäume entlang der Straße sind Sekundärbewuchs. An den Hängen im Hintergrund wurde Bau- und Brennholz geschlagen, was bereits zu den helleren Erosionsflächen führte. Der Regenwald hat nur noch auf den Bergrücken sein Refugium. Bei Bedarf wird er auch hier der Axt zum Opfer fallen.

30. Hotel und Golfplatz in Frasers Hill.

31. Blüte des Calotropis procera-Strauchs.

32. Die Netzannone ist eine nahe Verwandte der Cherimoya.

33. Die Jackfruit gibt es in zwei Sorten: Die eine wird als Obst, die andere als Gemüse gegessen.

34. Meterhohe Baumfarne wachsen in der Regel in den nebligen Bergregionen.

35. Knospe des wildwachsenden Ingwer.

36. In der Nähe des Fischerdorfes Rantau Abang an der Ostküste legen riesige Meeresschildkröten im Schutze der Nacht ihre Eier ab. In Rantau Abang befindet sich eine Aufzuchtstation für Meeresschildkröten, die mit Geldmitteln des World Wildlife Fund eingerichtet wurde.

37. Schildkröteneier sind nicht nur ein Leckerbissen für Seevögel und Strandkrebse, auch der Mensch holt sich seinen Teil. Kein Wunder, daß sie bewacht werden müssen.

38. Pfeilschwanzkrebse (Xiphosura) sind eine mit den Spinnentieren verwandte Ordnung. Diese bereits im Kambrium vor ca. 570 Mio. Jahren vorkommenden Lebewesen findet man im Sand der südostasiatischen Küstengewässer.

39. Vor einigen Jahren sah es so aus, als ob die Krokodile Südostasiens nur noch als Damenhandtasche oder Herrenschuh „überleben" würden. Durch intensive Schutzmaßnahmen konnte ihr Bestand mancherorts erstmalig gesichert werden.

40. Tanjung Bungah, Batu Ferringhi und Teluk Bahang sind die Traumstrände der Insel Penang.

41. Eingang zum siamesischen Buddhatempel in Georgetown auf der Insel Penang. Im Innern befindet sich ein liegender Buddha.

42. Im Pure Cloud- oder auch Schlangentempel bittet man mittels Opfergaben für Glück und Gesundheit in der Familie.

43.–50. Um Selbstgeißelung, Demut und Reinigung dreht sich das Thaipusamfest der indischen Minorität Malaysias und Singapurs. Riesige Prunkgebilde aus Metall und Holz werden mit Spießen und Haken am Körper ihrer Träger befestigt. Einige durchbohren ihre Zunge zusätzlich noch mit einem Silberspieß.

51. In den Batu-Caves bei Kuala Lumpur erreicht das Thaipusam-Fest seinen jährlichen Höhepunkt. Die Menge der Gläubigen ist hier kaum noch zu überblicken.

52.–54. Das Fest dient nicht nur als Anlaß zum ersten Haarschnitt für die Jungens, auch die Ohrläppchen der Mädchen werden zu diesem Zeitpunkt durchstochen. Letzteres geschieht in Begleitung des Onkels, der hier die gleiche Stellung wie bei uns der Pate hat.

55. Ubudiah, die schönste Moschee Malaysias, steht in Kuala Kangsar. Sie ist in orientalisch-malaiischem Stil erbaut.

56. Malaiischer Sultansfriedhof bei Seremban.

57. Zwei Pagoden im Chinesischen Garten Singapurs.

58. Buddhistischer Höhlentempel bei Ipoh. Auf einer Lotosblume sitzend ist hier der erleuchtete Buddha dargestellt.

59. Die Zahl der Negritos Malaysias wird heute auf ca. 2 000 geschätzt. Viele der einstigen Waldnomaden verdingen sich heute als Träger, Führer oder Waldarbeiter. Von ihrem Lohn kaufen sie mit Vorliebe Konservennahrung, Kleidung und elektronische Erzeugnisse. Ziehen sie ihrem Wandertrieb folgend zu einem anderen Wohnplatz, bleibt meist eine Müllhalde zurück.

60. In die Rückzugsgebiete der Negritos ist die Art und Weise der malaiischen Hautpflege bereits vorgedrungen. Anpassung an die Sitten und Gebräuche des modernen Malaysia wird diese Minorität, die sich lange vor den malaiischen Völkern in Südostasien ansiedelte und von den Andamanen bis Neu-Guinea verbreitet war, nicht vor dem Untergang retten – ja, ihn vielleicht sogar beschleunigen.

61. Bei der Musik der Dayak-Stämme stehen Schlaginstrumente, wie z. B. Gongs, zentral.

62. Obwohl die Kopfjagd der Dayaks der Vergangenheit angehört, sind die Kriegstänze immer noch ein Teil ihres folkloristischen Repertoires.

63. Bei den tropischen Temperaturen im Norden Borneos sind die Durian-Wasserfälle eine willkommene Erfrischung.

64. Die Langhäuser der Dayaks sind auch dann als Pfahlbauten ausgelegt, wenn sie nicht im Überschwemmungsbereich eines Flusses stehen. Man schützt sich auf diese Weise gegen Kriechtiere und einst auch gegen feindliche Überfälle.

65. Die Ernte der Kokosnüsse findet nicht selten in mehr als 20 m Höhe statt. Das Hauptprodukt der Kokosplantagen ist Kopra.

66. Kopfjagdtrophäen der Iban-Dayak im Sarawak-Museum in Kuching. Einst wurde die Sitte der Kopfjagd von den britischen Kolonialherren mit Nachdruck bekämpft. Während des zweiten Weltkrieges sahen sie in ihr jedoch ein geeignetes Mittel, um der japanischen Okkupation Borneos zu begegnen.

67. Mount Kinabalu – der mit 4 101 m höchste Berg Südostasiens im Licht der frühen Morgensonne. Der im indonesischen Teil Neu-Guineas gelegene Puncak Jayawijaya (4 884 m) gehört nur politisch gesehen zu Südostasien. Da aber nur die geographische Lage zählt, ist er der höchste Berg Ozeaniens.

Inselleben à la Robinson

Langsam schlendere ich durch die glasklare Brandung, die im gleichmäßigen und sanften Rhythmus auf den blendend weißen Strand trifft. Meine Fußabdrücke verraten nur kurz meine Anwesenheit, denn die nächste weißschäumende Woge, die sich wie ein seidenes Tuch über den feinen Sand schiebt, verwischt schon bald alle Spuren. Weit ausladende Kokospalmen ragen in den tropischen Himmel. Ihre fächerförmigen und von Stürmen zerzausten Blätter rauschen in der Mittagsbrise, die angenehm kühlt. Von den nahen dschungelbedeckten Bergen der Insel Tioman dringen die schallenden Rufe von Papageien an mein Ohr, die nur dann verstummen, wenn der Schrei der Siamangs, einer Affenart, ertönt. Nichts deutet auf die Anwesenheit anderer Menschen hin.

Obwohl ich weiß, daß es auf dieser verhältnismäßig großen Insel zwei Fischerdörfer und einige große Hotels gibt, gönne ich mir die Illusion, ein Robinson auf Zeit zu sein. Nichts treibt mich auf diesem Eiland zur Eile an. Keine Autos, kein Lärm, keine Abgase – nur die Insel und ich. Ein lange gehegter Traum scheint in Erfüllung gegangen zu sein.

In Gedanken versunken beobachte ich kleine sandfarbene Krebse, die bei meinem Näherkommen erschreckt davonjagen. Die Scheren zur Abwehr erhoben, suchen sie seitwärts laufend Schutz in den smaragdgrünen Fluten. Ihnen nachblickend entdecke ich in einiger Entfernung eine goldgelbe Kingcoconut, die tanzend in den Wellen treibt. Kurzentschlossen lasse ich mein Hemd am Strand zurück, um diese köstliche Erfrischung aus dem Meer zu bergen. Nach einigen Kraulschlägen bin ich aus der Brandungszone heraus. In 4–5 Metern Tiefe schimmert der bizarr geformte Korallengürtel in grünlich-gelben Farben zu mir herauf. Die kleine Schwimmbrille, die ich immer bei mir trage, verschafft mir im Nu einen klaren Blick in die Tiefe.

Unter mir breitet sich eine schillernd blaue Welt aus, in der fremdartige Lebewesen wie bunte Farbtupfer herumschwimmen. Wie ein Fisch unter Fischen ziehe ich über große Fächer- und Schirmkorallen hinweg, der vielfältigen Unterwasserfauna als Versteck dienen. Rot-weiß gestreifte Clownfische schauen neugierig zwischen den Tentakeln einer Seeanemone hervor, die nur ihren Symbiose-Partnern Schutz bietet. Paradiesvögeln gleich „fliegen" zwei Papagei-Fische in ihren verschwenderisch leuchtenden Schuppenkleidern in Greifweite an mir vorbei.

Ein leichter Schlag gegen meinen Kopf veranlaßt mich, aus dem Wasser zu blicken. Offensichtlich habe ich trotz Beobachtung des Rifflebens richtig navigiert, denn es war die Kokosnuß, die mich gerade unsanft berührte. Bei genauerer Inspizierung stelle ich erfreut fest, daß sie noch frisch ist. Nicht immer kann man ihrer so leicht habhaft werden. Das Erklimmen einer 15 Meter hohen Kokospalme, die in der Regel auch einen Besitzer hat, der gerne um Erlaubnis gefragt werden möchte, er-

Ein Querschnitt durch den Regenwald zeigt verschiedene Vegetationsstufen: Während auf dem dunklen Waldboden nur Moose und kleine Gräser gedeihen, gibt es über 70 m hohe Bäume, deren Kronen weit über das dichte Urwalddach hinausragen.

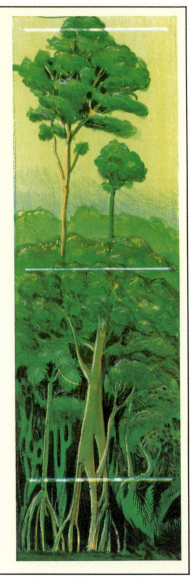

fordert Geschick und Ausdauer. Bald darauf berühren meine Füße wieder den sandigen Grund. Während ich die große Nuß wie eine Bowling-Kugel über den Strand rollen lasse, schüttele ich mir das Wasser vom Leib.

Der salzige Geschmack in meinem Mund steigert das Verlangen nach dem erfrischenden Inhalt der „kelapa" (malaiisch für Kokosnuß). Doch wie kann ich sie ohne Messer öffnen? Hastig suchen meine Augen den Strand nach einem geeigneten Werkzeug ab. Viele bunte Muscheln, die normalerweise mein Interesse gefunden hätten, bleiben diesmal unbeachtet liegen. Etwas Großes und Scharfes muß es sein. Das gesplitterte Gehäuse einer Meeresschnecke scheint für meine Zwecke wie geschaffen. Mühsam ritze ich die zähfasrige Schale ein, um sie danach abzuziehen.

Der Schatten einer großen Wolke fällt auf mich und läßt mich in meiner Arbeit innehalten. Hinter dem kahlen, steil aufragenden Felsenpeak, der das Erkennungszeichen Tiomans ist, quellen dunkle Gewitterwolken empor. Dumpfes, aus der Ferne ertönendes Grollen läßt die feuchtwarme Luft um mich herum vibrieren. Wie graue Vorhänge treiben Regenschleier von den dschungelbewachsenen Bergen auf mich zu. Dicke Tropfen fallen in den Sand und färben ihn dunkel. Anfangs sind es nur einige wenige, die jedoch schnell von einem sintflutartigen Wolkenbruch abgelöst werden, den man so nur in den Tropen erleben kann. Nachdem der lauwarme Monsunregen mir das Salz vom Körper gespült hat, suche ich fröstelnd Schutz in einem angrenzenden Waldstück. Zitternd unter eine große Bambusstaude geduckt, warte ich das Ende des Unwetters ab. Um mich herum trommelt der Regen auf große und kleine Pflanzen, deren frisches Grün in den verschiedensten Tönen leuchtet.

Mit einem spitzen Stück Bambus, das ich mir aus einem abgeknickten Stumpf herausbreche, gelingt mir das Öffnen der Kokosnuß nun innerhalb weniger Minuten. Die spitzen Haare, die besonders im unteren Bereich des Bambus zu finden sind, und unangenehm stechen können, habe ich vorsichtshalber mit einer Muschelscherbe entfernt. Endlich kann ich meinen Durst mit dem leicht prickelnden Wasser dieser gelblichen Kokosnußart stillen.

Von einer Bananenstaude kappe ich mir mit meinem Bambusmesser ein großflächiges Blatt ab, das mich gegen den noch tröpfelnden Himmel schützt. Auch als die Regenwolken erneut dem blauen, zum Klischee gewordenen Tropenhimmel gewichen sind, erweist es mir nützliche Dienste, indem es mich vor dem gleißenden Licht der Sonne schützt. Das Blatt auf dem Kopf balancierend, laufe ich sorglos in den Tag hinein, der mich trotz meines Alleineseins auf das beste unterhält. Außer Kokosnüssen gibt es hier wahrlich nichts, „was mich auf die Palme bringen könnte". Doch – da wäre etwas! Ausgerechnet am „Freitag" muß ich meine Robinson-Insel verlassen.

„Hast Du heute schon gegessen?"

Die Garküchen Singapurs beginnen teilweise schon in den frühen Morgenstunden ihre Arbeit. Während der Nacht sind ihre Utensilien in Kisten und Schränken, die am Rand der Straßen stehen, verschlossen. Geschirrgeklapper und das Rücken der Holztische sorgen allmorgendlich dafür, daß ich in meinem kleinen Hotel in Chinatown schon mit den in den Hinterhöfen gehaltenen Hühnern aufstehe. Kurze Zeit später sitzen schon die ersten Gäste an den Tischen und essen ihre Nudelsuppen, Bak Paos und teilweise auch schon ausgebreitete Dim sum, die von einem Ober des benachbarten Restaurants in eiligen Schritten herbeigebracht werden. Diese zur kantonesischen Küche gehörende Spezialität, die soviel wie Herzerfreuer bedeutet und in kleinen Bambusbehältern über Dampf gegart oder in Öl gesotten wird, besteht meist aus Klößen, Röllchen und anderem Teigwerk, das mit Schweine-, Rind- oder

Hühnerfleisch und Gemüsen gefüllt wird. Als ich mich zu den Gästen geselle, wartet Wilson, ein chinesischer Geschäftsfreund, bereits an einem der Tische. „Che fang lema? – Hast Du heute schon gegessen?" begrüßt er mich in typischer Weise, denn das körperliche Wohlbefinden, das den Tagesablauf bestimmt, hängt bei den Chinesen Singapurs mehr als anderswo von der Anzahl und Art der Mahlzeiten ab.

Es ist daher verständlich, daß dem Essen eine besondere Bedeutung zufällt. Von ihm wird bei Asiaten viel häufiger als bei uns gesprochen. Niemand denkt dabei an die Kalorientabelle. „Sie sind aber schlank!" wäre bei den alten traditionsbewußten Chinesen alles andere als ein Kompliment. Die jungen Frauen der Stadt haben sich jedoch bereits physische Ideale westlicher Art zum Vorbild gemacht. Knöchrig wie „Twiggy" gilt jedoch als häßlich. Bei den „Alten" herrscht immer noch die überkommene Ansicht: Dick ist reich, und reich ist gut. Auch wenn man wegen eines von kulinarischen Sünden erfüllten Lebens vorzeitig zu den Geistern der Ahnen gerufen wird, stand man zumindest in seinem irdischen Dasein in hohem Ansehen. Wilson hat uns bereits einige Bak Paos (mit Fleisch gefüllte Hefeklöße) bestellt, die wir gierig verzehren. Eine gewisse Hektik beim Essen ist auch bei den um uns sitzenden Chinesen nicht zu übersehen. Während im heutigen Singapur Zeit Geld ist, nahm man sich in früheren Zeiten zumindest beim Essen ausreichend Zeit.

In den Garküchen Singapurs und Malaysias, die auch als Hawker-Stalls bekannt sind, ißt heute wirklich jedermann. Besonders zur Frühstückszeit nutzen Schüler, Rentner, Arbeiter und Büroangestellte chinesischer Abstammung das preisgünstige Angebot, da die Eigenbereitung von Nudelsuppe und Schmalzgebäck vor dem Gang zur Arbeit zu zeitaufwendig wäre. Draußen kann man sie auch fast an jeder Straßenecke bekommen. Die Hauptmahlzeit wird dann meist abends zu Hause eingenommen. Für viele Chinesen Singapurs besteht das Mittags- und Abendmahl im wesentlichen aus Reis oder Nudeln und Gemüse. Fleisch ist auch heute noch für die unteren Einkommensschichten nicht die alltägliche Regel. Es wird durch Eier, den auch nicht besonders billigen Fisch und die allgemein belieb-

„Che fang lema?" – *„Hast Du heute schon gegessen?"*

ten Sojaprodukte ersetzt, die in den verschiedensten Zubereitungsvarianten auf den Tisch kommen. Auch die anderen Volksgruppen Südostasiens haben Sojaprodukte auf ihrem Speisezettel, die nicht nur preisgünstig, sondern auch besonders gesund sind.

Während ich beobachte, wie der noch jugendliche Koch einer Garküche gegenüber mit schlafwandlerischer Sicherheit das „Allzweckhackebeil" schwingt, mit dem vom Knoblauch bis zur Schweinehaxe alles mundgerecht zerkleinert wird, trifft Wilsons Frau ein, die sich in der Gastronomie Singapurs besonders gut auskennt. Von ihr erfahre ich, daß in der chinesischen Küche auch heute noch die Kochkunst des alten Pekinger Kaiserhofes mit seinen 8 000 Rezepten als Vorbild für die Meister des Faches dient. Früher gehörten dort Bärentatzen, Leopardenembryos, Schlangen, Hundehirn und Orang Utan-Lippen zu den Spezialitäten für die „Himmelssöhne". Obwohl diese Gerichte nicht mehr zu bezahlen wären, kann und will man auch heute in manchen Restaurants und Garküchen nicht auf ähnliche exotische Spezialitäten verzichten. Der Genuß von Schwalbennester- und Haifischflossensuppe ist jedoch nur zahlungskräftigen Gästen vorbehalten.

Nicht so billig wie in den Garküchen kommt man prinzipiell in den größeren Restaurants davon, die es auf die Börsen der ausländischen Gäste abgesehen haben. Der legendäre Ruf der chinesischen Kochkunst treibt heute auch die zaghaften Urlauber in die lukullischen Nobelrestaurants, wo sie besonders dem Genuß einer als kulinarisches Reiseerlebnis dienenden Peking-Ente nachstellen. Diese zur nordchinesischen Küche zählende Spezialität wird mindestens zwei Wochen an der „Nudelmaschine" zum fetten und später auch knusprigen Gaumenschmaus getrimmt. In den speziellen Touristenrestaurants wurde das „Kochritual" bereits auf Kosten der Qualität in größerem Maße rationalisiert, was sich aber die einheimischen Gourmets vorerst noch verbitten. Die normale Zubereitung einer Peking-Ente ist ja auch eine zeitraubende Angelegenheit, die nicht jeder der nüchternen westlichen Gäste herauszuschmecken vermag. Lieber im „Zeitraffersystem", dafür aber billig, ist leider bei vielen Köchen die Parole.

Chinesische Küche ist auch nicht gleich chinesische Küche. Die vor mehreren Generationen nach Südostasien eingewanderten Chinesen haben meist bis auf den heutigen Tag die Eigenarten ihrer jeweiligen Provinzküche beibehalten. Obwohl sich heute amerikanische Industrienahrungsspezialisten mit ihren hackfleischbelegten Brötchen scheinbar erfolgreich in Singapur und Malaysia etablieren können, pflegt die alte Generation noch das kulinarische Erbe der Väter, in dem auch die Verschiedenartigkeit des chinesischen Volkes besonders zum Ausdruck kommt.

Während in Südostasien der Reis allgemein vorherrscht, ist in der Volksrepublik China noch der Reisäquator, der das Land in eine nördliche und eine südliche Hälfte teilt, bestimmend. Nördlich des Jang Tse bevorzugt man Weizen und gewöhnliche Fleischsorten. Südlich des Flusses hat man ohne Reis keine vollwertige Mahlzeit zu sich genommen.

Dort sind auch die Spezialitäten zu Hause, die der chinesischen Küche den exotischen Ruf eingebracht haben. Während bei den Südchinesen, zu denen meist auch die Chinesen Südostasiens gehören, beim Gedanken an Katzen, Schlangen, Hundehirn, Affen und vielem anderen „tierischen" das Wasser im Munde zusammenläuft, bleibt der Nordchinese lieber seinen eigenen „zivilen Rezepten" treu. Viele Urlauber befürchten, daß man, um „wertvolles Rindfleisch" zu sparen, heimlich Schlangen- und Hundefleisch ins Menü mischt. Die Angst ist jedoch total unbegründet, denn für solche Besonderheiten zahlt man heute ein Vermögen. Rindfleisch dagegen ist durchaus erschwinglich und rangiert in der Beliebtheit weit hinter Schweinefleisch.

Im allgemeinen halten Chinesen aber mehr für eßbar als andere Völker. Besonders auf dem Markt in Chinatown kann man sich einen umfassenden Überblick über die exotischen Zutaten verschaffen, die unter den geübten Augen des prüfenden Kunden nur in bester Qualität bestehen können. Die Schlange, die besonders für die Landbevölkerung Malaysias eine alltägliche Gefahr darstellt, muß sich umgekehrt auch von der chinesischen Küche bedroht fühlen, in deren Töpfe sie als besondere Spezialität wandert. Große Würgeschlangen, wie der Netzpython, giftige Kobras, harmlose Nattern – alles was kriecht und beißt wird von einem Spezialisten zu kochgerechten, aber sündhaft teuren Portionen verarbeitet. Viele Zuschauer, die ruhigen Gewissens dieser Exekution beiwohnen, vergessen nur allzu schnell, daß die Rattenplage ohne diese nützlichen Reptilien nicht mehr einzudämmen wäre. Aber was schmeckt, hatte schon immer schlechte Überlebenschancen.

Die mit Mei Tai, einem Schnaps, vermischte Schlangengalle gilt übrigens als besonderer Heiltrunk, der bei Rheuma- und Kreislaufbeschwerden lindernd wirkt. Alle Chinesen glauben vernünftigerweise daran, daß das, was sie essen, wie und wann sie es essen, unmittelbar auf die Gesundheit ihres Körpers einwirkt. Während Mäuse zur Stärkung werdender Mütter dienen, schreibt man Katzenfleisch Heilungskräfte bei Gicht zu. So mancher Hundebesitzer in Europa weiß nicht, daß er das Mittel gegen seinen Bluthochdruck beim täglichen Ausführen seines vierbeinigen Lieblings förmlich in Händen hält. Auch viele alteingesessene Europäer Singapurs haben sich mir gegenüber positiv zu dieser Form der „Naturheilkunde" geäußert. Ein Tierfreund hingegen wird sich davon wohl kaum Heilungschancen versprechen können.

Da sich das Leben der Chinesen häufig in der Gemeinschaft der Großfamilie abspielt, ißt man am Tisch immer mit Blick auf die anderen Essensteilnehmer, damit keiner zu kurz kommt. Das „Teilen" ist ein wichtiger Grundzug chinesischer Eßkultur. Das Familienoberhaupt oder der Gastgeber bedient zu Beginn jeder Mahlzeit von den in der Mitte des Tisches stehenden Gemeinschaftsgerichten. Wenn einem eine Mahlzeit auch noch so gut schmeckt, steht jedem nur der gleiche Anteil davon zu. Dem ausländischen Gast gegenüber macht man jedoch gerne eine Ausnahme, die aber nicht unbedingt genutzt werden sollte.

Die Stäbchen, oder auch Chop-Sticks genannt, sind das denkbar einfachste und eleganteste Eßwerkzeug, das zusammen mit Porzellanlöffeln das einzige Tafelbesteck der Chinesen ist. Das Messer gehört bei ihnen ausschließlich in die Küche und nicht auf den Tisch. Gibt es manchmal ein eßtechnisches Problem, dürfen auch ruhig die Hände eingesetzt werden, die man jedoch nicht unbedingt ablecken sollte. Eine Schüssel mit warmem Wasser kann zur Säuberung der Finger jederzeit geordert werden. Auch wir haben unser mittlerweile sehr ausgedehntes Morgenmahl mit einem Fingerbad in einer Porzellanschüssel beendet.

Porzellan hat bei den Chinesen ebenfalls eine große Tradition. Chinesen aßen als erste aus Porzellan. Sie haben es bereits lange vor uns erfunden. Vor Jahrhunderten gehörte chinesisches Porzellan zu den Weltwundern und europäische Potentaten überboten sich, um von den feinbemalten und glasierten Kostbarkeiten, die mit den aus Fernost eintreffenden Segelschiffen befördert wurden, möglichst viel zu ergattern. Heute ist es keine Besonderheit mehr. Man nutzt Porzellanschüsseln überall in den Garküchen, teilweise sogar nur zum Fingerwaschen.

Als wir durch die Straßen China-Towns zum Peoples Park laufen, fühle ich mich nach diesem Intensiv-Kurs in der chinesischen Küche bereits ganz zu Hause. Überall dringen die leckeren Gerüche der Hawker-Stalls, die vielerorts ihre Köstlichkeiten bereiten, auf mich ein. In den gläsernen Schaukästen liegt frisches Gemüse und Geflügel. Obwohl wir gerade unseren Hunger gestillt haben, käme mir ein kleiner Versuch hier und da gerade recht, um die neu erworbene Theorie in die Praxis umzusetzen.

Wilsons Frau steckt mir mit einem Zwinkern ein kleines längliches Päckchen mit der Bemerkung „bitte erst zu Hause öffnen" in die Tasche. Als mich zwei Tage später kurz nach dem Start von Singapur im Flugzeug die Neugier übermannt und ich es öffne, halte ich zwei Bambusstäbchen in der Hand. In Gedanken versunken, lege ich das Airline Besteck aus Plastik zur Seite und esse mit den neuen Stäbchen das „Catering Menü".

Unter mir verschwinden im nächtlichen Dunkel des internationalen Luftraumes die Lichter einer Stadt, die zu Recht das Mekka der Feinschmecker genannt wird. Was chinesisches Essen betrifft, werde ich in Zukunft nicht nur den Chop-Sticks, sondern auch Singapur treu bleiben.

Das Raffles-Hotel – Singapurs Trostpflaster in Sachen Nostalgie

Viele Reisende, die in den letzten Jahren nach Singapur kamen, werden es bedauert haben, anstelle der täglichen Wirtschaftsnachrichten zuviel Rudyard Kipling, Somerset Maugham und Joseph Conrad gelesen zu haben. Was sich da, durch das lokale Wirtschaftswunder „gepusht", an gestylten Hochhausfassaden, asphaltierten Verkehrsadern und neonbeleuchtetem City life präsentiert, scheint dem Besucher anfangs all das vorzuenthalten, was dieser in der fernöstlichen Metropole Singapur an Exotik vorzufinden hoffte. Eingeweihte wissen jedoch, daß diese Stadt, die seit 20 Jahren abgerissen und seit 40 Jahren wieder aufgebaut wird, nur an einigen wenigen Orten ihr nostalgisches Ambiente bewahren konnte.

Einer davon ist sicherlich das Raffles-Hotel. Obwohl auch hier durch die in der direkten Umgebung tätigen Preßlufthämmer und Abrißbirnen der viktorianische Putz der Stuckdecken deutlich zu bröckeln beginnt, können ihm Singapurs Stadtplaner mit dem Radiergummi nichts mehr anhaben – das Hotel steht seit einigen Jahren unter Denkmalschutz. Dennoch trauern seine einstigen Stammgäste – Mitglieder ehemaliger kolonialer High-Society – soweit sie heute noch am Leben sind, ihrem Raffles von damals nach. Selbst der Schriftsteller Maugham, der durch seine Romane viel zum besonderen Ruf des Hotels beitrug, konnte sich 1959 auf seiner letzten Singapur-Reise nicht mehr mit der leibhaftigen, von ihm häufig beschriebenen Hotelkulisse, geschweige denn mit dem sie erfüllenden Leben identifizieren. Kinder und Kindeskinder alter „Rafflesier" kommen jedoch heute, auf der Suche nach der verlorengegangenen Welt ihrer Eltern, mit Vorliebe in diese altehrwürdigen Mauern. Für sie läge die Übernachtung in einem modernen Stahl-Beton-Glas-Gebilde, das meist mehr einer „Kreuzung" zwischen ägyptischem Obelisk und Airport-Tower als einem standesgemäßen Hotel ähnelt, entschieden außerhalb ihrer Familientradition.

Es sind jedoch nicht nur sentimentale, sondern auch literarische Gründe, die für die anhaltend hohe Auslastung der einstigen Nobelherberge sorgen. Kein Wunder, wenn die Stammzimmer großer Literaten wie Noel Coward, Rudyard Kipling und Somerset Maugham, Nr. 10, 76 und 78, bis auf weiteres ausgebucht sind. Während früher schnell mal ein „unbedeutender Gast" einem großen Namen sein „historisches Zimmer" überlassen mußte, läßt heute dem „Chef de Reception" die schier endlose Zahl der Optionen auf die heißumkämpften Nummern diese Lösung nur wenig zweckmäßig erscheinen. Der Hinweis auf die Räume, in denen andere Berühmtheiten, wie Hermann Hesse, Agatha Christie, John Wayne und Charlie Chaplin, nächtigten, hilft nur in den seltensten Fällen. Es sind eben nicht wenige, die in diesem Hotel und besonders in seinen geschichtsträchtigen Zimmern etwas vom Hauch der ihnen meist unbekannten Zeit atmen wollen.

Ihre literarische Verklärtheit oder historische Unwissenheit sorgt dafür, daß sie nur allzuschnell vergessen, daß während der Kolonialepoche in diesem Haus unerträgliche Ignoranz, auf Standesdünkel basierende Arroganz und auch Rassismus ein und aus gingen. Die gute alte Zeit konnte es offensichtlich nicht jedem recht machen, und viele Asiaten schien es ja doch gar nicht zu stören, daß man sie als Menschen zweiter Klasse ansah. Die meist weiße Elite konnte sich daher bis in die fünfziger Jahre sicher sein, daß sie im Raffles, abgesehen von dem dort „zum guten Ton gehörenden" asiatischen Personal, unter sich blieben.

Dieses Hotel war jedoch nicht nur Schauplatz exaltierter Eitelkeit, auf der vom Apartheitsgedanken durchtränkte Allüren ausgelebt wurden, sondern hier wurden auch erste revolutionäre Zeichen eines gesellschaftlichen Umbruches gesetzt. Kein Geringerer als Malcolm Mcdonald, der letzte britische Hochkommissar für Südostasien, sorgte dafür, daß auch die unteren Ränge der britischen Kolonialarmee im Raffles Zutritt erhielten. Als er dann dort noch mit offenem Hemd und ohne Jakkett einen Toast auf das englische Herrscherhaus ausbrachte, war das gute alte Raffles für die vornehmen Kreise Singapurs entweiht. Da das erste Hotel am Platze, das Hotel L'Europe, bereits Ende der dreißiger Jahre seine Pforten für immer geschlossen hatte, konnten sie – noblesse oblige – nicht mehr guten Gewissens in Singapur Station machen. Ohne europäisch-westlichen Komfort und einen gewissen Stil waren die Tropen für die Klasse der vornehmen Weltreisenden nun einmal nicht zu ertragen.

Heute vermitteln die 127 Suiten des Raffles mit ihren Wohn-, Schlaf- und Badezimmern noch etwas von den Ansprüchen, die wohlhabende Reisende damals an ein gutes Hotel stellten. In vielen Räumen ist jedoch mittlerweile zum Deckenventilator eine Klimaanlage hinzugekommen. Auch Radio und Farbfernsehen sind moderne Attribute. Das von vielen neu entdeckte Ambiente des Raffles konzentriert sich heute im Tiffin Room, im großen Marmor-Speisesaal – einst der größte der Welt – und im Palmcourt. Letzterer ist die grüne Oase der Hotelanlage. Es ist bereits wieder ein Ritual, hier, abgeschirmt vom hektischen Treiben der Stadt, bei einem Gin Sling unter Palmen den Ausklang des Tages zu erleben.

Das Raffles-Hotel ist allerdings seit Februar 1989 wegen umfangreicher Renovierungsarbeiten geschlossen. Die Wiedereröffnung wird voraussichtlich nicht vor 1991 stattfinden.

Thaipusam –
das Fest der Demut

Langsam geben die Strahlen der Sonne ihre ersten Farbtöne an die Landschaft ab. Pastellgrüne Felder und ein fahlblauer Morgenhimmel beherrschen die weiträumige Szene, die zu dieser frühen Stunde einen frischen, unberührten Eindruck macht. Auf einem alten Drahtesel fahre ich in einen Januarmorgen hinein, der bereits die deutlichen Anzeichen eines heißen und von Licht durchfluteten tropischen Tages trägt. Auf meinem antiquierten „Leihfahrrad", das durch die Aufschrift „Made in England" seine koloniale Vergangenheit verrät, schaukele ich gemütlich auf eine kalkige Felsformation zu, die in einiger Entfernung aus der weiten Ebene bei K. L. turmartig emporragt. In ihr liegen die Batu-Höhlen, die bereits seit gestern im Zeichen des hinduistischen Thaipusam-Festes stehen.

Der große Kegelkarst wirkt mit seinen bewaldeten und teilweise erodierten Hängen wie eine riesige Vogelspinne, die ihre Beine weit in die Landschaft streckt. Vorbei an kleinen Seen, auf die der Morgenwind seine Muster zeichnet, führt der Pfad auf eine Asphaltstraße, die mich geradewegs zu den Batu-Caves bringt. Der große Platz vor den Höhlen ist noch von bunten Papierresten und Blütenblättern übersät, die im Hauch der frühen Stunde wirre Tänze aufführen. Nur vereinzelt sieht man Menschen herumlaufen, deren Gesichter von einem kurzen nächtlichen Schlaf gezeichnet sind. In einem Coffee-Shop bereitet man sich in hektischer Aktivität auf den Andrang Tausender von Pilgern vor. Nach Tee und Reiskuchen mache ich mich an den Aufstieg in die Haupthöhle. Wie eine gigantische Zunge hängt die 272stufige Treppe aus dem einem riesigen Rachen gleichenden Höhleneingang. Die steigende Temperatur läßt die ersten hundert Tritte bereits zu einem Konditionstest werden.

Von weitem dringt eine motorisierte Geräuschflut an mein Ohr, die immer heftiger wird. Mit quietschenden Bremsen halten weit unten auf dem Vorplatz Personenautos, Busse und Lastwagen, die die ersten Pilger und Schaulustigen bringen. Es sind zum größten Teil Inder, die während der Vollmondzeit in dem nach ihrer Zeitrechnung festgelegten Thai-Monat das Thaipusam-Fest begehen. Gruppen bildend, erfüllen sie bereits nach kurzer Zeit die wogende Szene vor den Höhlen. Neu ankommende Fahrzeuge versuchen, ineinander verkeilt, auf die angrenzenden Felder auszuweichen und machen dadurch das motorisierte Chaos vollkommen. In grellbunte Sari gekleidete Frauen lassen die Menschenmenge aus der Vogelperspektive wie einen Blumenteppich erscheinen. Einige Pilgergruppen tragen auch einheitliche Kleidung. Ich sehe, daß sich manche von ihnen tanzend den Weg zur Treppe zu bahnen beginnen. Das rhythmische Spiel von Trommeln mischt sich mit dem Hupkonzert neu eintreffender Fahrzeuge. Das Thaipusam ist vollends zum Leben erwacht.

Um den schier endlosen Reihen empordrängender Gläubiger auszuweichen, eile ich im Schweiße meines Angesichts die steile Treppe zur Höhle weiter hinauf. Als mich das große Gewölbe verschluckt, flaut auch die bisherige Geräuschkulisse ab. Nur noch vom dumpfen Dröhnen der Trommeln begleitet, schreite ich in eine riesige kirchenartige Felsenhalle hinein, der der beißende Geruch von Fledermauskot und das rauchige Dunkel etwas Geheimnisvolles verleihen. Urgewalten, wie Wind und Regen, haben sich in Tausenden von Jahren mit dieser Höhle ein Denkmal besonderer Art geschaffen. In der Tiefe der Hallen brennen vereinzelt kleine Feuer, deren züngelnde Flammen ein flakkerndes Licht an die grauen Wände des Höhlendoms werfen. Hier und da sehe ich Menschen, die in mystischer Verzückung durch das diffuse Halbdunkel der Höhle tänzeln.

Als ich näher herantrete, schaue ich in das weit aufgerissene Antlitz eines Mannes, dessen blutunterlaufene Augen wie aus einer anderen Welt zu mir herüberstarren. Ohne mit seinen Blicken an mir haften zu bleiben, dreht er sich mit ekstatischen Schritten wie ein Kreisel durch den Staub der Höhle. Was ich anfangs als Nebensächlichkeit an ihm übersah, läßt mich nun erschaudern: An Dutzenden kleiner Haken, die sich ihm tief in die dunkle Haut bohren, trägt der Mann grüne Limonen, die durch die Wucht seiner wilden Bewegungen weit von seinem Körper abstehen. Wie ein Fabelwesen schwankt eine andere, mit Asche grau gefärbte Gestalt auf mich zu, die – ich traue meinen Augen kaum – eine nahezu 3 Meter lange versilberte Stange durch ihre Wangen gespießt hat. Es fließt kein Blut! Zufriedene Entspanntheit liegt in seinem Antlitz, das jedoch durch dieses kaltglänzende Metall etwas Diabolisches erhält. Ich wußte zwar, daß die Inder bei diesem ursprünglich in Südindien beheimateten Fest durch Marter die Auflösung ihrer Leiblichkeit und damit den Sieg des Geistes über den Körper anstreben. Eine so hautnahe Konfrontation mit dieser Form der Selbsttortur hatte ich mir jedoch nicht vorgestellt.

Von draußen drängt eine Stimmenlawine heran, die sich in der Weite der Höhle tausendfach bricht. Durch den vom Tageslicht erhellten Höhleneingang schwappt ein unaufhörlicher Strom menschlicher Umrisse in den gewaltigen Naturtempel hinab. Das dumpfe Vibrieren der Trommeln, zu dem Hunderte scheinbar entseelter Körper trancehafte Bewegungen ausführen, wird stärker. Viele von ihnen haben ihre Wangen, Lippen und Zungen gespeert, um durch die Unverletzlichkeit und Schmerzfreiheit ihres Leibes die Gnade Schiwas zu dokumentieren. Obwohl die Zunge einer der am stärksten durchbluteten Körperteile ist, fließt aus deren Wunden ebenfalls kein Blut. Kavaditragende Männer drängen durch die Höhle. Kavadis sind bunt verzierte Metallgestelle, die mit nahezu hundert spitzen Stangen, Haken und Federkielen in der Haut ihres Trägers verankert sind. Der Erfindungsgeist der Männer hat bei der Herstellung der

Gestelle wahre Blüten getrieben. Jeder probiert, die anderen in der Härte der Folter zu überbieten. In den Gesichtern der Kavadi-Pilger sucht man daher meist vergebens nach einem Ausdruck der Demut. Auch in Trance nimmt ihre Erscheinung eine stolze Haltung ein und läßt dadurch die Tortur mehr als Selbstzweck erscheinen.

Die Luft wird stickig. Stampfende und langsam vorwärts scharrende Füße haben den feinen Staub der Höhle aufgewirbelt. Plötzlich bricht einer der Kavadi-Träger wie vom Blitz getroffen vor mir zusammen. Sofort eilen dem an allen Gliedern zitternden Mann mehrere Leute zu Hilfe, um ihn von seiner Last zu befreien. Aus seinem Mund tritt weißer Schaum. Die Menschenmasse macht einen weiträumigen Bogen um diesen Zwischenfall, der offensichtlich viele mit Unbehagen erfüllt. Daß jemand das Ziel seines Opfergangs nicht erreicht, gilt scheinbar nicht gerade als gutes Omen. Kurz vor dem Altar des Lord Muruga kollabieren weitere Pilger, denen der Aufstieg über die 272 Stufen zu den Höhlen die letzten Kräfte abverlangt hat. Ihre Haare, die von einer vorbereitenden Reinigungszeremonie im nahen Fluß noch durchnäßt sind, verleihen – mit Staub behaftet – manchen von ihnen das Aussehen von Gipsfiguren.

Die Statue Lord Murugas, die als Symbol den Speer trägt, ist zusammen mit seinem Reittier, dem Pfau, dargestellt. Muruga ist für die gläubigen Hindus, die vor seinem Altar zum letzten Mal tanzen, ehe sie von den Speeren und Haken befreit werden, eine Manifestation des alleinigen Weltenschöpfers Schiwa. Seine Augen und sein mit Blumen geschmückter Goldleib machen auf mich einen lebendigen, wenn auch etwas starren Eindruck. Sein Blick scheint die Menge zu durchdringen und sich im Dunkel der Höhle zu verlieren. Schöpfungs- und Zerstörungskraft, Harmonie und Schmerz scheinen in dieser Gottheit eine Einheit zu bilden, die sich auf die Gläubigen übertragen hat. Das Denken und Streben sowie das Unterbewußtsein der Menschen um mich herum scheinen ganz auf ihn gerichtet zu sein. Die Aufmerksamkeit und das übliche „Hallo Mister", die mir in den Städten und Dörfern Malaysias täglich mehrfach entgegenschlugen, fehlen hier.

Starre, demütige Augen, stolze, verzückte Gebärden sowie Weihrauch- und Schweißgeruch erzeugen langsam bei mir eine Sättigung an Eindrücken. Es drängt mich hinaus ins Freie. Das intensive Tageslicht nimmt den Zeremonien die spirituelle Atmosphäre. Draußen auf den Treppen zieht eine mittlerweile unübersehbare Menge dem Ziel ihrer Wallfahrt entgegen. Scheinbar leichtfüßig überwinden die Pilger den steilen Anstieg. Ihr Glaube scheint sie mit unerschöpflicher Kraft zu erfüllen. Als Nicht-Hindu kommt man sich in dieser von spiritueller Energie bebenden Menge nahezu nackt und schutzlos vor. Glaube versetzt Berge – davon bin ich nun sehr anschauungsvoll überzeugt worden.

Als ich später abends in meinem Stammrestaurant von Ashley, dem indischen Ober, Satay Ayam (Hühnerfleisch auf Bambusspießen) empfohlen bekomme, ist mir mehr nach vegetarischem Essen zumute. Als ich ihm von meinem Tageserlebnis erzähle, setzt er sich zu mir. „Wir ‚echten Hindus' lehnen dieses Spektakel der menschlichen Selbstdarstellung ab. Unser Körper ist ein Geschenk Schiwas, das unserer Seele als Tempel und nicht als Spielfeld menschlicher Irrungen dienen soll. Für Thaipusam-Pilger ist mittlerweile an Stelle des Fastenreglements, der sexuellen Enthaltsamkeit und des Rauchverbots die Selbstgeiselung zum tragenden Element ihres Glaubens geworden." Während Ashley mir das alles erzählt, beweist mir sein ernstes Gesicht, daß diese Angelegenheit bei ihm einen wunden Punkt berührt. „Mein jüngerer Bruder, der von seiner Frau verlassen wurde, war heute auch dabei", teilt er mir mit bedrückter Miene mit. Über seine Augen fließt ein feuchter Glanz. Er springt auf und stellt mir kurz darauf einen großen Mango-Fruchtsaft auf den Tisch. „It's on our account! To clean up your mind", sagt er mit einem sinnigen Lächeln, in der für die Inder typischen harten Betonung. Nachdem er sein eigenes Glas in einem bewußten Zug gelehrt hat, scheint die Sache für ihn damit erledigt zu sein.

Flußfahrt in Sarawak

Sibu, die Stadt im Mündungsgebiet des Rajang, liegt noch im Dunst der frühen Morgenstunde. Am Flußufer herrscht jedoch bereits reges Treiben. Während einige Männer und Frauen voneinander getrennt im Wasser des Rajang mit ihrer Morgentoilette beginnen, laufen drüben an den Bootsstegen schon die ersten Motoren warm. Sibu ist der Ausgangspunkt für Schiffsfahrten ins Innere Sarawaks. Mein Gepäck, das ich in eine wasserdichte Kiste verpackt habe, steht schon festgezurrt auf dem Dach des Schnellbootes, dessen 500-PS-Diesel bereits ungeduldig zu tuckern beginnt. Unter Deck drängt sich ein buntes Gemisch von Völkern: betelkauende Malaien, mit Diplomatenkoffern „bewaffnete" Chinesen, tätowierte Dayaks der verschiedensten Stämme. Männer, Frauen, Kinder und Greise ringen um einen günstigen Sitzplatz für die sechsstündige Fahrt nach Kapit, dem letzten „zivilisierten Ort" am Rajang. Ich selbst habe es mir zwischen einem Stapel Durian und leeren Hühnerkörben auf dem Dach des Schiffes bequem gemacht, um auch etwas von der Landschaft genießen zu können.

Nachdem die Schiffsglocke mehrmals geläutet wurde, schlägt der starke Bootsmotor plötzlich ungedämpft an. Immer schneller schiebt sich der lange, zigarrenförmige Rumpf durch das braun und träge dahinströmende Wasser des Rajang. In einer großen Kurve schwenkt er hinaus auf den hier über 500 m breiten Fluß. Winkende und weinende Menschen bleiben am Ufer zurück, denn diese beschwerliche Fahrt ins unzugängliche Innere Borneos trennt meist für lange Zeit. Die kalte Morgenluft, die der Fahrtwind mir kraftvoll entgegenbringt, läßt mich fröstelnd zu meinem Pullover greifen. In der Nähe der großen Flüsse, die kaltes Wasser aus dem Gebirge führen, kühlt es nachts meist ab. Die mit Sekundärbewuchs bestandenen Ufer sind hier und da noch vom Nebel umhüllt, der manchmal jedoch den Blick auf kleine, verträumte Ortschaften freigibt. Mittlerweile hat unser Schiff, das scheinbar zurecht „Kapit Express" heißt, seine Höchstgeschwindigkeit von 65 km/h erreicht und bringt mit seiner kräftigen Bugwelle die kleinen Prahus (Langboote), die mit den Produkten der Urwalddörfer beladen zum „Morning Market" nach Sibu streben, bedenklich ins Schwanken.

Schon bald begegnen wir den ersten zu Flößen zusammengebundenen Baumriesen, die ihrem Ziel Sibu entgegentreiben. Wenn das Schiff nicht mit Stahlplatten gepanzert wäre, könnten die teilweise aus der Verankerung gelösten Stämme wie Torpedos seinen Rumpf durchbohren. Der sehr erfahrene Kapitän weicht ihnen jedoch sicherheitshalber aus. Das Donnern des schweren Schiffsdiesels erhält nun ein von den immer dichter werdenden Regenwäldern reflektiertes Echo, das schon bald die Sinne trübt. Angefeuchtete

Papiertaschentücher, zu Ohrenstöpseln umfunktioniert, bringen jedoch etwas Linderung.

Glücklicherweise ebbt das Stakkato ab. Der erste Zwischenstop wird eingelegt. Langsam gleitet das Boot aus, um durch geschickte Ausnutzung der Strömung an dem Steg eines kleinen, auf der hohen Uferböschung gelegenen Ortes anzulegen. In grüne und blaue Schuluniformen gekleidete Kinder, die bei Kanowit zur Schule gehen, warten auf das Zeichen zum Einsteigen. Als die mit weißen Kopftüchern bekleideten Mädchen, die offensichtlich eine islamische Lehranstalt besuchen, mich auf dem Schiff entdecken, winken sie mir freudig zu, denn ein Fremder, der dazu noch wie ein Gepäckstück auf dem Dach des Kapit Express reist, ist keine Alltäglichkeit. Nachdem die kräftigen Hände der Schiffsbesatzung den hier aussteigenden Passagieren Kühlschränke, Zementsäcke, Wellblech und eine Ziege nachgereicht haben, geht die Fahrt weiter.

Mittlerweile ist das Leben an den Ufern vollends erwacht. In Sarongs gekleidete, lachende Frauen waschen ihre Wäsche in den lehmigen Fluten des Flusses, während ihre Kinder begeistert im Schlamm der Uferbänke spielen. Auf der anderen Seite kann man beobachten, wie die männlichen Bewohner eines Dorfes in fröhlicher Gemeinschaftsarbeit ein Wohnhaus errichten. Einige von ihnen verzehren, auf einem Stapel Bauholz sitzend, ihr in ein Bananenblatt verpacktes Frühstück – wahrscheinlich ein Nasi Goreng (gebratener Reis). Bei diesem Anblick beginnt sich auch mein Magen zu melden, der wegen des Aufbruchs im Morgengrauen wohl etwas zu kurz kam. Zum Glück hat mir Ong, der Koch eines kleinen chinesischen Restaurants gegenüber meiner Herberge in Sibu, ein ebenfalls in Bananenblätter eingepacktes Lunchpaket mitgegeben. Sein Inhalt entpuppt sich beim Öffnen ebenfalls als Nasi Goreng, der hier in Südostasien häufig das Butterbrot ersetzt. Obwohl Reis zum Frühstück nicht jedermanns Sache ist, bin ich mit der Auswahl der Speise zufrieden, denn sie sättigt und hält auch lange vor. Nach malaiisch-indonesischer Tradition esse ich mit den Fingern.

An den Ufern ziehen Moscheen und Missionskirchen vorbei, um die sich die Häuser kleiner Ansiedlungen scharen. Die in „Ganzmetallausführung" errichteten spitzen Kirchtürme erinnern stark an die gewagte Konstruktion eines Science-Fiction-Raumschiffs. Ihre silbrigen Flächen reflektieren das immer stärker werdende Sonnenlicht, das mich schon bald unter Deck treibt. Direkt neben dem Einstieg finde ich noch ein kleines Plätzchen auf einem Reissack, dessen Besitzer, ein alter Mann, ihn mir lächelnd etwas zurechtrückt. Sein vom Betel rotgefärbter Mund gibt seinem freundlichen Gesicht etwas clownhaftes. Ihm gegenüber sitzt ein Kenyah-Dayak, der stolzer Besitzer eines neuen Außenborders ist. Mit seinen tätowierten Händen bewegt er ehrfurchtsvoll den Propeller hin und her, dessen Wirkung für ihn offensichtlich mehr auf Zauber als auf physikalischen Gesetzen beruht. Sein schwarzgrau meliertes, schulterlanges Haar, das in einem für die Kenyahs typischen Pony auf die Stirn fällt, hat er in einem kurzen Zopf verschlungen. Funkelnde Augen spiegeln eine von den Härten des Urwaldlebens geprägte, starke Persönlichkeit wider, deren Ausstrahlungskraft mich in ihren Bann zieht. Bei der kleinsten Bewegung seines bronzefarbenen Körpers kann man unter der straff gespannten und bläulich tätowierten Haut das Spiel der Muskeln erkennen, die auf ein vielseitiges und aktives Leben des

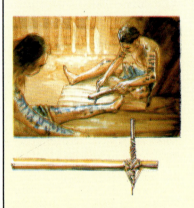

Tätowierungen – schmerzhafte Kunstwerke für ein ganzes Leben.

Mannes hinweisen. Seine Ohrläppchen sind zur Aufnahme schweren Bronze- und Messingschmucks durchbohrt. In einer Ecke neben dem Außenborder lehnt sein schlankes, schwungvoll geformtes Holzpaddel, das bis vor wenigen Jahren das am weitesten verbreitete Antriebsmittel bei Flußfahrten in Borneo war. Doch es hat offensichtlich ausgedient. Ich bin Zeuge eines Umbruchs, der nicht nur Generationen, sondern auch Mensch und Natur zu trennen beginnt.

Als wir am frühen Nachmittag Kapit erreichen und der schweigende Schiffsmotor endlich die Geräuschkulisse des benachbarten Regenwaldes freigibt, wird mir klar, daß hier das Borneo beginnt, von dem man geträumt hat. Das Zentrum Kapits macht bereits nicht mehr den Eindruck eines „Provinz-Nestes". Großzügig angelegte Straßen und Plätze, ein großes Verwaltungsgebäude und ein scheinbar überdimensioniertes Marktgebäude zeigen, daß man hier für die Zukunft plant. Zwei kleine Kinos kündigen mit großen Plakaten amerikanische Katastrophenfilme an, in denen die Technologie mal nicht als Segensbringer dargestellt wird. Das „Towering Inferno" (Name des Films) wird diesem Städtchen hoffentlich erspart bleiben.

Als die Nacht über Kapit mit der in den Tropen üblichen kurzen Dämmerungszeit hereinbricht, wird der Ort vollends vom Dschungel geschluckt. Das metallisch klingende Gezirpe Tausender Zikaden erfüllt das Dunkel. Schwarze Schatten großer fruchtfressender Fledermäuse ziehen an dem vom Mondlicht erleuchteten Firmament vorüber und verschwinden in den Pflanzungen. Manchmal dringen auch Bären, Warane, Musangs und andere Tiere im Schutz der Dunkelheit in den Ort vor, um sich ihren Teil vom „Zivilisationsabfall" zu holen.

Nur wenige Kilometer von hier beginnt das Imperium der Dayak-Stämme, die in ihren Langhäusern noch nach den Gesetzen ihrer Ahnen leben. Viele von ihnen begnügen sich noch mit dem, was der „Urwald" ihnen bietet. Ihre Schamanen beherrschen eine altüberlieferte Naturheilkunde, von der auch unsere moderne Pharmazie zum Teil profitiert hat. Obwohl der von ihnen betriebene Wanderfeldbau den Dayaks häufig zum Vorwurf gemacht wird, kann man davon ausgehen, daß sie ihren Lebensraum bis auf den heutigen Tag nahezu unversehrt erhalten haben.

Ob die Zivilisation dieses Erbe schützen wird, wird uns die Zukunft zeigen.

Besuch im Zwergstaat Brunei

Die hinter Kumulus-Wolken verschwindende Sonne gibt dem Wind eine Chance. Er bläht die von grauen Schatten überzogenen Segel des Schoners, die in einer die Mittagshitze begleitenden Flaute gerade noch schlaff und regungslos in der Takelage hingen. Hoch an den Wind gehend, nimmt unser großes Schiff Schräglage an und läßt mich Halt am Vorstag suchen. Weiße Gischt verrät eine gegen die Fluten des Meeres Fahrt aufnehmenden Bug. Die prallgefüllten „Segelfetzen" heben sich kontrastvoll vom azurblauen Himmel ab, dessen tropische Haufenbewölkung am Horizont hinter einem Mangrovengürtel emporquillt.

Wir kreuzen auf alten Seefahrtsrouten in den Territorialgewässern von Brunei. Das Kommando zum Streichen der Topsegel wird von der Mannschaft, die in ihrem Schatten Siesta gehalten hatte, nur nach und nach befolgt. Der starke ablandige Wind, der den exotischen Duft einer fremden, tropischen Vegetation gefangen hält, trocknet langsam die Schweißperlen auf meiner Stirn.

Omar, der Schiffsjunge, wirft mit jugendlichem Übermut die leeren Kokosnußhälften, die uns während der heißesten Tageszeit eine willkommene Erfrischung boten, in das quirlende Kielwasser. Sie bilden im Blau des Meeres eine bewegte Linie, die schon bald unseren Augen entschwindet.

Der Steuermann steht mit gespreizten Beinen, die Schräglage des Schiffes ausgleichend, hinter dem großen Steuerrad. Seine dunkelbraunen Augen suchen hinter flatternden Haarsträhnen den Horizont nach Orientierungspunkten ab. Er trägt ein verblichenes T-Shirt, auf dem „Shell Brunei" steht. Sie ist nur eine von vielen multinationalen Öl-Gesellschaften, die durch die großen Öl- und Erdgasvorkommen Nord-Borneos angelockt wurden. Tief unter uns im Grund des südchinesischen Meeres hat man schon Ende der fünfziger Jahre große Erdgasfelder aufgespürt, die es lohnt auszubeuten. Einem Urweltungeheuer gleich taucht in einigem Abstand eine der großen Bohrinseln des Ampa-Feldes auf. Als wir von einem kräftigen Wind getrieben elegant an ihr vorbeirauschen, dröhnt metallisches Scheppern und Quietschen zu uns herüber. Ein neues Bohrgestänge wird mittels eines Krahns in den Turm gezogen. Wie winzige Ameisen wirken die auf dem riesigen Stahlgebilde arbeitenden Menschen, deren silberne Schutzhelme in der Sonne blinken.

Schon bald sind wir wieder mit den Geräuschen unseres Schiffes allein. Endlose Mangrovenwälder ziehen an uns vorbei und lassen die Küste unnahbar erscheinen. Ein leichtes Rucken des Schiffes und schwarze Schlickwolken im Kielwasser zeigen an, daß wir ihr zu nahe gekommen sind und bereits den schlammigen Grund gepflügt haben. Mit erregter Miene übernimmt der Kapitän, der wie ein Relikt aus der Zeit des Piraten Sandokan wirkt, selbst das Steuer und fällt mit geübter Hand vom Kurs ab. „Hier im Bereich der Mangrovenküste kann man keiner Seekarte trauen", meint er fachmännisch. „Besonders bei den einmündenden Flüssen ändert sich die Wassertiefe in wenigen Wochen." Als die brenzlige Situation gemeistert ist, kehrt bei allen wieder Gelassenheit ein. Der Name unseres Schiffes „hidup sabar – Geduldiges Leben" spiegelt die Lebensphilosophie der größtenteils malaiischen Besatzung deutlich wider.

Bald kreuzen wir vor der Erdgaspier von Lumut auf. Über ein 40 Meter hohes Ladegestänge wird gerade ein Spezialtanker in 18 Stunden mit verflüssigtem Erdgas gefüllt. Wenn das auf –160°C abgekühlte Flüssiggas durch die 5 km lange Pipeline schießt, zieht sie sich, bedingt durch das Materialverhalten der rostfreien Rohre, um 12 Meter zusammen. Diese gewaltige Anlage, die pro Jahr ca. 4 Mio. t Flüssiggas ausschließlich nach Japan liefert, wurde in einer Rekordzeit von zwei Jahren aus dem Urwald gestampft. Von weitem können wir die dicken Eispanzer sehen, die trotz der 35°C um die Füllstutzen liegen.

Obwohl Brunei den Gewinn aus Öl- und Erdgasfeldern in Wohlstand für seine Bürger umsetzt, ist der Glaube an den Reichtum in alle Ewigkeit bereits gebrochen. Geologen sehen den Ausverkauf der Lagerstätten für das Jahr 1990 voraus. Wie Bruneis Zukunft nach dem Gas- und Ölzeitalter aussehen wird, weiß heute noch niemand. Wenn die Vorkommen versiegen, wird die augenblickliche Arbeitslosenzahl von über 3 000 weiter ansteigen. Auch das hohe Pro-Kopf-Einkommen von über 1 000 Brunei-Dollar wird dann kaum noch zu halten sein. Alternativen für andere Einkommensquellen sind bislang Theorie geblieben.

Die Mannschaft vertreibt sich mittlerweile mit Angeln die Zeit. Der chinesische Schiffskoch wartet, sehnsüchtig ins Wasser starrend, auf einen Anbiß. Es dauert auch nicht lange, bis der erste Fang, ein Ikan Tongkol, eine Bonitoart, an der Lei-

ne hängt. Alle jubeln. Da man einen Schwarm vermutet, werden neue Schleppangeln ausgeworfen. Weitere Erfolge bleiben jedoch aus.

Die flache Küstenlinie erhält langsam ein bergiges Hinterland, das nach und nach bis ans Meer herantritt. Im warmen Licht der Mittagssonne leuchtet das Grün der mit Regenwald bedeckten Hügel besonders kräftig. Wir nähern uns unserem Ziel – Bandar Seri Begawan. Große und kleine Schiffe liegen mit bereits eingeschalteten Positionslichtern in der großen Bucht. Wie einst die Royalist, das Schiff des Abenteurers James Brooke, ist es heute unsere „hidup sabar", die in die Mündung des Brunei-Flusses einläuft. Als der im englischen Dienst tätige Brooke im August 1839 seinen Schoner vor der Küste Nord-Borneos ankerte, herrschte hier ein politisches Chaos. Piraterie und Kriege zwischen rivalisierenden Bevölkerungsgruppen hatten die Herrschaft des Rajahs über den Norden Borneos in Gefahr gebracht. Als Brooke mit einigen Schüssen seiner Bordkanonen und durch diplomatisches Verhandlungsgeschick für eine Neuordnung zwischen Ibans, Malaien und Chinesen sorgte und dabei auch die Interessen des Sultans von Brunei nicht außer acht ließ, machte ihn dieser zum Dank für seine Hilfe zum weißen Rajah von Sarawak.

Mit gerafften Segeln gleiten wir langsam voran. Vor uns liegt das auf Pfählen ruhende Wasserdorf Kampong Ayer, hinter dem die goldene Kuppel der Omar Ali Saif uddin-Moschee in den abendlichen Himmel ragt. Ein für Brackwasserzonen typischer Modergeruch, der sich mit den Abgasen eines Schiffsdiesels mischt, liegt in der Luft. Auf den Laufstegen der Pfahlhäuser genießt man die abendliche Stunde. Die Menschen winken uns freudig zu. In den Hütten des Wasserdorfes herrscht bereits das 20. Jahrhundert. Neben Strom- und Wasserversorgung hat auch das Farbfernsehen mit dem dazugehörenden Antennenwald Einzug gehalten. Vorschläge der Regierung, die nahezu 20 000 Einwohner des Kampong Ayer in moderne Wohnsiedlungen zu „evakuieren", stießen bei ihnen auf taube Ohren. Der Widerstand der dortigen Bevölkerung hat sich nun gelohnt: 1987 wurde ihre Siedlung unter Denkmalschutz gestellt. Die Metropole des Sultanats mit ihren Straßen, Geschäften und Industrieanlagen und der teuersten Moschee Südostasiens entstand praktisch aus dem Nichts, nachdem die nahe Erdgasverflüssigungsanlage in Betrieb genommen wurde.

Kommandos zum Einholen der Segel ertönen. Kurz darauf rasselt die Ankerkette. Am nächsten Morgen steht ein Stadtbummel auf dem Programm. Die Schaufenster der Geschäfte machen mir schnell deutlich, daß man sich hier westlich konsumorientiert verhält. Bunte Reklamespots, die vom Waschpulver über Elektronik bis zum Hustensaft alles nur Erdenkliche anpreisen, weisen auf die finanzielle Potenz der Kunden hin. Im Märchenland Brunei ist das Wort Steuer für den Bürger ein Fremdwort. Hier Subventionen, dort zinslose Kredite lassen bei den Menschen, die in der Lage sind, einen Antrag auszufüllen, erst gar keine Geldprobleme entstehen. Außerdem garantiert die Regierung jedem Brunesen eine Altersrente.

Schon am frühen Morgen ist das Straßenbild bereits von einer Blechlawine erfüllt, die die Luft mit Hupkonzerten und bleihaltigen Dämpfen erfüllt. Das vom Wirtschaftswunder gezeichnete Brunei weist in seiner Statistik von 1979 mehr Autos pro Kopf aus, als die Bundesrepublik Deutschland. Vor jedem teilweise nur aus Holz gebauten Haus stehen 4–5 Wagen, da meist die ganze Familie motorisiert ist. Besonders an den Wochenenden bietet sich am Rande der einzigen Landstraße Bruneis das gleiche Bild wie in „Good old Germany" – liebevolle Wagenwäsche.

Für den Kauf seines Statussymbols hat jeder junge Brunese eine staatliche Subvention oder einen Kredit erhalten. Samstags nach der großen Mittagshitze stellt sich die aus betuchtem Hause stammende Jugend in ihren chromblitzenden Karossen auf der Hauptstraße zur Schau. Daß man zum Verbrennen eines Liters Benzin ca. 40 000 Liter Luft benötigt, und dies mit eine der Ursachen für die Abnahme des atmosphärischen Sauerstoffs ist, ist hier wie dort meist unbekannt. Lässig hinters Lenkrad gelehnt, wartet man auf Beifall bekundende Blicke. Viele von ihnen, reich und arbeitslos, halten Ausschau nach einem Job im feinen Anzug. Sie warten auf die Posten, die augenblicklich noch von „know how"-beladenen Europäern, Japanern und Amerikanern eingenommen werden. Es ist nur allzu verständlich, daß sie nicht zur Feldarbeit gehen, wenn die Regierung sie in Oxford und Havard studieren ließ.

Auch der Gemüse- und Obstverkauf der Marktfrauen ist mehr Zeitvertreib als Lebensunterhalt. Die staatlichen Subventionen würden ihnen auch ein Hängemattendasein erlauben. Fortschritt und Moderne haben die Vergangenheit gerade erst verdrängt. Noch bis vor kurzem mußten Frauen mit unehelichen Kindern ins Gefängnis. Westliche Musik ist auch heute noch unerwünscht. Die Jugend läßt sich hier jedoch auch nicht alles verbieten. In den Wohnvierteln mischen sich morgens und abends die Hits von der Cassette mit dem Ruf des Muezzins. Brunei ist streng islamisch. Unweit von der Moschee demonstriert das Denkmal Winston Churchills anhaltende Verbundenheit mit der ehemaligen britischen Kolonialmacht.

Für den Besucher stellt sich Bandar Seri Begawan heute als eine Mischung aus orthodox-islamisch, britisch-nostalgisch und westlich konsumorientierte Oase dar. Obwohl das Sultanat aus den jährlichen Ölerträgen des multinationalen Konzerns 600 Mio. US$ Steuern bezieht, schwebt das Damoklesschwert bereits über der ökonomischen Zukunft Bruneis. Die Bevölkerung wächst heute jährlich über 5%. Die Selbstversorgung des Staates mit Agrarprodukten steckt noch in den Anfängen. Gemüse kommt aus Malaysia, Reis aus Thailand und Geflügel aus den nach westlichem Vorbild errichteten Hühnerfarmen Singapurs. Auf einer Versuchsfarm beginnt man heute, junge Brunesen zu Landwirten auszubilden. Die bisherigen Bemühungen reichen aber mit Sicherheit nicht für eine spätere Selbstversorgung aus.

Auf dem Markt kaufe ich mir Rambutans, erfrischende Früchte mit haariger Schale. Der Handrücken des Verkäufers, der mir die Ware im Austausch mit Geld reicht, ist tätowiert. Als er vor mehreren Jahren die Regenwälder Bruneis verließ, um sein Auskommen in der Stadt zu finden, wußte er wahrscheinlich noch nichts von den Auswirkungen der Zivilisation. Als der Verkäufer bemerkt, daß ich seine Tätowierungen betrachte, versteckt er die Hand hinter seinem Rücken. Seine stolze Miene entgleist in ein hilflos verlegenes Lächeln. Er wird sicher noch nicht die Erfahrung gemacht haben, daß es nicht ohne Risiko ist, das heimatliche Langhaus und seine Traditionen zu verleugnen.

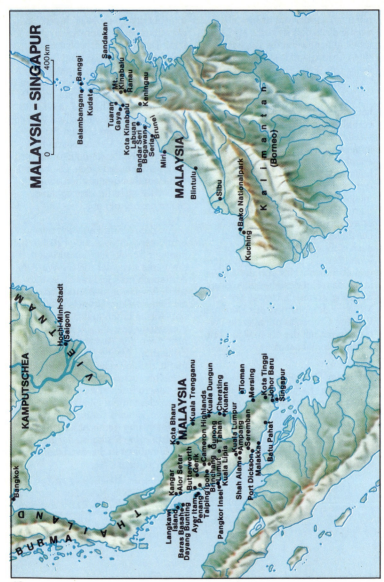

MALAYSIA

Informationen
Länderkunde S. 70
Malaysia von A–Z S. 116
Praktische Hinweise S. 154
Index S. 207

Malaysia:
Gestern – Heute

Frühgeschichtliche Funde weisen nach, daß die malaiische Halbinsel und Nordborneo im Mittel-Paläolithikum (mittlere Altsteinzeit) vor etwa 50 000 Jahren bereits bewohnt waren. Sicher ist auch, daß der malaiische Archipel (Indonesien) über eine während der Eiszeiten bestehende Landbrücke von der malaiischen Halbinsel her besiedelt wurde. Viele steinzeitliche Funde, darunter auch die ältesten aus den Niah-Höhlen in Sarawak, kann man heute in einigen Museen des Landes besichtigen.

Die kontinuierliche Besiedelung der malaiischen Halbinsel und des malaiischen Archipels mit den heute dort vorherrschenden Völkern, die ursprünglich aus Südwest-China stammen, begann vor etwa 6 000 Jahren. Sie erfolgte in zwei großen Einwanderungswellen der Alt- (Proto-) und Jung-Malaien (Deutero-Malaien), die etwa 1000 v. Chr. endete. Erst mit dem Eintreffen der Jung-Malaien wird die Geschichte Südostasiens rekonstruierbar. Sie waren hervorragende Seefahrer und besiedelten neben dem pazifischen Raum auch Madagaskar. Auf sie geht die Verbreitung des malaiischen Sprachenstamms zurück, der im Wortschatz vieler pazifischer und madegassischer Kulturen wiedergefunden wird. Naßreisanbau und Bronzeverarbeitung wurden ebenfalls von ihnen eingeführt. Im Laufe der Geschichte wanderten einige Volksgruppen aus dem indonesischen Archipel wieder auf das malaiische Festland zurück.

Eine erste kartographische Erwähnung fand Malaysia 158 n. Chr. auf einer Karte des römischen Kartographen Claudius Ptolemäus, der dieses Gebiet damals „Chersonesus Aura" (goldene Halbinsel) nannte. Diese Bezeichnung geht auf die ersten Goldfunde zurück, die bereits 200 n. Chr. einen innerasiatischen Goldrausch auslösten und viele, hauptsächlich indische Kaufleute anlockten. Auf sie sowie auch auf die intensiven Handelskontakte der Malaien mit dem indischen Subkontinent geht die Verbreitung von Hinduismus und Buddhismus auf der Halbinsel zurück. Gestützt auf diese neuen Religionen konnten sich im 5. und 7. Jahrhundert die ersten größeren Herrschaftsansprüche durchsetzen, die zu den ersten großen Königreichen Langkasuka, Kedah und Singora führten. Das Großreich der Sailendra, Srivijaya genannt, dessen Zentrum auf Sumatra lag und vom 7. bis 11. Jahrhundert weite Teile des indonesischen Archipels beherrschte, umfaßte auch die malaiische Halbinsel.

Als jedoch im 13. Jahrhundert Marco Polo als erster namhafter Europäer durch die Straße von Malakka nach Südostasien segelte, war bereits das javanische Großreich von Majapahit an der Macht, das im Jahre 1377 Tumasik, das heutige Singapur, zerstörte.

Nach der Zerstörung durch das Majapahit-Reich sollte Tumasik, die Vorgängerin Singapurs, vorerst für mehrere Jahrhunderte in Vergessenheit geraten. 1403 wurde die Stadt Malakka ebenfalls von einem sumatranischen Prinzen gegründet. Sie übernahm schon bald die Funktion eines bedeutenden Handels- und Kulturzentrums. Bei einem Besuch des chinesischen Admirals Cheng Ho nahm dieser Prinz namens Parameswara diplomatische Beziehungen mit dem chinesischen Kaiserhof auf und erlangte dabei einen Schutzvertrag sowie den Titel eines Königs von Malakka. Durch die Eheschließung Parameswaras mit der Tochter eines Moslemfürsten trat er zum Islam über.

Die ihm nachfolgenden ebenfalls islamischen Potentaten erweiterten den Machtbereich auf den gesamten Süden der malaiischen Halbinsel. Die Portugiesen, die zu Beginn des 16. Jahrhunderts Südostasien zu erkunden begannen, eroberten 1511 trotz starker Gegenwehr des Sultans von Malakka, der neben 30 000 Mann auch viele Kriegselefanten einsetzte, mit ihren schweren Geschützen die Stadt. Der unterlegene Sultan floh nach Johore und richtete dort eine neue Hauptstadt ein.

An der Nordküste Borneos lagen zu dieser Zeit neben einigen chinesischen Handelsposten auch das starke Sultanat Brunei, das große Teile der Mangrovenküste beherrschte. 1521 legte die auf einer langen Erkundungsfahrt bereits stark angeschlagene Flottille Magellans, der selbst zuvor auf den Philippinen getötet worden war, in Brunei an und berichtete anschließend in genauen Aufzeichnungen von Größe und Macht dieses Sultanats.

Die Holländer, die bereits mit den Portugiesen auf den zu Indonesien gehörenden Molukken und Java kriegerische Auseinandersetzungen hatten, verbanden sich 1606 mit dem Sultanat von Johore gegen die Portugiesen. 1614 begannen die Niederländer mit der Belagerung Malakkas, dem damals größten und einflußreichsten Machtzentrum Südostasiens. Erst nach einem 35jährigen Belagerungs-und Kriegszustand nahmen sie 1641 die Stadt in ihren Besitz. Während des 18. Jahrhunderts gewannen auch die Engländer mit ihrer British East India Company in Malaysia und Nordborneo immer mehr an Einfluß. 1763 erwarben sie ihre erste Handelsniederlassung in Nordborneo vom Sultan Amir von Sulu auf käuflichem Wege. 23 Jahre später annektierte Kapitän Francis Light die Insel Penang, indem er mit einer Schiffskanone eine Handvoll Silberdollars in den Urwald feuerte.

Obwohl die Engländer anfangs noch nicht die günstige Lage der Insel erkannten, übertrafen die Handelsgewinne und der Warenumschlag Penangs schon bald die wirtschaftliche Bedeutung Malakkas, das die Engländer 1795 von den Holländern auf nahezu friedliche Weise er-

James Brooke

warben. Nachdem die Holländer 1818 erneut die Oberhoheit über die Insel Penang erhielten, gelang es ihnen, sie 6 Jahre später gegen die britische Besitzung Bengkulu auf Sumatra einzutauschen. Da die Holländer zu Beginn des 19. Jahrhunderts ihre Vormachtstellung in Indonesien weiter ausbauen konnten, waren die Engländer an der Schwächung des niederländischen Handels interessiert.

1826 wurden daher Penang, Malakka und Singapur zu den Straits Settlements zusammengeschlossen.

1839 kam der englische Abenteurer James Brooke nach Nordborneo und half dem dortigen Fürsten mit den Kanonen eines Schiffes namens Royalist bei der Niederwerfung eines Eingeborenenaufstandes. Für die von ihm geleistete Hilfe wurde ihm der erbliche Titel eines Rajahs von Sarawak zuerkannt, den seine Familie, die mit ihm als die „weißen Rajahs" in die Geschichte einging, mehr als hundert Jahre innehatte.

1857 wurde von chinesischen Zinnprospektoren die Stadt Kuala Lumpur am Zusammenfluß des Klang und Gombak gegründet. Die malariaverseuchten Sümpfe kosteten anfänglich viele Menschenleben unter den ersten Siedlern und behinderten die frühe Entwicklung der Stadt. In den kommenden Jahren wuchs das internationale Interesse am Handel mit Südostasien. Auch Amerikaner erwarben vom Sultan Bruneis Land, mußten dies jedoch unter „Druck" 1865 an die Briten veräußern.

Nach der Eröffnung des Suezkanals nahm der Seehandel mit Asien sprunghaft zu und veranlaßte die britische Krone 1871 zur Übernahme der in der Straße von Malakka strategisch günstig gelegenen Insel Singapur. Innenpolitische Schwierigkeiten unter den Sultanaten und Geheimbünden beherrschten die 70er Jahre des vorigen Jahrhunderts. 1874 sorgte der britische Gouverneur der Straits Settlements im Vertrag von Pangkor für ein Ende der Auseinandersetzungen.

Obwohl die Engländer sich nicht in Fragen von Religion und Brauchtum einmischten, kam es 1875 zu einem malaiischen Aufstand, der jedoch niedergeschlagen wurde. Die Briten waren nun an den Höfen der

Sultane die maßgebende Kraft. Bis zum ersten Weltkrieg blieb ihr Machtanspruch in Malaysia und Singapur unangetastet.

1877 gelang die versuchsweise Anpflanzung von Kautschukbaum-Samen in Singapurs botanischem Garten, was bald zur Anlegung großer Gummi-Plantagen führte. Mit der Erfindung des pneumatischen Reifens durch John Dunlop erlangte Kautschuk eine noch größere Beachtung.

1880 wurde das bereits zu Größe und Ansehen gelangte Kuala Lumpur zur Hauptstadt des Staates Selangor. In den kommenden Jahren fand der Ausbau der Infrastruktur die erhöhte Aufmerksamkeit der Kolonialherren. 1886 rollte der erste kereta api („Feuerwagen"; zu deutsch: Eisenbahn) auf der malaiischen Halbinsel und 10 Jahre später auch im Norden Borneos. 1888 wurden die hier gelegenen Staaten Sabah, Brunei und Sarawak zum britischen Protektorat ernannt.

8 Jahre später kam es dann zur Gründung der malaiischen Föderation, deren Hauptstadt Kuala Lumpur war. Die noch unter dem Rebellenhäuptling Mat Salek in Nordborneo kämpfenden Freischärler wurden zu Beginn des 20. Jahrhunderts besiegt, wodurch die Engländer vollends die Kontrolle über Sabah erhielten. Thailand trat nun auch die Staaten Kelantan, Perlis, Terengganu und Kedah an die Engländer ab.

Die neuen Mitglieder der malaiischen Föderation wollten sich jedoch anfangs nicht der britischen Herrschaft unterwerfen. Langsam schmolz jedoch ihr Widerstand dahin. Das letzte Sultanat, das sich den Engländern fügte, war Johore, welches in seiner Geschichte häufig eine oppositionelle Haltung gegenüber den Fremdherrschern einnahm.

Am 8. Dezember 1941 kam es zur Invasion der japanischen Streitkräfte in Kota Baharu und Singapur. Sie überrannten die gesamte malaiische Halbinsel in kürzester Zeit, da man hier mit einem Angriff von See her gerechnet hatte. Obwohl es zwei Monate später zur Kapitulation britischer Truppen unter General Percival kam, bekämpften chinesische, britische und malaiische Partisanen die Invasoren noch monatelang in unzugänglicheren Urwaldgebieten. Nach der Kapitulation der Japaner am 14. 8. 1945 übernahm eine britische Militärregierung die Herrschaft über die Halbinsel, Sabah und auch Sarawak, da sein letzter weißer Rajah das Königreich mittlerweile gegen ein Pensionärsdasein in England vertauscht hatte.

In den darauffolgenden Jahren kämpften kommunistische Widerstandskämpfer, die ihre Ausbildung von britischen Offizieren und Kuomintang-Offizieren erhalten hatten, gegen die englische Kolonialherrschaft. Erst 1960 wurde dieser Notzustand durch Unterwerfung der Kommunisten beendet. Am 31. August 1957 hielten die Engländer ihr anfängliches Versprechen und erklärten die Unabhängigkeit Malayas. 1963 kamen zu den 11 Zacken des Sterns auf dem Banner Malayas drei neue hinzu: Sabah, Sarawak und Singapur traten der neugegründeten

Föderation Malaysia bei. Wegen Unstimmigkeiten verließ Singapur 2 Jahre später wieder das Bündnis und gründete eine selbständige Republik.

Am 13. Mai 1969 begannen größere Rassenunruhen zwischen Chinesen und Malayen, die erst zwei Jahre später endgültig beendet wurden. Chinesen müssen seit dieser Zeit eine bestimmte Anzahl von Arbeitsplätzen nun auch für Malayen öffnen. Ab 1970 verfolgte Malaysia eine ausgewogene Politik mit Ost und West und unterhält seitdem auch wieder diplomatische Beziehungen mit Vietnam, China und der Sowjetunion. Im selben Jahr trat Tunku Abdul Rahman, der das Land in die Unabhängigkeit geführt hatte und in den ersten Jahren danach als Premierminister fungierte, von seinem Amt zurück. Nachdem sein Nachfolger Tun Abdul Razak bereits 6 Jahre später verstarb, wurde Datuk Hussein Onn zum neuen Premierminister ernannt. Die wirtschaftliche Situation Malaysias verbessert sich von Jahr zu Jahr. Die teilweise noch aktiven kommunistischen Guerillas im Grenzgebiet zu Thailand werden seit einem gemeinschaftlichen Vertrag im Jahre 1977 von Thailand und Malaysia gemeinschaftlich bekämpft.

Malaysia hat heute die einzige konstitutionelle Wahlmonarchie der Welt. Zum Staatsoberhaupt wird jeweils einer der neun Sultane des Landes gewählt. Für einen Zeitraum von 5 Jahren ist er dann König (Yang di pertuan Agang). Er ernennt den Ministerpräsidenten, die Bundesrichter und die Richter des High

Tunku Abdul Rahman

Courts und ist selbst der Oberkommandierende der Streitkräfte. Während seiner Regierungszeit wird er in seinem Sultanat von einem Regenten vertreten. Die unpolitische Bundesverwaltung schuldet nur dem König Loyalität. Die Grundlage für die Rechtsordnung des Landes ist die Verfassung. Zivil- und Strafrecht basieren weitestgehend auf der englischen Rechtstradition.

Seit 1967 gehören Malaysia und Singapur mit Indonesien, Thailand und den Philippinen zur ASEAN (Association of South-East-Asia Nations), die einen wirtschaftlichen und politischen Zusammenschluß darstellt.

Lage und Landschaften

Malaysia liegt auf der nördlichen Halbkugel oberhalb des Äquators. Ca. 53% des malaysischen Staatsgebietes sind heute noch von tropischem Regenwald bedeckt. An seinen Säumen muß er jedoch zunehmend landwirtschaftlichen Nutzflächen weichen. Der weitere Ausbau der Infrastruktur als auch die Holzgewinnung haben ihn vielerorts bis auf kleine Parzellen schrumpfen lassen. Im Norden Borneos und an der Westküste der Halbinsel gehen die Regenwälder teilweise in unzugängliche Mangroven-Sümpfe über, die den Küstensaum manchmal total abriegeln. Im Innern der Halbinsel verlaufen mehrere Gebirgszüge mit einer Höhe von bis zu 2 000 m nahezu parallel in Nordsüdrichtung und bilden eine Art Wetterscheide. Die höchste Erhebung des Landes und Südostasiens ist der sagenumwobene Mt. Kinabalu in Sabah mit 4 101 m Höhe. Der höchste Berg der Halbinsel ist der Gunong Tahan, der mit 2 187 m Höhe beinahe so viele Bergwanderer anzieht wie sein großer Bruder in Sabah. Während Singapur nur eine Landfläche von 589 qkm umfaßt, haben die beiden Staatsteile Ost- und Westmalaysia eine Fläche von über 330 000 qkm (Bundesrepublik einschließlich West-Berlin 249 000 qkm). Gemeinsame Landesgrenzen bestehen auf der Halbinsel mit Thailand und Singapur sowie auf Borneo mit Brunei und Indonesien.

Von den großen Flüssen Westmalaysias sind viele zu flach, um als Verkehrswege für tiefgängige Frachtschiffe dienen zu können. Die Ströme Nordborneos sind dagegen meist die einzigen Verkehrswege, die weit ins Landesinnere führen. In der Trockenzeit kann man sie jedoch in ihren Oberläufen teilweise nur mit Einbäumen befahren. Sabah und Sarawak sind noch weitestgehend mit tropischem Regenwald bedeckt. An vielen Stellen der Küste ist der alte Mangrovengürtel, der früher viele gute Verstecke für die Seepiraten bot, unversehrt erhalten geblieben.

In den Mündungsdeltas der Schwemmlandebenen sowie in den Flachwasserzonen sumpfiger Küstenstriche finden die immergrünen Stelzwurzelgewächse mit den für sie typischen Atemwurzeln ihr Ausbreitungsgebiet. Ihr siebartiges Wurzelgewirr hält einen Teil der bei Flut angeführten Sedimente zurück und sorgt so im Laufe der Jahrzehnte für die Hinzugewinnung von Land. Da sich diese Regionen nur schwer in landwirtschaftliche Nutzflächen umwandeln lassen, ist die dort lebende Fauna und Flora vorerst noch vor dem zerstörerischen Zugriff der Menschheit sicher. Die Fruchtbarkeit der mit Mangroven bewachsenen Schwemmlandbereiche wird, obwohl auch sie nur von begrenzter Dauer ist, eine Herausforderung bleiben.

Auf der größtenteils gebirgigen Halbinsel trifft man neben Granit- und Schiefer- auch noch Kalkgestein an, das sich in gewaltigen Kegelkarsten, sogenannten Mogoten, teilweise turmartig aus dem Flachland erhebt. Die Böden sind an manchen Stellen auch durchlässig und haben nicht die durch Vulkanismus geförderte Fruchtbarkeit vieler indonesischer Anbauflächen. Die meisten ländlichen Gebiete machen einen gepflegten Eindruck. Gut ausgebaute Straßen führen durch Reisfelder, Kokospalmenhaine und Kautschukplantagen. Im Westen der Halbinsel ist die Landschaft jedoch vielerorts durch mit milchiggrünem Wasser angefüllte Zinngruben und Abraumhalden übersät. Im allgemeinen herrschen aber die verschiedenartigen Grüntöne der vielseitigen Vegetation vor.

Neben grandiosen Landschaften, die nur von den Stimmen der Natur erfüllt sind, gibt es auch das andere, hektische und betriebsame Malaysia. Wolkenkratzer, lärmende Märkte und Chinatowns, breite Avenuen und große Parks, geheimnisvolle Tempel und supermoderne Architektur wechseln sich in unaufhörlicher Reihenfolge ab und lassen Gegenwart und Vergangenheit in den Augen des Betrachters zu einer exotischen und interessanten Verbindung verschmelzen.

Klima, Wetter

Da die malaiische Halbinsel das Grenzgebiet des West- und Ost-Monsun darstellt, gibt es keine ausgeprägten Regen- und Trockenzeiten. Das gesamte Gebiet hat ein innertropisches Klima mit einer Luftfeuchte von 85–99%. Der Äquator verläuft nur 135 km südlich der Insel Singapur. Obwohl es im Flachland keine großen Temperaturschwankungen gibt und die Durchschnittstemperatur bei ungefähr 27°C liegt, werden in den großen Städten mit ihren vielen Asphalt- und Betonflächen häufig über 35°C gemessen. Die nächtliche Abkühlung ist mit 2–5°C nur sehr gering. In den Bergen dagegen sind die Temperaturschwankungen zwischen Tag und Nacht bedeutend stärker. Während man tagsüber bei 28°C schwitzt, kommt das Thermometer nachts dem Gefrierpunkt gefährlich nahe. Auf dem Mt. Kinabalu (4101 m) kann man, wenn auch selten, eine Schneeballschlacht veranstalten.

Regen, Temperaturen und Luftfeuchtigkeit werden von den beiden Monsunen bestimmt, die in Borneo jedoch eine Trennung des Jahres in Regen- und Trockenzeiten zulassen. In Sabah gelten beispielsweise die Monate Mai–August als regenreich. Im benachbarten und westlicher gelegenen Sarawak braucht man die Regenschirme meist mehr in den Monaten Oktober bis Februar. Auf der Peninsula Malaysia läßt die Regenzeit nur selten einen Urlaub ganz „ins Wasser fallen". Während es gerade noch einen sintflutartigen Wolkenbruch gegeben hat, scheint im nächsten Augenblick schon wieder die tropische Sonne vom tiefblauen Himmel.

Die Gebirgskette auf dem Festland hält meist die Auswirkungen

Klimatabelle

Ort	Jan.	Febr.	März	April	Mai	Juni	Juli	Aug.	Sept.	Okt.	Nov.	Dez.
Kuala Lumpur												
Maximum (°C)	31	32	33	32	32	32	32	32	31	31	31	31
Minimum (°C)	21	22	22	23	23	22	22	22	22	22	22	22
Niederschlag (mm)	168	145	213	302	179	129	112	132	167	270	259	225
Sonnenstunden	6	6	7	6	6	6	6	6	5	5	4	5
Malakka												
Maximum (°C)	31	32	32	32	31	31	30	30	30	31	30	30
Minimum (°C)	22	22	23	23	23	23	22	22	22	22	22	22
Niederschlag (mm)	89	100	138	182	164	176	182	177	209	216	237	142
Sonnenstunden	6	7	7	6	6	6	6	6	5	5	5	5
Penang												
Maximum (°C)	31	32	32	31	31	31	31	31	30	30	30	31
Minimum (°C)	23	23	23	24	24	23	23	23	23	23	23	23
Niederschlag (mm)	67	93	139	214	248	177	203	231	344	375	251	107
Sonnenstunden	8	8	7	7	6	6	6	6	5	5	5	6
Langkawi												
Maximum (°C)	32	33	33	32	31	32	31	31	30	30	31	31
Minimum (°C)	23	23	24	24	23	23	23	23	23	23	23	23
Niederschlag (mm)	27	27	72	169	233	261	292	304	361	340	222	588
Sonnenstunden	9	9	9	8	7	6	6	6	5	6	6	7
Kota Baharu												
Maximum (°C)	29	30	31	32	32	32	32	31	31	30	29	28
Minimum (°C)	22	22	22	23	24	23	23	23	23	23	23	23
Niederschlag (mm)	171	60	85	84	116	134	152	164	192	298	677	588
Sonnenstunden	7	8	8	8	8	6	6	6	6	5	4	4

Klimatabelle

Ort	Jan.	Febr.	März	April	Mai	Juni	Juli	Aug.	Sept.	Okt.	Nov.	Dez.
Kuching												
Maximum (°C)	29	30	31	32	32	32	32	32	32	32	31	30
Minimum (°C)	22	22	23	23	23	23	22	22	22	22	22	22
Niederschlag (mm)	664	532	334	289	256	200	191	209	274	335	339	466
Sonnenstunden	3	3	4	5	6	6	6	5	4	4	4	3
Kuantan												
Maximum (°C)	29	30	31	32	32	32	32	31	32	31	30	28
Minimum (°C)	21	21	22	22	23	23	22	22	22	22	22	22
Niederschlag (mm)	318	167	155	175	189	163	157	177	226	276	326	590
Sonnenstunden	5	6	6	6	6	6	6	6	5	5	3	3
Johore Baharu												
Maximum (°C)	30	31	32	32	32	31	31	31	31	31	30	30
Minimum (°C)	21	21	21	22	22	22	22	22	22	22	22	22
Niederschlag (mm)	114	141	172	242	212	158	170	148	183	215	277	252
Sonnenstunden	6	6	5	5	5	5	5	4	4	4	4	4
Cameron Highlands												
Maximum (°C)	21	22	22	23	22	22	22	22	21	21	21	21
Minimum (°C)	13	14	14	15	15	14	14	14	14	15	14	14
Niederschlag (mm)	120	109	197	290	271	137	162	172	24	338	303	201
Sonnenstunden	5	5	5	4	4	4	4	4	3	3	3	3
Kota Kinabalu												
Maximum (°C)	29	30	30	31	31	31	31	31	30	30	30	30
Minimum (°C)	22	22	23	23	24	23	23	23	23	23	23	23
Niederschlag (mm)	139	66	71	118	209	317	273	262	305	336	297	240
Sonnenstunden	6	7	7	8	7	6	6	6	6	6	6	6

des Nordost-Monsuns, der von Oktober bis Februar herrscht, von der Westküste ab. Nur im November und Dezember sind gelegentlich einige Ausläufer zu verspüren. An den Flußmündungen der Ostküste kommt es in dieser Zeit jedoch manchmal zu Überschwemmungen großer Gebiete. Eine kleine, unbedeutende Regenzeit bringt der von Mai bis September herrschende Südwest-Monsun, der dann wiederum an der Ostküste kaum zu verspüren ist. Wer das ganze Land bereist, wird halt irgendwo auch mal etwas mehr Regen, Wind oder Sonnenschein in Kauf nehmen müssen.

Die besten Reisezeiten für die Westküste lassen sich nicht bestimmen. Die Ostküste der Halbinsel hat jedoch von Ende Februar bis Anfang Oktober ein besonders ausgewogenes Klima. Für die Gebiete Nordborneos sind März bis Anfang Oktober besonders zu empfehlen.

Flora und Fauna

Nur wenige Gebiete dieser Erde sind von der Natur so reich bedacht worden wie Südostasien. Man kann Malaysia in Anbetracht seiner Fauna und Flora nur schwer vom indonesischen Archipel trennen, der während der Eiszeiten eine Landverbindung mit der malaiischen Halbinsel hatte. Dank des Klimas mit seinen regelmäßigen Niederschlägen ist das Land mit üppiger tropischer Vegetation bedeckt, die zusätzlich noch von einem bunten und vielseitigen Tierleben erfüllt ist.

Im tropischen Regenwald Malaysias gibt es über 2 500 Baumarten, und viele werden täglich noch neu entdeckt. Neben winzig kleinen Moosen und Gräsern gibt es mehr als 70 m hohe Urwaldriesen, deren fächerförmige Kronen weit über das dichte Urwalddach hinausragen. Die Familie der Dipterocarpaceen ist eine weit verbreitete Baumart, die außerdem eine der wertvollsten Nutzholzbäume darstellt. Der schwere Eisenholzbaum, den man wegen seines hohen spezifischen Gewichts nur mit leeren Benzinfässern flößen kann, ist ein weiterer besonderer Vertreter der **Landesflora**. Die stachelige Rotangpalme ist mittlerweile ein bedeutender Holzlieferant geworden.

In den verschiedenen Biotopen findet man teilweise eine ganz unterschiedliche Welt vor. Während es in den Bergwäldern viele Farnarten mit teilweise mehreren Metern Höhe gibt, herrscht in den Sumpfwäldern die Sago- und Nipapalme vor. Lianen, Farne und Epiphyten bilden häufig in den lichteren Wäldern ein undurchdringliches Gestrüpp. Dort, wo das Blätterdach kaum Sonnenlicht durchscheinen läßt, ist der Dschungel meist leichter begehbar.

Eines der wichtigsten Gewächse des Landes ist der Bambus. Er ist das Grundmaterial eines ganzen Wirtschaftszweiges, der sich mit der sogenannten „Bambustechnik" befaßt. Von Brückenkonstruktionen bis zum Satay-Spieß kann nahezu alles aus ihm gefertigt werden: Wasserleitungen, Häuser, Fahnenstangen und der einst berüchtigte Stock, mit dem bis zum Jahre 1953 die Prügelstrafe in Malaysia praktiziert wurde – alles aus Bambus. Manche der über 150 Arten werden auch als Ziergewächse in Parks angepflanzt.

Besonders Singapur, das wegen seiner vielen Parkanlagen auch „Gartenstadt" genannt wird, hat viele tropische Baumarten. Riesige Banjans mit Tausenden von Luftwurzeln, Flamboyants mit ihren grellroten Blüten, Frangipani (Kamboja), deren narkotisierender Duft besonders in den Abendstunden die Luft erfüllt, und Indian Coral Trees, deren riesige Äste wie Greifarme aussehen, sind nur ein kleiner Teil dieser faszinierenden Pflanzenwelt.

Von den über 8 000 Blütenpflanzen, zu denen auch mehrere hundert Orchideenarten zählen, ist die Rafflesia wohl die eigenartigste. Die nach dem Gründer Singapurs benannte Pflanze hat die mit mehr als einem Meter Durchmesser größte Blüte der Welt. Diese nur auf Borneo und Sumatra vorkommende Pflanze wurde von vielen Botanikern auf langen Urwald-Expeditionen oft ohne Erfolg gesucht. Sie verrät sich meist durch ihren Aasgeruch, mit dem sie die zur Fremdbestäubung notwendigen Insekten anzieht.

Zum Klischeebild der Tropen gehören meist die verschiedenen Palmenarten, von denen die Kokospalme am weitesten verbreitet ist. Kopra, der Grundstoff für Kokosöl, ist neben Fischfang eine der Haupterwerbsquellen der Küstenbewohner. Palmwein, Kokosfasern und Öl stel-

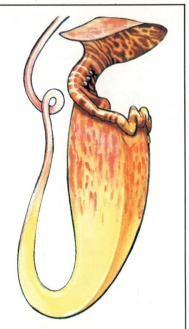

Bodenkannenpflanze

len nur einen kleinen Teil der Produkte dar, die aus diesem Gewächs hergestellt werden können.

Ähnlich wie in der Pflanzenwelt Malaysias, in der es noch viele unbekannte Arten gibt, birgt auch die **Tierwelt** noch viel unerforschtes Leben. Besonders unter den Insekten gibt es Tausende unbekannter Arten, die noch ihrer Entdeckung harren. Manche dieser sechs-, acht- und „tausendbeinigen" Kreaturen haben sich auf faszinierende Art und Weise optisch ihrer Umgebung angepaßt. Die Stabheuschrecken tun sich in der Mimikri, wie das Tarnverhalten auch genannt wird, besonders hervor. Einige ähneln trockenen Zweigen, Blättern oder Stöcken. Zum Glück verfügen sie über Lockmechanismen, die bei der Partnersuche Verwechslungen verhindern helfen. Der Boden wird meist von großen Termiten- und Ameisenvölkern beherrscht. Letztere erfüllen die wichtige Aufgabe von Aasfressern und haben dadurch eine bedeutende Funktion im Lebenszyklus der Tropen. In den sumpfigen Küstenebenen Nordborneos und West-Malaysias trifft man die Mücke besonders häufig. Der Gebrauch eines Fliegennetzes während der Nacht und die Durchführung einer Malaria-Prophylaxe sind daher anzuraten. Zu den schönsten Insekten gehört die große Familie der Tagfalter. Die meisten Arten kommen in den Monaten mit erhöhtem Niederschlag vor und sind dann besonders farbenprächtig.

Neben diesem bunten „Mikrokosmos" leben auch viele Großtierarten in Malaysia. Das größte Landtier, der Elefant, ist noch in den Wäldern Sabahs und auf der malaiischen Halbinsel zu Hause. Früher waren die Elefanten häufig der Grund für Eisenbahnunglücke. Sie ließen dabei ganze Züge entgleisen. Heute leben sie meist in den Naturschutzparks. Ihre Wanderungen werden von Wildaufsehern überwacht. Der Seladang, ein großer Wasserbüffel, ist neben dem Nashorn, das auch noch in den Wäldern lebt, besonders gefürchtet. Man sollte es sich lieber im Zoo als in freier Wildbahn anschauen. Da die Chinesen dem pulverisierten Horn des Rhinozeros eine Bedeutung als Aphrodisiaka beimessen, wird es bis auf den heutigen Tag von Wilderern bedroht. Tapire, Bären und Wildhunde sind ebenfalls noch bei mehrtägiger Pirsch aufzustöbern.

Auch die Familie der Raubkatzen ist in der Tierwelt Malaysias vertreten. Der Tiger, das Wappentier des Landes, ist neben Leopard und Panther noch in den Regenwäldern der Halbinsel zu Hause. Der wachsende Bevölkerungsdruck erfordert jedoch immer neue Siedlungsgebiete, die meist dem Regenwald abgerungen werden. Wie lange der Tiger noch eine Lebenschance außerhalb der Reservate hat, wird die Zukunft zeigen. Eine Entwicklung zeichnet sich in jedem Fall immer deutlicher ab: Die Tiger werden immer menschenscheuer und die Menschen immer weniger „tigerscheu". Häufig wird die Bitte an die Aufseher der Naturschutzparks gerichtet, bei der Begegnung zwischen Tourist und Tiger behilflich zu sein. Leider werden die Tiere durch regelmäßige Störungen aus ihren angestammten Jagdrevieren vertrieben. Sie vergreifen sich dann in bewohnten Gebieten an Haustieren, was nicht selten ihren Abschuß zur Folge hat.

Die brüllenden und umherstreifenden Affenherden der Siamangs und Gibbons erfüllen den Urwald mit einer typischen Geräuschkulisse. Die großen Orang Utans (Orang = Mensch, Utan = Wald, also Waldmensch) im Norden Borneos ziehen dagegen nahezu lautlos durch die Kronen der Urwaldriesen. Ab und zu macht ein brechender Ast auf diese bereits sehr selten gewordenen Tiere aufmerksam, die als reine Vegetarier dem Menschen niemals gefährlich werden. Sie sind heute nur

Die Mangrove – eine Pionierpflanze

Die Ursache für gutes oder schlechtes Gedeihen der Mangroven liegt auf der malaiischen Halbinsel wie auch anderswo im geologischen Aufbau des Landesinnern. Während die an der Westküste der Halbinsel einmündenden Flüsse den für die Mangroven lebenswichtigen, zu fruchtbarem Schlick zerfallenen Granit westlicher Gebirgsketten ablagern, schwemmen die Flüsse östlich der Wasserscheide ein karges Gestade aus gelöstem Sandstein auf. Mangrovendickichte kommen daher in der Hauptsache nur an der Westküste der Halbinsel und an den Küsten Borneos vor. Dort, wo die Pflanze ein geeignetes Milieu findet, bildet ihr dichtes Wurzelwerk bald einen Wall, der angespülten Schlick zurückhält und so zur Entstehung von neuem Land beiträgt.

Die Sonneratia, die mit ihrem weitausgebreiteten Wurzelwerk auch dauernde Überflutung ertragen kann, faßt daher als Pionierpflanze in den Flach- und Gezeitenzonen des Meeres Fuß. Hier schafft sie mit der Zeit Lebensraum für andere Pflanzen und Gewächse. In höheren Uferzonen wird sie durch die Rhizophora, die man an ihren Stelzwurzeln erkennt, verdrängt. Im Gegensatz zur Sonneratia verträgt diese nur eine gezeitenabhängige Überflutung. In der Zone, die nur zweimal monatlich von den höchsten Tiden erreicht wird, findet man die Bruguiera mit der für sie typischen, schleifenförmig gewundenen Wurzel.

Von den ca. 30 Mangrovenarten erreichen einige bis zu 25 m Höhe, andere wachsen buschartig. Sie sind alle immergrün und besitzen meist glänzende Blätter und kleine Blüten.

In diesen Sumpfgürteln haben sich nicht nur die Pflanzen, sondern auch die Tiere an besondere Bedingungen bestens angepaßt. Es ist schon ein eigenartiges Biotop – hier steigen die Bäume ins Wasser, und Fische, wie beispielsweise die Schlammspringer, gehen an Land.

Rechte Seite, linke Spalte: Verschiedene Mangrovenarten.
Oben: Sonneratia, mit weit ausgebreitetem Wurzelwerk
Mitte: Rhizophora, mit Stelzwurzeln
Unten: Bruguiera, mit schleifenförmig gewundenen Wurzeln

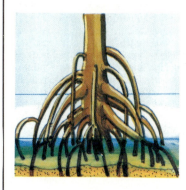

noch auf Sumatra und Kalimantan zu Hause, wo sie sich aufgrund strenger Schutzmaßnahmen wieder vermehren. In Sabah ist eine Orang Utan-Rehabilitationsstation, die bereits gefangene Tiere wieder an das Leben in freier Wildbahn gewöhnen soll.

Auch der Schrecken aller Touristen – die Schlange – ist in den verschiedensten Ausführungen im Lande vorhanden. Sie beißt jedoch nur dann zu, wenn sie vom Menschen überrascht wird. Obwohl die durch unsere Schritte verursachten Vibrationen uns meist schon rechtzeitig verraten und den Schlangen die Flucht ermöglichen, sollte man das Betreten dichten Unterholzes und hohen Grases mit Straßenschuhen nach Möglichkeit vermeiden. Der Python gehört zu den ungiftigen Würgeschlangen, die in der Nähe von Wasserläufen leben. An den Sandstränden der Ostküste kommen im Juli und August die großen Meeresschildkröten an Land, um ihre Eier abzulegen. Mitarbeiter der nationalen Wildschutzbehörde graben diese wieder aus, um sie im sonnenerwärmten Sand eines bewachten Strandabschnitts ausbrüten zu lassen. In Rantau Abang liegt eine Turtle Station des World Wildlife Fund, die sich den Schutz dieser Tiere zur Aufgabe gemacht hat, deren Eier sonst den Weg aller Delikatessen gehen würden.

Krokodile unterliegen mancherorts noch keinen so intensiven Schutzmaßnahmen. Ausgewachsene Tiere findet man nur noch in entlegenen Gebieten der Ostküste und Nordborneos. Die Geckos oder

Orang Utan

Cicaks, eine Art „Minikrokodil", bevölkern dagegen von der Bambushütte bis zum Wolkenkratzer den gesamten menschlichen Lebensraum, um hier im Schein der Lampen auf Insektenjagd zu gehen.

Nicht nur die Lüfte, sondern auch die Meere sind von faszinierendem Leben erfüllt, dessen Beschreibung den Rahmen dieses Führers sprengen würde. Jeder kann am Erhalt der einzigartigen Natur Malaysias mitwirken, wenn er den Ankauf von Souvenirs, die aus dem Material bedrohter Tier- und Pflanzenarten bestehen, unterläßt. Souvenirs aus Schildplatt, Reptilleder, Koralle und Elfenbein sind nur ein kleiner Teil davon.

Viele zivilisierte Menschen sehen in den unberührten, immergrünen Regenwäldern der Äquatorialzone etwas Bedrohliches und Menschenfeindliches. Wer aber einmal das vielseitige und scheinbar unerschöpfliche Leben des Regenwaldes in all seinen Varianten kennen und sich in diesem Biotop bewegen gelernt hat, weiß, daß die „grüne Hölle" woanders liegen muß.

Menschen

Südostasien wird häufig als Schmelztiegel der Rassen bezeichnet, da hier neben Malaien, Chinesen und Indern auch viele ethnische Minderheiten leben.

Malaysias Einwohnerzahl hat die 15-Mio.-Marke bereits erreicht und wächst kräftig weiter. Die Familienplanung nimmt daher wie in Singapur, das ca. 3 Mio. Einwohner hat, eine wichtige Stellung in den Regierungsprogrammen ein.

Malaysia und besonders Singapur sind der Beweis dafür, daß das Zusammenleben verschiedener Rassen mit unterschiedlicher Hautfarbe, Religion und Mentalität zwar Probleme aufwirft, mit Toleranz und Friedfertigkeit aber durchaus realisierbar ist. Die multiethnische Gesellschaft Singapurs dürfte sogar für viele westliche Länder diesbetreffend ein gutes Vorbild sein. Während die Chinesen in Singapur mit 75% gegenüber 16% Malaien, 7% Indern und 2% Pakistani am stärksten vertreten sind, leben sie in West-Malaysia bei 57% Malaien, 9% Indern mit 34% in der Minderheit. Die absoluten

ethnischen Minderheiten, wie die Negritos, Jakun und Senoi, machen nur ca. 1% der Bevölkerung aus. Sie leben heute meist in schwer zugänglichen Rückzugsgebieten als Jäger und Sammler oder Wanderfeldbauern. Da sich die Orang Asli (wörtlich: Urmenschen), wie man sie in einem Sammelbegriff nennt, nur ungern in die moderne malayische Gesellschaft integrieren lassen wollen, leben sie etwas im Schatten der Entwicklung. Obwohl auch sie große kulturelle Leistungen vollbracht haben, die man jedoch nicht an alten Ruinen oder materiellem Besitz ablesen kann, verbirgt man sie lieber vor den neugierigen Blicken der Touristen. Will man eines ihrer Dörfer besuchen, braucht man eine Spezialerlaubnis. Die Dayak-Stämme Nordborneos hat man dagegen voll in das nationale Bewußtsein Malaysias integriert. Auf ganz Borneo leben ca. 1,5 Mio. Dayaks, die sich in ca. 200 Stammesgruppen unterteilen.

Die **Iban,** die zum Teil auch auf indonesischem Gebiet Borneos (Kalimantan genannt) leben, stellen die stärkste Bevölkerungsgruppe Sarawaks dar. Sie werden auch als See-Dayaks bezeichnet, da sie früher in großen Langbooten die Küstenschifffahrt durch Piraterie verunsicherten.

Die Tatsache, daß sie Kopfjagd trieben, kam den Engländern besonders während des 2. Weltkrieges gelegen, wo sie diese alte Sitte, die normalerweise aus religiös-weltanschaulichen Gründen praktiziert wurde, zu rein militärischen Zwecken nutzten, um die Japaner in ihre Schranken zu weisen.

Die **Chinesen,** die aus den verschiedensten Regionen des chinesischen Mutterlandes kommen, stellen heute die zahlenmäßig stärkste Minderheit des Landes dar. Die größten chinesischen Volksgruppen Malaysias kommen aus Hakka. Die Entwicklung des Handels in den Küstenorten, die Entdeckung neuer Zinnvorkommen und der Ausbau der Infrastruktur führten zu einer großen chinesischen Einwanderungswelle. Durch harte Arbeitsmoral und einen nur schwer nachahmbaren merkantilen Wesenszug konnten sie innerhalb kurzer Zeit ihren Einfluß- und Tätigkeitsbereich auf Politik und Wirtschaftsleben erweitern. Auch heute haben die Chinesen trotz Einflußnahme der malaiischen Staatsführung Finanzwesen, Handel und Industrie nahezu monopolisiert.

Die **Inder,** die drittstärkste Bevölkerungsgruppe Malaysias, wurden von den Engländern als Arbeitskräfte für die Kautschuk-Plantagen ins Land geholt. Heute haben sie sich auch als Klein- und Einzelhändler sowie im Verwaltungsdienst etabliert.

Während Chinesen und Inder mehr das Leben in den Städten, in denen sich das Wirtschaftsleben abspielt, vorziehen, findet man die **Malaien** eher in ländlichen Gebieten.

Eine kleine, aber durchaus wichtige Bevölkerungsgruppe sind die aus Mischehen zwischen Europäern und Malaien hervorgegangenen **Eurasier,** die in Wirtschaft und Politik wichtige Positionen einnehmen. Ihre Zahl ist jedoch unbedeutend.

Obwohl in der Verfassung der Islam als Staatsreligion verankert ist, wird den anderen Glaubensrichtungen eine freie Ausübung ihrer **Religion** zumindest formell garantiert.

Seit der islamischen Revolution im Iran hat auch die Orthodoxie des Islam in Malaysia etwas zugenommen. Teilweise brachten verblendete Gläubige das friedliche Nebeneinander der Rassen und Religionen in Gefahr. Man sollte jedoch dabei nicht vergessen, daß der Islam in Südostasien nicht die strengen Züge der arabischen Länder trägt. Obwohl über die Religionszugehörigkeit der Bevölkerung Malaysias keine genaue Statistik existiert, kann man davon ausgehen, daß die Malaien sich zum Islam bekennen. Während nur ein kleiner Teil der Inder Moslems, ein größerer aber Hindus sind, kann man nahezu alle Chinesen als Taoisten oder Buddhisten einstufen. Das Christentum hat auch unter ihnen einige wenige Anhänger gefunden. Die meisten gläubigen Christen gibt es jedoch unter den Stämmen Nordborneos, die bereits im vergangenen Jahrhundert missioniert wurden.

Auch der Animismus oder Ahnenkult ist noch nicht ganz verdrängt. Er lebt nicht nur bei den Orang Asli und den Dayaks, sondern auch teilweise noch bei der Stadt- und Landbevölkerung in synkretistischer Form weiter.

Das **Schul- und Bildungswesen** Singapurs und Malaysias ist im Vergleich zu anderen Entwicklungsländern weit fortgeschritten. Das aus der britischen Kolonialzeit stammende Schulsystem kennt eine Schulpflicht für die sechsjährige Grundschule. Im Gegensatz zu anderen ASEAN-Ländern ist der Unterricht an ihnen kostenfrei. Die dreijährige Mittelschule ist nur dann lehrgeldfrei, wenn der Unterricht in malaiischer Sprache erteilt wird. Der höhere Bildungsweg besteht aus 2 x 2 Jahren Sekundarschule, die den Weg zur Universität freigibt.

Neben der **Staatssprache** Bahasa Malaysia ist Englisch die erste Fremdsprache des Landes, die die Kommunikation an den Universitäten und im Geschäftsleben zwischen den einzelnen Volksgruppen ermöglicht.

Obwohl das **Gesundheitswesen** Malaysias und Singapurs in Südostasien als vorbildlich gilt, gibt es im schwer zugänglichen Hinterland Nordborneos noch einige Lücken zu schließen.

Unterernährung ist nahezu unbekannt. Malaria und andere parasitäre Erkrankungen sind jedoch noch weit verbreitet und bedürfen intensiver Maßnahmen. Trotz des Einflusses einiger militanter islamischer Fundamentalisten scheint die Bevölkerung Malaysias erkannt zu haben, daß Ansehen und Stärke des Landes nur durch ein friedliches und tolerantes Zusammenleben der unterschiedlichen Volksgruppen auf Dauer gesichert werden kann.

Wirtschaft und Verkehr

In Malaysia sind ca. 50% der erwerbstätigen Personen in der Landwirtschaft beschäftigt, obwohl sie selbst nur 30% Anteil am Wirtschaftsvolumen hat. Neben den landwirtschaftlichen Nutzflächen der Kleinbauern fallen dem Reisenden meist die vielen **Kautschuk-** und **Ölpalmen-Plantagen** auf, die heute immer noch im Besitz großer Gummi-Industrien sind. Malaysia ist zur Zeit mit 40% der Weltproduktion der größte Kautschuk-Lieferant der Erde. Der Rohgummi, dessen Produktion 1968 erstmalig 1 Mio. t überschritt, bringt Malaysia heute nahezu 50% seines Exportgewinns. Auf den Kautschukpflanzungen, die ca. 18 000 qkm Landfläche einnehmen, arbeiten mehr als eine halbe Mio. Menschen. Obwohl der Bedarf an Rohgummi ständig steigt, die Preise aber durch die Konkurrenz des synthetischen Kautschuks seit 1970 um 30% gefallen sind, hat man sich vielerorts zur Umstellung der Plantagen auf Ölpalmen entschlossen. Da die Preise für pflanzliche Öle und Fette nicht so instabil sind, mußten noch unlängst viele Kautschuk-Bäume der Ölpalme weichen. Malaysia ist mit 65% Anteil an der Weltproduktion bereits der bedeutendste Palmöl-Lieferant.

Die Kokosnuß und ihre Nebenprodukte spielen ebenfalls eine wichtige Rolle in der Wirtschaft des Landes. Nur ein kleiner Anteil der Kopra-Produktion (getrocknete Kokosnüsse, Grundmaterial für Kokosöl) von 180 000 t geht in den Export.

Tropische Harthölzer, wie Meranti, Teak, Kerung und das der Dipterocarpaceae-Familie, haben Sabah unter anderem zum „reichsten Bundesstaat" Malaysias gemacht. Jedoch hat man auch schon die ökologischen Folgen des radikalen Holzschlags zu spüren bekommen, die deutlich werden ließen, daß in Zukunft größere Investitionen in die ehemaligen Einschlagsgebiete notwendig sind. Im Augenblick beträgt die Holzjahresproduktion ca. 20 Mio. t.

Die wichtigsten in der **Landwirtschaft** erzeugten Nahrungsmittel sind Erdnüsse, Mais, Zuckerrohr, Süßkartoffeln, Tapioka, Hirse, Kakao, Tee und Kaffee. Die letzten beiden Produkte werden hauptsächlich im Lande konsumiert. Nur 18% der landwirtschaftlich kultivierten Flächen werden für den Reisanbau genutzt. Wer dahin will, „wo der Pfeffer wächst", liegt mit Malaysia als faszinierendem Reiseziel genau richtig. Das Land ist mit einer Jahresproduktion von 25 000 t, die zu 90% in Sarawak heranreifen, der Welt größter Pfefferexporteur.

Die **Hochseefischerei** bringt die wichtigste Eiweißquelle auf den Nahrungsmittelmarkt. Die derzeitige Jahresfangquote von 450 000 t soll bis zum Jahre 1990 mit Hilfe deutscher Fischerei-Experten auf das Doppelte gesteigert werden.

Malaysia ist auch im Besitz wertvoller **Bodenschätze.** Seit über

100 Jahren ist es der größte Zinnproduzent der Erde. Es liefert augenblicklich mehr als ein Drittel der Weltproduktion. Das unter dem Markennamen „Straits Refined Tin" exportierte, silbrig glänzende Metall wird auf den ca. 515 000 ha zinnhaltigen Territorium vorwiegend im Tagebau gewonnen. 30 000 Menschen sind heute in den ca. 1 100 Zinnminen der Halbinsel beschäftigt, deren Jahresproduktion bei 120 000 t liegt.

Das durch Ausschwemmen gewonnene Roherz wird in den Zinnschmelzen aufbereitet, deren größte in Butterworth, Penang und Klang liegen. Malaysia ist auch ein bedeutender Erdöllieferant, der in „Offshore-Bohrungen" vor den Küsten der Halbinsel und Nordborneos ein qualitativ hochwertiges Öl fördert. Auch das selbständige Sultanat Brunei verdankt dem „schwarzen Gold", wie das wohlstandbringende Öl häufig genannt wird, einen der höchsten Lebensstandards Südostasiens. Es ist dort das Hauptausfuhrprodukt des Landes. In Sarawak, wo große Erdgasvorkommen entdeckt wurden, steht heute die größte Gasverflüssigungsanlage der Welt.

Malaysia verfügt neben großen Bauxit- und Eisenerzvorkommen auch über Kupferlagerstätten, die man erst vor einigen Jahren in Sabah entdeckte. Andere Mineralvorkommen, die es jedoch nur in geringem Maße gibt, sind Chrom, Mangan, Gold und Silber.

Eine **Industrie** mit modernen Fertigungsverfahren hat sich erst gegen Ende der 60er Jahre für die Weiterverarbeitung der Rohstoffe entwickelt. Der industrielle Anteil am Bruttosozialprodukt beträgt bereits 30%. Da die exportorientierte Wirtschaft besonders großzügig gefördert wurde, weist Malaysias Außenhandelsbilanz schon seit längerer Zeit einen Exportüberschuß aus. Malaysias bedeutendste Handelspartner auf dem Weltmarkt sind vor den USA und Japan die Staaten der Europäischen Gemeinschaft. Der Außenhandel mit den ASEAN-Staaten macht nur etwas mehr als ein Fünftel des gesamten Handelsvolumens aus. Die Industrie, die sich im Augenblick mehr an der Westküste der Halbinsel konzentriert, soll in Kuantan an der Ostküste, das bereits mit einem Frachthafen ausgestattet wurde, ein weiteres Zentrum erhalten. Zu den modernen Industrieprodukten des Landes gehören Kunststoff, Papierwaren, Textilien, Metallwaren, Autoreifen, petrochemische Produkte, Nahrungskonserven, Elektronik und Kosmetik.

Singapur ist trotz Malaysias eigener Häfen der Hauptumschlagplatz für Waren von dort. Malaysia hat heute hinter Japan, Singapur und Brunei das höchste Pro-Kopf-Einkommen Asiens (ca. 900,– M$). Ob der Industrieboom die Menschen dieser Region glücklicher machen wird, kann man mit Blick auf die gestreßten und häufig egozentrischen Urlauber aus den „großen Industrienationen" wohl mit Recht bezweifeln.

Verkehrstechnisch gesehen gilt die Halbinsel mit Singapur als die am weitesten und besten entwickelte Region Südostasiens. Neben einem ausgezeichneten Straßennetz an der West- und Ostküste der Halbinsel ergänzen zwei **Eisenbahnlinien** in Nord-Süd-Richtung das Angebot an Transportmöglichkeiten. Seit November 1986 verkehrt täglich der Kuala Lumpur-Bangkok International Express, der die über 2 000 km lange Strecke nun in 26 Stunden (früher 37 Stunden) zurücklegt. Als zusätzliche Einrichtung sollen die Zoll- und Einreiseformalitäten an der malaysisch-thailändischen Grenze zügiger abgewickelt werden. Die Strecke verläuft vom Grenzort Padang Besar mit Umsteigen in Butterworth parallel zur Westküste bis Kuala Lumpur. Dort hat man direkten Anschluß nach Singapur. Alle Schnellzüge der KTM (Keretapi Tanah Melayu – malaysische Staatsbahn) führen klimatisierte Abteile der ersten sowie mit Ventilatoren ausgestattete Wagen der zweiten Klasse. Neben der Hauptstrecke, die auch über Kuala Lumpur führt, gibt es auch noch die landschaftlich besonders schöne Dschungelstrecke von Kota Baharu nach Kuala Krai, Kuala Lipis und weiter durch das Zentralgebirge nach Johore Baharu und Singapur. Auch Sabah verfügt über eine kleine Eisenbahnstrecke von Kota Kinabalu nach Tenom. Für die Zukunft plant die Regierung den weiteren Ausbau des Eisenbahnnetzes. Im Mittelpunkt der Maßnahme soll die Modernisierung der Küstenlinie stehen.

Der **Busverkehr** ist besonders stark ausgebaut. Jede Stadt besitzt einen meist zentral gelegenen Busbahnhof, der neben den normalen Fernbussen auch von den „MARA'S" angesteuert wird. Für einen uns gering erscheinenden Aufpreis wird man damit etwas schneller und airconditioned transportiert. Mit dem Bus von Singapur über Kuala Lumpur nach Penang dauert es meistens zwischen 18 und 20 Stunden. Von Kuala Lumpur nach Kuantan zu kommen, liegt mit 5–6 Stunden schon eher im Bereich einer Erholungsfahrt. Da die Halbinsel anfangs nur über eine Querverbindung, nämlich die zwischen Port Klang (Westküste) nach Kuantan an der Ostküste verfügte, mußte man früher große Umwege in Kauf nehmen. Seit kurzem gibt es aber auch im Norden die Federal Highway von Penang über Grik und Jeli nach Kota Baharu.

Das **Flugzeug** ist besonders in Ost-Malaysia von großer verkehrstechnischer Bedeutung, da die Infrastruktur dort noch in den Kinderschuhen steckt. Die einzigen großen **Straßen** führen in Sabah von Kota Kinabalu nach Sandakan und in Sarawak von Kuching nach Sibu. Ansonsten findet man nur kleine Stichstraßen, die von der Küste einige Kilometer ins Landesinnere führen. Man beabsichtigt jedoch, einen Highway zwischen Sabah und Sarawak zu bauen, bei dem man viele landschaftliche Hindernisse wird überwinden müssen. Vorerst kann hier nur das Flugzeug weiterhelfen. Regelmäßige Flugverbindungen mit der Peninsula Malaysia (offizielle Bezeichnung für die Halbinsel Malaysia) und ein dichtes Flugnetz im Innern der Teilstaaten Nordborneos haben aus dem Land eine verkehrstechnische Einheit werden lassen. Auch Brunei und Singapur sind voll in das Flugnetz der MAS (Malaysian Airlines System) integriert. Von Kota Kinabalu besteht ebenfalls eine Flugverbindung nach Manila, der Hauptstadt der Philippinen. Die meisten Inlandsflughäfen werden täglich, zumindest aber mehrmals wöchentlich mit der Boeing 737 oder der Fokker-Friendship (F-27) angeflogen. Letztere machte aufgrund ihrer kurzen Start- und Landestrecken erst den Flugbetrieb mit wirtschaftlich vertretbaren Passagierzahlen zwischen den kleinen „Air strips" Nordborneos möglich. Zusammen mit der kleineren Twin Otter von De Haviland ist sie die „Pionier-Maschine" in der Zivilfliegerei Borneos und anderen Gebieten Asiens. Bei Nachtflügen zwischen Kuala Lumpur und Singapur sowie nach Kuching und anderen größeren Städten gibt es den sogenannten „Flying Night Tourist"-Tarif, der äußerst preiswert ist. Auch andere Spezial-Tarife machen das Fliegen in Malaysia zu einer erschwinglichen Angelegenheit.

Da die Flüsse Sarawaks ein dichtes Verkehrsnetz bilden und sogar kleine, abgelegene Orte mit dem Boot erreicht werden können, nimmt auch der **Schiffsverkehr** hier eine bedeutende Stellung ein. Neben Schnellbooten, die teilweise mit 600-PS-Dieselmotoren ausgerüstet sind und stromaufwärts noch 60 km/h erreichen, gibt es auch langsamere Boote, die für die Tagestour eines Speedboots dreimal soviel Zeit benötigen. Trotz der nahen Raffinerien und der Ölfelder von Miri verlangt man im Charterverkehr für den Bootsmotorensprit ein kleines Vermögen. In der Trockenzeit bleibt er zu allem Überfluß häufig auch noch ungenutzt, da die meisten Flüsse wegen „Wassermangels" in ihren Oberläufen nur noch teilweise Bootsverkehr zulassen. Einbäume, Außenborder und natürlich auch der „kostbare Sprit" müssen dann sogar getragen werden.

In der modernen Fähr- und Passagierschiffahrt des Landes geht es dagegen bedeutend komfortabler zu. Viele dieser Fährverbindungen wurden erst vor kurzer Zeit eingerichtet. Seit 1984 operiert beispielsweise Ms. Gadis Langkasuka zwischen Penang, der Insel Langkawi und Belawan auf Sumatra (Indonesien) sowie auf Nachfrage nach Phuket (Thailand). Seit September 1986 verkehrt an der Ostküste ein neuer Fährdienst auf der Route Kuantan-Kuching-Kota Kinabalu und Kuantan-Singapur. Das Schiff, die aus der Bundesrepublik stammende 8 000-Tonnen-Fähre „Cruise Muhibah" bietet Platz für 850 Passagiere, 240 Fahrzeuge und einige Container.

Die „gute alte Zeit", wo Gemächlichkeit und Muße hoch im Kurs standen, scheint in Malaysia dem Ende zuzugehen. Das Tempo der Moderne hat das Land und seine Menschen erfaßt. Ein Iban-Krieger mit einem 150 PS starken Außenborder und ein Reisbauer auf einem „Feuerstuhl" sind heute bereits keine Seltenheit mehr. Daß für viele dieser Wechsel etwas zu schnell kam, erkennt man häufig auf Busfahrten in ländlichen Gebieten, wo von 50 Passagieren beinahe die Hälfte zur sogenannten Spucktüte greift.

Einkaufen in Malaysia

Für die sogenannten Souvenirjäger ist Malaysia ein wahres Einkaufsparadies, gibt es doch in allen Teilen des Landes viele handwerkliche Besonderheiten sowie Antiquitäten. Um einen Überblick über das Kunsthandwerk zu bekommen, empfiehlt sich der Besuch des Bukit Nanas Handicraft-Centre in Kuala Lumpur, dessen reichhaltige Auswahl nicht nur besichtigt, sondern auch gekauft werden kann. Der im Stadtkern gelegene „Central Market", der durch die Abwanderung vieler City-Bewohner an Bedeutung verlor, bietet, nun zu einem familienfreundlichen Markt- und Kulturzentrum umfunktioniert, ebenfalls viele Einkaufsmöglichkeiten. Neben alltäglichen Produkten gibt es dort auch Fachgeschäfte für echte **Seide**. Wer auf der Suche nach **Antiquitäten** und anderen Raritäten ist, sollte auch einen Bummel durch die Jl. Tungku Abdul Rahman machen. Die Petaling Street Kuala Lumpurs hat interessante Geschäfte, die viele traditionelle chinesische Waren anbieten. Die Stadt Malacca ist besonders für ihre Antiquitäten bekannt. Da die Ausfuhr wirklicher Altertümer verboten ist, sollte sich der Kunde beim Kauf eine Bescheinigung geben lassen, daß es sich nicht um solche handelt.

Wer gerne **Handarbeiten** direkt vom Hersteller kauft, muß an die Ostküste fahren, wo man Silberarbeiten, Batikstoffe und Flechtwaren fertigt. Ein Souvenir, an dem man später auch im deutschen Sommer Gefallen findet, ist Batikkleidung. Ob es ein T-Shirt, eine Badehose, ein Hemd, Rock oder etwas anderes ist, man wird in jedem Fall noch lange Freude daran haben. Was ist eigentlich Batik? **Batik** ist mehr als nur ein Handwerk. Man versteht darunter das aus Java (Indonesien) stammende Färbeverfahren zur Herstellung von gemusterten Stoffen. Die Stoffbahn wird entsprechend der Musterung mit der Hand und einem sogenannten Culing oder mit einem Stempel (cap) mit Wachs beschichtet. Beim nachfolgenden Färbegang dringt an den gewachsten Mustern keine Farbe ein. Nach dem Trocknen wird das Wachs herausgewaschen und die gefärbten Stellen diesmal mit Wachs abgedeckt. Je nach Anzahl der Farbbäder sind auch mehrere Abdeckbehandlungen notwendig. An den Stellen, an denen das Wachs gebrochen ist, treten die für Batik typischen Farbadern auf. Für eine wertvolle Handbatik mit traditionellen Mustern müssen 4 bis 6 Wochen Arbeitszeit veranschlagt werden.

Bei echten, gleichmäßig gemusterten Handbatiken gibt es keine wirklichen Symmetrien. Fehler und Schnörkel haben keine „Doppelgänger". Bei der Verwendung von Stempeln treten immer die gleichen Musterblöcke in Erscheinung (zu erkennen an gleichen, immer wieder auftretenden Merkmalen). Die Maschinenbatik ist nahezu symmetrisch. Die Abstände zwischen den Mustern sind auf ganzer Länge gleich. Auch die Ränder zeigen gleichmäßigen Musteransatz. Der der echten Batik anhaftende Wachsgeruch und die „durchgeflossenen Farben" sind heute kein Beweis mehr für handgefertigte Batik. Wer unsicher ist, kauft besser direkt beim Hersteller. Die Orte Kuantan und Beserak an der Ostküste (siehe Register) sind Zentren malaiischer Batik-Industrie.

Auch die **Silberschmiede** sind hier zu Hause. Wenn man erst einmal die nach alten Vorlagen gearbeiteten Stücke zu Gesicht bekommen hat, sitzt das Geld meist recht locker. Häufig werden in Singapur viele indonesische Kulturprodukte, wie Krise (Dolche), Batik, Masken u.v.a. für teures Geld angeboten. Man bedenke: In Indonesien ist die Auswahl nicht nur größer, sondern häufig auch qualitativ besser. Übrigens: Sammler alter Waffen dürfen ihre Neuerwerbungen (Dolche, Speere, Schwerter, Blasrohre, Pfeile, Schußwaffen etc.) in Singapur und Malaysia nicht einführen. Sie werden am Flughafen bewahrt und erst bei der Ausreise wieder ausgehändigt.

In Malaysia kann für unerlaubten Schußwaffenbesitz sogar die Todesstrafe verhängt werden. Letztere hat auch derjenige zu erwarten, in dessen Besitz Rauschgift gefunden wird. Die Offenheit, mit der hauptsächlich jugendlichen Rucksackreisenden mancherorts Drogen angeboten werden, täuscht diese schnell über die damit verbundenen Risiken. Man muß wissen, daß das Gesetzbuch Malaysias und Singapurs bereits für den Besitz von Rauschgiftkleinstmengen die Todesstrafe vorschreibt. Wer sicher gehen will, daß man ihn nicht unwissentlich als Drogenkurier benutzt, sollte sein Gepäck vor einem geplanten Grenzwechsel vorsichtshalber auf fremden Inhalt untersuchen. Aus demselben Grund muß auch die Mitnahme von Päckchen oder Paketen für Fremde (die einen meist kurz vor dem Einchecken am Flughafen ansprechen) unbedingt unterbleiben.

Sport und Unterhaltung

In Malaysia dürften **Golf** und **Tennis** wohl schon eine Art Volkssportcharakter haben. Besonders Golf gilt für gutsituierte Asiaten männlichen Geschlechts als eine sportliche Pflichtübung. Viele Plätze auf den Highlands haben einen guten Ruf. Der **Pferderennsport** steht ebenfalls als Überbleibsel des englischen Kolonialismus in der Beliebtheit oben an. Besonders dort, wo die Geldwette reizt, trifft man viele Chinesen, die nicht das „Gesetz des Zufalls", sondern nicht selten gute und böse Geister für ihr Glück und Pech verantwortlich machen. Um zu sehen, ob Fortuna einem gut gesonnen ist, braucht man jedoch nicht nach Malaysia zu fahren.

Die unzähligen und einzigartigen **Wassersportmöglichkeiten** sind hingegen sicher ein Grund, die weite Reise zu machen. Die landschaftlich reizvollen Strände der Ostküste ziehen jährlich die meisten Badegäste an. Jedoch muß hauptsächlich während der Monsunzeit dort mit starken Unterströmungen gerechnet werden. In den großen internationalen Hotels gibt es natürlich auch Swimmingpools, die mikrobiologisch unbedenklich sind. Andere stehende Gewässer des Flachlandes muß man besser meiden. Auch in den Flüssen sollte nicht gebadet werden. Neben Wasserski gewinnt auch das Windsurfen immer mehr an Beliebtheit. Die angenehme Wassertemperatur macht die unvermeidlichen Stürze eines Anfängers zu einer erfrischenden Abwechslung.

Der **Tauchsport** findet besonders an den mit Korallen umsäumten Inseln der Ostküste lohnende Reviere. Die teilweise durch frühere Dynamit-Fischerei in Mitleidenschaft gezogenen Riffe sollte man nicht noch zusätzlich durch das Abbrechen von Korallen schädigen. Die Jagd mit der Harpune ist glücklicherweise bereits verboten.

Neben diesen Sportarten kann man auch wandern, bergsteigen, schnorcheln, angeln, segeln oder Wildwasserfahrten machen.

Wer auf seinen wöchentlichen **Fußball** nicht verzichten will, kann sich aus der Jugend der benachbarten Dörfer eine begeisterte Mannschaft rekrutieren. Lassen Sie aber die „gelben Karten" zu Hause. Andere „Ballspiele" wie Bowling, Polo, Cricket und Crocket stehen zur weiteren Auswahl. Übrigens, das Drachensteigen (Layang-Layang) ist in Malaysia reiner Männersport. Die mit Ramayana-Szenen verzierten Riesendrachen von bis zu 3,5 m Spannweite führen untereinander Kämpfe aus, bei denen es darum geht, mit scharfen, glasbestückten Leinen den gegnerischen Drachen zum Absturz zu bringen.

Die **kulturelle Unterhaltung** in Malaysia bietet für jeden Geschmack etwas. Theater-, Tanz- und Konzertgastspiele sind häufig hervorragend. Das kulturelle Angebot findet man regelmäßig in der Broschüre „Kuala Lumpur this week" abgedruckt. Die vielen Kinos zeigen neben chinesischen, indischen und indonesischen Filmen auch viele westliche Produktionen, die jedoch ihrer „horizontalen Szenen" beraubt sind. Wer aber einmal einer Kinovorstellung eines chinesischen Kung Fu-Films in einem kleinen ländlichen „Cinema" beigewohnt hat, wird diesem Erlebnis einen besonderen Platz in seiner Erinnerung einräumen. Die meist durch Kratzer und fehlende Szenen entstellten „Streifen" sind hier keine Nebensache. Wenn der engagierte und kompromißlose Hauptdarsteller mit schweren Hieben und einer vor Wut entstellten animalischen Grimasse der Gerechtigkeit wieder in den Sattel hilft, ist das mit Ananas und Erdnüssen bewaffnete Publikum, von dem man sich in diesen Augenblicken kaum noch abhebt, der Extase nahe. Ein Boxkampf im „Madison Square Garden" in New York ist da gar nichts. Viele Hotels bieten dem Fremden eine „Cultural Show" an, mittels der man einen kleinen Einblick in das Brauchtum der chinesischen, malaiischen und indischen Volksgruppen erhält.

Das bunte und schillernde **Nachtleben** mit seinen „zwielichtigen Varianten" trifft man, wenn überhaupt, dann nur in den Großstädten an. Horizontal-Touristen aus Bangkok, die auf der Suche nach sexuellem Neuland nach Malaysia und Singapur kommen, müssen mit den wenigen Dutzend stark frequentierter Damen der Escort-Firmen vorlieb nehmen, die trotz fürstlicher Gage nur „small talk" zu bieten gewillt sind. Kein Wunder! Wer Südostasien mit Bangkok verwechselt, wird mit Sicherheit bitterlich enttäuscht. Bis auf

Gamelan-Orchester

hier und da aufkeimende Notprostitution kennt man im allgemeinen den Wert persönlicher Würde und Selbstachtung und sieht im Sextourismus Thailands eine neokoloniale Entwicklung. Daß deutschsprachige Touristen die „Schaumkrone der Sexwelle" in Thailand darstellen, sollte zu denken geben. Das benachbarte Malaysia hat nicht das glitzernde „Nightlife" Singapurs. Es findet meist nur in den Bars und Discos der großen internationalen Hotels statt. Ab 24.00 Uhr gibt es keinen Alkohol mehr, und die Tanzhostessen, die man stunden- oder tanzweise bezahlt, müssen dann meist schon zu Hause sein. Aufregend wird das Nachtleben erst in den kleinen Fischerdörfern an der Ostküste, in denen man bei festlichen Gelegenheiten dem traditionellen **Schattenspiel** und faszinierenden **Tänzen** unter dem meist sternenbehangenen Himmelszelt beiwohnen kann. Dieses Nightlife gibt es bei uns zu Hause nachher nicht mehr.

Essen und Trinken

In der malaiischen Küche, die mit der indonesischen eng verwandt ist, kann ohne weiteres mit Gabel und Löffel gegessen werden. Traditionell ißt man in Südostasien jedoch mit den Fingern. Messer sind nicht notwendig, weil alles mundgerecht zubereitet ist. Da der Speisezettel beider Länder zum größten Teil Moslems ernährt, wird man Schweinefleisch vergeblich suchen. Hier gibt es nur Mahlzeiten, die „halal" (rein) sind. Spezialitäten wie Froschschenkel und Schlangenfleisch überläßt man ganz den Andersgläubigen.

In beiden Küchen steht in jedem Fall der **Reis** zentral. Speisen ohne Reis gelten nicht als vollwertige Mahlzeiten. Sehr beliebt sind die kleinen Fleischspieße, die, in Zucker und Gewürze eingelegt, über einem Holzkohlenrost gegrillt werden. Das Hammel-, Rind- oder Hühnerfleisch dieser sogenannten **Satay** (indonesisch = sate) wird mit einer würzigen Soya- oder Erdnußsauce und **Lontong,** einer Art Reiskuchen, gereicht. Das traditionelle Mittagsmahl der einfachen malaiischen Bevölkerung besteht meist aus Reis, einer scharfen Sauce, verschiedenen Gemüsen und zu besonderen Gelegenheiten auch mal einem Stück Fleisch oder Fisch. Das ganze wird häufig in ein Bananenblatt eingeschlagen und später auch daraus verzehrt. Diese Art Teller sollte man nach Gebrauch nicht sorglos wegwerfen. Rutschgefahr! Manchmal werden die Speisen auch in Palmenblättern zubereitet. **Ikan kari** (Curry-Fisch) oder **Ketupat** (Reiskloß) werden beispielsweise in Blättern gegart.

In der malaiisch-indonesischen Küche spielt die Kokosmilch eine wichtige Rolle, die zusammen mit einer Vielzahl von exotischen Gewürzen auch den Gaumen eines Gourmets zu „kitzeln" vermag.

Das aus Sumatra stammende **Makanan padang** (Padang-Essen) macht von allen Zutaten kräftig Gebrauch. Entgegen der Bestellung bekommt man in einem Padang-Restaurant meist mehr Schüsseln als erwartet. Bezahlt wird aber nur, was auch verzehrt wurde. Wenn es einem erst schmeckt, ist das manchmal gar nicht so wenig.

Der **Nasi goreng** ist vielen sicherlich schon vertrauter. Reis, Fleischstückchen und Gemüse werden in einer Pfanne, in der man vorher Knoblauch, Zwiebeln und Sambal (scharfe Chili-Paste) angebraten hat, hinzugefügt. Nach kurzem Braten dient das Ganze als Haupt- oder Zwischenmahlzeit. Mangels Brot in der traditionellen malaiischen und indonesischen Küche ist der Nasi goreng bei vielen Einheimischen die typische Morgenmahlzeit.

Wer lieber Suppen mag, hat auch hier die Qual der Wahl. **Soup Ayam** (Hühnersuppe), **Soup Kambing** (Hammelsuppe), **Soup Udang** (Garnelen-Suppe) u.v.m. sind nahezu schon richtige Hauptgerichte.

Wer sich einmal kreuz und quer durch die malaiisch-indonesische Küche probieren will, sollte sich eine **Rijsttafel** nicht entgehen lassen. Dieses von den früher in Indonesien ansässigen Niederländern zusammengestellte „Festbankett" besteht häufig aus mehr als 40 Einzelgerichten, die einen umfangreichen Überblick über deren Gaumenfreuden vermitteln. Der Gast sollte sich daher genug Zeit nehmen, um in den Genuß aller Köstlichkeiten kommen zu können, die da sind: Rendang (Rindfleisch, scharf aber besonders lecker), Ayam masak kering (trocken gebratene Hühnchenteile), Ikan kari (Curry-Fisch), Ayam kurmak oder Opor (Huhn in Kokosmilch), Serundeng (Streusel aus Erd- und Kokosnuß), Kroepoek (knusprige große Chips aus Krabbenmehl) u.v.a.

Restaurants, die noch die faszinierende Tradition der Rijsttafel fortsetzen, befinden sich in Singapur: Indonesian Restaurant, Havelock Rd/Apollo Hotei und Cockpit Restaurant im gleichnamigen Hotel (nur an Wochenenden).

Auch die **indische Küche** steht zur Auswahl. In ihr stehen die würzigen **Curries** zentral, die in ihrer Schärfe den „Anfänger" wie auch den Fortgeschrittenen durchaus zufriedenstellen können. Manche mögen's bekanntlich besonders heiß. Diesen kann man nur noch zu einem **Machas-** oder **Ceylon-Currie** raten. Wem es dann doch zu scharf wird, der sollte etwas Zucker untermischen, der die Geschmackspapillen der Zunge wieder versöhnlich stimmt. Warme oder sprudelnde Getränke machen es dagegen nur noch schlimmer. Ein gutes Currie,

das mit mindestens 15 verschiedenen Gewürzen zubereitet wird, besteht meist aus Reis, Hammel, Krabben, Huhn und leckeren Gemüsen. Rindfleisch gibt es bei Hindus natürlich nicht. Neben Reis ißt man zu den Curries auch häufig sogenannte **Chapathis,** ein aus Weizenmehl, Wasser und etwas Salz gebackenes Fladenbrot. Urlauber, die mit dem indischen Speisezettel zum ersten Mal Bekanntschaft machen, verfallen meist dem **Kooma.** Keine Angst – es ist nur ein mildes Gericht, das so heißt. Man sieht, auch hier ist für jeden etwas dabei.

Wer es doch lieber heimatlicher will, dem helfen hier bekannte Hamburger-Läden, die in letzter Zeit besonders in Singapur wie Pilze aus dem Boden schießen, aus der Klemme. Besonders die Chinesen, deren alte traditionelle Küche gerade internationale Anerkennung gefunden hat, können sich unbegreiflicherweise für diese Industriekost begeistern. Die vielen Coffee-Shops und Snackbars der Hotels haben eine meist große Auswahl an westlichen Speisen, auch wenn man bei der Übersetzung so mancher Speisekarte offensichtlich erst einen Geheimcode knacken muß: Frangfultel Wüstchen, Wener Schnitell und Piazza Callzone.

Bei den **Getränken** gibt es da weit weniger Probleme. Neben einer bunten Palette frisch gepreßter tropischer Fruchtsäfte sowie Kokosmilch (Air Kelapa) und Zuckerrohrsaft gibt es auch viele gute Biersorten, die aufgrund eines niedrigen Malzgehaltes tropentauglich, d. h. leichter verträglich sind. Einer alten Tropenregel zufolge sollte man jedoch jede Art von Alkohol vor Sonnenuntergang meiden. Das fällt besonders bei den exotischen Longdrinks schwer, die man in den verschiedensten Ausführungen in den Hotelbars bekommt. Von Wein, der nur in den wenigsten Hotels richtig gelagert wird, und meist auch sündhaft teuer ist, muß man im allgemeinen abraten. Man versuche besser mal einen Tebuc (Zuckerrohrsaft) an der nächsten Straßenecke. Na dann Cheers!

Malaysias Früchte

Die Früchte Malaysias sind ein kulinarisches Abenteuer ganz besonderer Art. Seit Marco Polo, dem ersten namhaften Asienreisenden Europas, wissen wir, daß der Ferne Osten für uns die köstlichsten Obstsorten bereithält. Obwohl manche von ihnen bei uns schon in Dosen Einzug gehalten haben, läßt sich ihr unvergleichliches Aroma nur an Ort und Stelle verspüren. Ob man in ihren Genuß kommen wird, hängt, wie bei unserem Obst auch, nicht zuletzt von der Reifezeit ab.

Besonders beliebt ist die **Manggis** oder auch **Mangostane,** die auf hohen, kegelförmigen Bäumen heranreift. Unter der dicken, violetten Schale liegt das in Segmenten aufgeteilte weißliche Fruchtfleisch, das in einem einmaligen „Geschmacksrausch" auf der Zunge zergeht. Nicht nur das Aroma, sondern auch die Flecken dieser Frucht bleiben unvergeßlich, denn sie gehen kaum noch aus der Kleidung heraus.

Die **Mangga** oder **Mango** ist mit der Manggis nicht verwandt. Sie wächst an bis zu 15 m hohen Bäumen, die zweimal jährlich bis zu 2 kg schwere Früchte tragen. Ihr herbsüßer Geschmack kommt im Mango-Fruchtsaft besonders gut zur Geltung.

Die **Rambutan,** zu deutsch die „Haarige", wird wegen ihrer welligen Behaarung manchmal Hippie-Frucht genannt. Da ihr weißliches Fleisch dem der Litschi ähnelt, hat ihr das auch den Namen „falsche Litschi" eingetragen. Ihr süßsäuerlicher Geschmack ist jedoch unverwechselbar und wird von Menschen und Ameisen als besonders erfrischend empfunden. Um die letzteren zu beseitigen, schüttle man die an ihren Zweigen auf den Markt kommenden Früchte kräftig.

Die **Durian** wird wegen ihres penetranten und undefinierbaren Geruchs auch häufig **Stinkfrucht** genannt. Die bis auf Kokosnußgröße heranreifende Frucht hat eine derbe, stachelige Schale, die ohne Messer kaum zu entfernen ist. Sie war ursprünglich nur im malaiischen Archipel zu Hause, ist jedoch heute bereits in ganz Südostasien verbreitet. Obwohl sogar manche Einheimische sich nicht mit ihrem „kräftigen" Geschmack anfreunden können, hat sie unter den ausländischen Besuchern Südostasiens erstaunlich viele Liebhaber gefunden.

Die **Duku** oder **Langsat-Frucht**, deren Fruchtfleisch ähnlich dem der Mangostane in Segmente aufgeteilt ist, ist dagegen weniger umstritten. Diese pflaumengroße, gelbschalige Frucht wächst an den Zedrachbäumen und hat einen typischen, erfrischenden Geschmack.

Auch die **Sawo-Frucht** muß vor ihrem Genuß erst geschält werden. Man schneidet sie danach besser in Scheiben und beträufelt sie mit Zitrone oder Rum, um ihren Geschmack zur vollen Entfaltung zu bringen.

Die **Salak** wird wegen ihrer reptilartigen Haut auch Schlangenfrucht genannt. Sie ist der Samen der Salak-Palme, die in Malaysia jedoch nicht sehr verbreitet ist. Der Geschmack des nußartigen und festen Fruchtfleisches erinnert manchmal ein wenig an Ananas.

Auch die Schale der **Srikaja** (indonesischer Name) oder **Netzannone** hat eine besondere Zeichnung. Je nach Ursprungsgebiet ist der Geschmack von süßaromatisch bis säuerlich fad.

Die **Jackfrucht** oder **Nangka** gibt es in zwei Versionen. Eine davon wird mehr als Gemüse in Hauptmahlzeiten verwendet. Die andere Art hat einen angenehmen, besonders aromatischen Geschmack. Im Gegensatz zu anderen Früchten werden bei ihr ausnahmsweise nur die Kerne gegessen. Lassen Sie sich ruhig zeigen, wie es gemacht wird. Die Nangka ist wohl die größte Frucht in Südostasien. Sie wächst auch direkt am Stamm und erreicht die Größe eines Kürbis. Ihre gelblichgrüne Schale ist von Tausenden kleiner haariger Stacheln bedeckt. Nur der erfahrene Nangka-Esser kann die Qualität schon an der Schale erkennen.

Die **Kelengkeng** ist ebenfalls eine beliebte Frucht. Sie wird wie die Rambutan in Büscheln zusammengebunden und so auf den Markt gebracht. Sie war nicht nur im alten China besonders begehrt, sondern hat auch bei uns unter dem Namen Litschi viele Anhänger gewinnen können. Es gibt jedoch unter dem Namen Kelengkeng mehrere stark voneinander differierende Arten.

Der **Malay Apple** oder auch Jambu Air und die **Belimbing** oder auch Sternfrucht, sind weitere Obstsorten, die man anstatt sie lange zu beschreiben, besser probieren sollte. Na, dann guten Appetit!

Malaien, Chinesen, Inder und wir – ABC des guten Tons

Ungeachtet des sozialen und kulturellen Wandlungsprozesses in Südostasien wird der Alltag der dortigen Menschen noch stark durch religiöse und gewohnheitsrechtliche Wertvorstellungen geprägt. Auch der einfache Mann zeigt durch seine traditionsbewußte Haltung ein würdevolles Benehmen. In den Großstädten wird man aber auch manchmal mit dem Gegenteil konfrontiert. In den Geschäften Singapurs fällt einem häufig gerade an den Chinesen ein kaltes, abweisendes Verhalten auf. Der moderne Wandlungsprozeß fordert offensichtlich überall seinen Preis. Seitens der Regierung versucht man, diesem Problem mit einer Werbekampagne unter dem Motto „Courtesy is our way of life" = „Höflichkeit ist unser Lebensstil" zu begegnen. Aus den Nachbarländern nach Singapur kommend, hat man schnell den Eindruck, daß die menschliche Gefühlswelt hier in besonderer Weise vom Kommerz beherrscht wird. Ist aber erst einmal das Eis gebrochen, schlägt einem eine Welle von Höflichkeit und Gastfreundschaft entgegen, die in Europa Ausländern gegenüber nur selten geübt wird.

Beim Personal eines großen internationalen Hotels, das tagein tagaus mit der oberflächlich nüchternen und gestreßten Empfindungs- und Gefühlswelt westlicher Besucher konfrontiert wird, kann man meist vergeblich nach der ansprechenden Wesensart der drei in Malaysia und Singapur ansässigen Volksgruppen suchen. Teilweise ist durch den Einfluß des Tourismus die höfliche Zurückhaltung schon einer gewissen Geldgier gewichen. Es liegt also auch an uns, ob die gastgebende Bevölkerung ihre traditionellen Sitten und Gebräuche noch an kommende Generationen weitergeben wird. Tiefgründige Lebensweisheiten der dortigen Menschen machen protziges und belehrendes Verhalten unsererseits in jedem Falle überflüssig. Die Parole „Courtesy is our way of life" sollte auch für uns gelten, denn nur mit ihrer Verwirklichung kann man das in Asien unwiderbringliche Gesicht wahren.

Obwohl die verschiedenen ethnischen Volksgruppen unterschiedliche Temperamente, Sitten und Gebräuche haben, gibt es einige allgemeine und spezielle Tips für den Alltag.

Begrüßung und Berührung: Die Begrüßungszeremonie von Malaien und Indern macht auf uns einen sehr zaghaften und verhaltenen Eindruck. Häufig verbeugt man sich mit zusammengelegten und zur Stirn geführten Händen. Auf kräftiges Händedrücken und Schulterklopfen wird man hier im allgemeinen mit Zurückhaltung reagieren, denn mit Höflichkeit und Freundschaft hat dies in ihren Augen nur sehr wenig zu tun. Der Kopf wird besonders von den Malaien als Sitz der Seele und damit der Persönlichkeit angesehen und darf auch bei Kindern nicht berührt werden. Gedankenlose Begrüßung mit der linken, als unrein geltenden Hand gilt ebenso als grobe Unsitte.

Bei Tisch: Aus den eben erwähnten Gründen sollte man, besonders wenn man bei Malaien zu Gast ist, Speisen niemals mit der linken Hand entgegennehmen oder weiterreichen. Da ein Nachnehmen der Speisen zum guten Ton gehört und der Gast mit Sicherheit dazu aufgefordert wird, esse man anfangs mit Maßen. Wer zum Probieren aufgefordert wird, sollte das Dargebotene nicht zurückweisen. Man nehme symbolisch etwas auf den Teller, probiere und bedanke sich. Werden Mahlzeiten und Getränke serviert, wartet man als höflicher Gast die Aufforderung des Gastgebers ab, auch wenn es manchmal schwerfällt. Übrigens: Eine Erfrischung darf der Gast niemals ablehnen. Er muß, auch wenn er keinen Bedarf hat, etwas vom Angebotenen konsumieren.

Bei den Chinesen gehört die Benutzung der Stäbchen ebenfalls zum guten Ton. Man lasse sich ruhig zeigen, wie sie funktionieren. Es ist wirklich nicht schwierig. Viele Malaien und Inder essen nicht mit Besteck, sondern mit den Fingern. Obwohl es leichter zu sein scheint, als mit Stäbchen zu hantieren, erfordert es doch bedeutend mehr Übung. Die verschiedenen Speisen, die in der Regel auf großen Platten oder Schüsseln serviert werden, sind für alle Gäste gedacht. Sich sein Lieblingsgericht „an Land zu ziehen" wäre mehr als nur ein Fehler.

Kleider machen Leute: Dieser Erkenntnis kommt in Asien besonders viel Gewicht zu. Beim Betreten öffentlicher Ämter und Banken sollten keine Shorts und Badebekleidung getragen werden. An der Kleidung erkennt man in Südostasien, ob man sich gegenseitig Aufmerksamkeit und höflichen Respekt entgegenbringt. Eine Begegnung zwischen einfachen Menschen und Touristen wird jedoch nicht durch teure modische Bekleidung erleichtert. Einfach und sauber sollte die Devise sein. Vor dem Betreten indischer, malaiischer und chinesischer Wohnungen und Häuser sind in jedem Fall die Schuhe auszuziehen. Wenn man bei Chinesen zu Gast ist, sollte man nur Kleidung in hellen Farben tragen und nicht über Krankheit und Tod reden. Auch die Frage nach dem Geisterglauben der Chinesen sollte unterbleiben.

Für Fotofans: In Armut und Schmutz auf Film gebannt zu werden, kann verletzend wirken. Man frage daher in jedem Fall um Erlaubnis. Häufig willigen die Menschen gerne ein, nachdem sie noch einmal in den Spiegel geschaut haben. Eitelkeit ist auch hier nicht unbekannt. Machen Sie niemandem Versprechungen, Bilder zu schicken, wenn Sie nicht sicher sind, diese auch zu halten. Vermeiden Sie es, betende Menschen, Bettler und stillende Mütter zu fotografieren.

In Tempel oder Moschee: Da diese Gebäude unseren Kirchen entsprechen, sollte jeder sich in ihnen ebenso ruhig und würdig verhalten. Beim Betreten von Hindu-Tempeln und Moscheen (soweit dies gestattet ist) sollte man die Schuhe ausziehen und das Rauchen unterlassen. Die Schuhe können in manchen chinesischen Tempeln anbehalten werden. Eine Spende für die Erhaltung der Gebäude wird besonders von den Chinesen als höfliche Geste empfunden.

Der asiatische Zeitbegriff: Die Tatsache, daß wir einen anderen Zeitbegriff haben als die Südostasiaten, reicht nicht für die Feststellung aus, daß unserer besser ist. Pünktlichkeit ist in Südostasien kein Zeichen von Anstand. Wer dem Gastgeber noch ein wenig Zeit für Vorbereitungen läßt und mit halbstündiger Verspätung eintrifft, zeigt durchaus gute Manieren. Man besuche Moslems erst nach dem Abendgebet gegen 21.00 Uhr. Besuche während der Mahlzeiten gelten als unhöflich. In Singapur ist „Time" bereits „Money" – für einen Touristen nicht immer eine schöne Erfahrung.

Gastregeln: Man nehme sich für private Besuche genügend Zeit. Ein Gast in Eile kann verletzend wirken. Indische Familien sucht man nach Möglichkeit nicht freitags auf, da dies meist aus religiösen Gründen unerwünscht ist. An Festtagen aller drei Volksgruppen besuche man Bekannte und Freunde nur auf ausdrückliche Einladung. Bei Moslems ist der zweite Tag nach Lebaran (Ende des Fastenmonats) aber speziell für den Besuch von Freunden und Familie gedacht. Während des Fastenmonats sollte man als Gast bei mohammedanischen Familien in jedem Fall das Rauchen unterlassen. Angebotene Erfrischungen können jedoch angenommen werden. Den Wachhund islamischer Gastgeber sollte man nicht anfassen, da der Gast dann nicht mehr als halal (rein) gilt. Geht man an bereits anwesenden Gästen vorbei, verbeugt man sich und bittet, passieren zu dürfen.

Wie man sich setzt: In chinesischen Familien sitzt man als Gast links vom Gastgeber. Das Übereinanderschlagen der Beine und das Sichtbarwerden der Fußsohlen gilt allgemein als Unsitte. Auch hier ist es üblich, die Aufforderung des Gastgebers, sich zu setzen, abzuwarten.

Bei malaiischen Familien auf dem Lande sitzt man am Boden auf einer Matte. Männer benutzen dabei den Schneidersitz, und Frauen schlagen die Beine seitwärts unter.

Selbst Gastgeber sein: Haben Sie die große Chance, auf ihrer Reise in Südostasien selbst einmal Gastgeber zu spielen, sollte folgendes beachtet werden: Gehen Sie mit Mohammedanern nicht in Restaurants, in denen Schweinefleisch und andere verbotene Speisen auf dem „Plan" stehen. Man biete ihnen auch keine alkoholischen Getränke an. Bei Indern gilt das gleiche für Rindfleisch. Sich für eine Einladung zu bedanken ist mehr eine westliche Sitte. Meist verbirgt der Gast sein Dankeschön hinter einem zufrieden lächelnden Gesicht.

Politik und Religion: Vermeiden Sie politische Gespräche aller Art. Man wird Ihnen die eigenen Ansichten doch nicht offenbaren. Abfällige Äußerungen über Volksgruppen und Religionen stehen uns Außenstehenden ohnehin nicht zu.

Grundregel: Wem die Befolgung neuer Sitten und Gebräuche zu mühevoll erscheint, wird die Begegnung mit fremden Kulturen überhaupt als eine Strapaze empfinden und sollte daher besser zu Hause bleiben.

Kleiner malaiischer Sprachkurs

Kleiner Sprachkurs: Die malaiische Sprache ist neben dem Hindi und dem Mandarin sowie anderen chinesischen Dialekten weit verbreitet. In Malaysia wird Englisch besonders von der jüngeren Generation sowie von Beamten und Büroangestellten gesprochen. In ländlichen Gebieten mit überwiegend malaiischer Bevölkerung herrscht hingegen die malaiische Sprache „bahasa melayu" vor. In ihrer reinen Form wird diese auch noch im indonesischen Riau-Archipel gesprochen. Das Riau-Melayu diente auch als Basis für die moderne indonesische Sprache.

Viele Worte des „Malaiischen" wurden von Arabern und Portugiesen eingeführt. Auch die englischen Kolonialherren ließen ihre Spuren in der Sprache zurück. Die Bahasa melayu ist heute eine moderne und dynamische Sprache, die sich noch weiterentwickelt. Jede der verschiedenen ethnischen Gruppen spricht sie mit einem anderen Akzent. Obwohl sie anfänglich vielleicht hart und etwas „ungehobelt" klingen mag, wird man jedoch bei eingehender Betrachtung der Sprache gefallen an ihrer Lautmalerei und ihren poetischen Umschreibungen finden.

Wer sie einmal beherrscht, kann sich mit ihr in Malaysia, Singapur, dem gesamten indonesischen Archipel und auf den Süd-Philippinen hervorragend verständigen. Durch die Wanderung malaiischer Völker haben sich Elemente ihrer Sprache von Madagaskar bis weit in den Pazifikraum hinein verbreitet. Heute sprechen über 200 Mio. Menschen malaiische Dialekte. Das klassische Malaiisch verfiel während der Kolonialzeit zum „pasar melayu", dem Dialekt der Marktplätze. Obwohl sie als offizielle Sprache beibehalten wurde, „talkte" die gesellschaftliche Elite nur englisch. Heute, nach der Unabhängigkeit, dient sie jedoch wieder als Kulturträger und Nationalsprache und verbindet die vielen ethnischen Gruppen zu einer Nation. Hindus und Chinesen gebrauchen jedoch dem Fremden gegenüber lieber Englisch.

Obwohl das Hoch-Malaiisch nicht ganz einfach ist, kann man das sogenannte Basic-Malay relativ leicht erlernen. Malaiisch wird heute in lateinischer Schrift und klein geschrieben.

Grammatik: Im Malaiischen gibt es keine Artikel, Geschlechter und Fälle. Konjugation und Deklination sind ebenso unbekannt. Der Plural wird durch die Verdoppelung des Substantives gebildet (rumah – Haus, rumah rumah – Häuser). Die Adjektive werden bis auf wenige Ausnahmen hinter dem Substantiv plaziert (großes Haus – rumah besar).

Schreibweise: Die Malaien schreiben ihre Sprache mit 21 Buchstaben des lateinischen Alphabets.

Aussprache: Alle Buchstaben werden – bis auf wenige Ausnahmen – so gesprochen wie sie geschrieben werden (nicht tonal).

Zeiten: Um die Zeitebenen zu definieren, benutzt man einige Adverbien wie sudah (– bereits, für die Vergangenheit), belum (– noch nicht, für die Zukunft).

Allgemeines:
ja – ya
nein – tidak
dies – ini
ich – saya
du – anda
er, sie, es – dia
wir – kita, kami
ihr – anda
sie – mereka
gut – bagus
klein – kecil
groß – besar
das – itu
kein – bukan
Was ist das – Apakah itu
Sprechen Sie deutsch –
Saudara boleh berchakap bahasa Jerman
Ich verstehe nicht –
Saya tidak mengerti
Ich möchte – Saya mahu

Höflichkeit:
Herzlich willkommen –
Selamat datang
Gute Reise – Selamat jalan
Guten Morgen – Selamat pagi
Guten Mittag – Selamat tengah hari
Guten Abend – Selamat petang
Gute Nacht – Selamat malam
Guten Appetit – Selamat makan
Danke – Terima kasih
Vielen Dank – Terima kasih banyak
Bitte (als Dankeserwiderung) –
Terima kasih kembali
Verzeihung – Ma'af
Keine Ursache – Tidak apa-apa
Wie geht es – Apa kabar
Es geht gut – Kabar baik
Auf Wiedersehen –
Sampai bertemu lagi

Essen und Trinken:
Ich bin hungrig – Saya lapar
Ich bin durstig – Saya haus
Bitte für mich – Ma'af, untuk saya
Bitte für mich nicht so scharf –
Ma'af, untuk saya jangan terlalu pedas
essen – makan
trinken – minum
Tisch – meja
Teller – piring
Gabel – garpu
Messer – pisau
Essen – makanan
Getränk – minuman
Stuhl – kerusi
Glas – gelas
Löffel – sudu
Frühstück – sarapan pagi
Brot – roti
Kaffee – kopi
Tee – teh
Zucker – gula
Milch – susu
Butter – mentega

Salz – garam
Käse – keju
Ei – telur
Marmelade – jam
gekocht – rebus
gebacken – goreng
Mittagessen – makan tengah hari
Abendessen – makan malam
heiß – panas
wenig – sedikit
scharf – pedas
gekochter Reis – nasi
gebratener Reis – nasi goreng
Schweinefleisch – daging babi
Rindfleisch – daging lembu
Huhn – ajam
Hammelfleisch – daging kambing
Krabbe, Garnele – udang
Languste – galah
Fisch – ikan
Gemüse – sayuran
Kartoffel – kentang
kalt – dingin
viel – banyak
süß – manis
Ente – itek
Suppe – sup
Salat – salad
Früchte – buah
Ananas – nanas
Banane – pisang
Mango – mangga
Kokosnuß – kelapa
Mangostane – manggis
Trauben – anggur
Papaya – betik
Zitrusfurcht – buah limau
Getränke – minuman
Sodawasser – air soda
Orangensaft – air limau manis
Reisschnaps – arak
Eistee – teh eis
Wasser – air
Bier – bir

Unterwegs:
Notfall – keadaan cemas
Wo ist ein Krankenhaus – Dimana hospital
Ich bin krank – Saya sakit
Wo ist ein Arzt – Dimana ada doktor
Bitte holen Sie einen Krankenwagen – Tolong panggil kereta embulan
Apotheke – kedai ubat
Arznei – ubat
Ich möchte telefonieren – Saya mahu tilpon
Wo ist die Toilette – Dimana tandas
Wo ist der Speisesaal – Dimana bilek makan

Übernachtung:
Hotel – hotel
Herberge – asrama
Restaurant – restoran
Handtuch – tuala
Seife – sabun
Rechnung – bon
Ist noch ein Zimmer frei – Adakah bilek kosong

Weg und Richtung:
wo – dimana
wohin – kemana
hier – disini
dort – disana
nach – ke
in – di
geradeaus – terus
stop – berhenti
links – kiri
rechts – kanan

unten – bawah
oben – atas
Süden – selatan
Norden – utara
Osten – timur
Westen – barat
Straße – jalan
Berg – gunong
Dorf – kampong
Strand – pantai
weit – jauh
nah – dekat
zurück – kembali
nach hier – kesini
nach dort – kesana
Richtung – kearah
Stadt – kota
Bahnhof – stesyen
See – tasek
Gibt es hier – Adakah disini

Zahlen und Handel:
0 – kosong
1 – satu
2 – dua
3 – tiga
4 – empat
5 – lima
6 – enam
7 – tujuh
8 – lapan
9 – sembilan
10 – sepuluh
11 – sebelas
12 – duabelas
13 – tigabelas, usw.
20 – duapuluh
30 – tigapuluh, usw.
100 – seratus
200 – duaratus, usw.
1 000 – seribu
2 000 – dua ribu, usw.
10 000 – sepuluh ribu
100 000 – seratus ribu
500 000 – lima ratus ribu
1 Million – satu juta oder sejuta
billig – murah
leihen – sewa
teuer – mahal
bezahlen – bayar
kaufen – beli
Papiergeld – wang kertas
Kleingeld – wang kecil
Geld wechseln – tukar wang
zu verkaufen – untuk dijual

Zeit und Kalender:
Montag – isnin
Dienstag – selasa
Mittwoch – rabu
Donnerstag – kamis
Freitag – jumat
Samstag – sabtu
Sonntag – minggu/ahad
gestern – kemarin
heute – hari ini
morgen – besok
schnell – cepat
langsam – perlahan
zu spät – terlambat
nachher – selepas
jetzt – sekarang
Tag – hari
Woche – minggu
Monat – bulan
Jahr – tahun
Uhr – jam
Zeit – waktu
Stunde – jam
wann – bila
1 Uhr – pukul satu
12 Uhr – pukul duabelas
Wieviel Uhr ist es jetzt –
Pukul berapa sekarang

Kuala Lumpur: Von einer Minenstadt zur Weltmetropole

In der Mündungsgabel der Flüsse Gombak und Klang steht heute die Jame-Moschee. Als hier vor 130 Jahren – dieses Gebiet war damals noch von dichten, unberührten Regenwäldern bedeckt – ein Trupp chinesischer Abenteurer auf eine Zinnader stieß, nannten sie diesen Ort, dessen feuchte Hitze und Mückenschwärme wohl die Freude über den großen Fund geschmälert haben müssen, Kuala Lumpur – schlammige Flußmündung.

Erst nachdem um die Jahrhundertwende britische Ingenieure eine Eisenbahnlinie durch den Regenwald gezogen hatten, kam die englische Kolonialverwaltung auf die Idee, sich in dieser wenig verlockenden Gegend zu installieren. Es dauerte nicht lange, bis sie sich auch hier mit Hilfe einheimischer Kräfte im angelsächsisch-kolonialen Stil eingerichtet hatten. Der Padang, auf dem der Union Jack flatterte, war bald das Zentrum britischer Machtdemonstration. Gleich nebenan, im Tudor-gestylten Selangor-Club, gab sich die „white society" zwischen Malaien-Kampong und Chinatown ein elitäres Stelldichein. So muß sie gewesen sein, die gute alte Zeit.

Das Kuala Lumpur von heute – von den Malaysiern meist „K. L." abgekürzt und „english pronounced" – hat mit dem einstigen Hüttendorf „schlammige Flußmündung" nichts mehr gemein. Die heutige Hauptstadt, die zur Jahrhundertwende erst 2 000 Einwohner zählte, ist bereits weit über den alten Kern hinausgewachsen. Als Weltmetropole mit mehr als 1,2 Mio. Einwohnern gibt sie sich heute einen internationalen Anstrich. Mehrspurige Stadtautobahnen, blitzende Glasfassaden und gewagte Hochhauskonstruktionen neuer Geschäfts- und Bankenviertel haben das alte K. L. in die Schranken gewiesen. Malaysia demonstriert heute wie viele andere Länder auch seinen Wohlstand in Form von Beton.

Die ehemals separaten Wohnviertel der Malaien, Chinesen und Inder sind heute zu einem großen Häusermeer verschmolzen. Die kulturelle Trennung ist jedoch geblieben. Nur bei der Arbeit und in den besseren Wohnvierteln der Oberschicht kommen sich heute die einzelnen Volksgruppen näher. Während sich Inder und Chinesen noch ihren Herkunftsländern verbunden fühlen, sehen sich die Malaien als Bumi Putrás – Kinder der heimischen Erde.

Heute sind 56% der Hauptstadtbevölkerung Chinesen. Handel und Gewerbe sind ihr Metier. Während sie früher in den kleinen dunklen

Häusern Chinatowns ihre lokalen und regionalen Kleingeschäfte abwickelten, handeln heute viele von ihnen aus einem modernen Hochhausbüro mit Südostasien und der ganzen Welt.

Auch das Leben der „Großstadt-Malaien" hat äußerlich nur noch wenig mit orientalischem „way of life" zu tun.

An der Jalan Ismail Sultan, der „Hotel-Meile" Kuala Lumpurs, bestimmen auch für den Touristen moderne Attribute wie Bad, Air-Condition und Farbfernseher den Aufenthalt. Anstatt die kulturelle Vielfalt Kuala Lumpurs in der Praxis kennenzulernen, läßt ihnen ihre knappe Reiseplanung meist nur Zeit für das „folkloristische Eintopfprogramm" ihres Hotels. Service und Komfort der häufig unter schweizerischem oder deutschem Management stehenden internationalen Hotels liegen weit über dem südostasiatischen Durchschnitt. Dies gilt leider auch für die Übernachtungspreise.

K. L.'s Nightlife kann ebenfalls nur schwerlich mit dem der benachbarten Hauptstädte mithalten. Alles unterliegt hier einer strengen, vom Islam bestimmten Regel, die da lautet: „Unterhaltung ja – Suzie Wong nein!" Kuala Lumpur Nähe zu Bangkok hat jedoch auch auf dem Sektor menschlicher Lustbarkeiten für einige Kompromisse gesorgt, die nur dem Insider bekannt sein dürften.

Wenn hingegen bürgerliche Kreise von Nachtleben reden, denken sie an einen Kino- oder Theater-Besuch oder an das Speisen an einer der gemütlichen „Hawker Stalls". Wer es von ihnen jedoch lieber nobel und nostalgisch will, speist im Coliseum oder „Le Coq d'Or".

Neues neben Altem ergibt in Malaysias Hauptstadt eine gelungene Mischung. Wer sich am Padang stehend umblickt, wird dies, obwohl nur ein Beispiel von vielen, sofort bestätigen. Nicht nur Architektur, auch Natur hat in der Stadt noch ihren Platz. Hierfür kann der Padang wiederum als Vorbild dienen. Von ihm erstreckt sich ein ausgedehnter Grüngürtel bis zum Parlament, an das die großzügig angelegten Lake-Gardens anschließen. Ähnlich wie Singapur will auch K. L. offensichtlich eine Gartenstadt werden. Überhaupt scheinen ihre Stadtplaner und Verwalter in dem der malaiischen Halbinsel südlich vorgelagerten Inselstaat ein großes Vorbild zu sehen, zahlt man doch heute auch in Malaysias Hauptstadt für das Wegwerfen von Papier oder Zigarettenkippen wie in Singapur 500 M$.

Der Alltag Kuala Lumpurs ist mittlerweile viel zu quirlig, um ihn in ganzer Länge reglementieren zu können. Die ungeordneten und lasterhaften Zustände des Minendorfes „Schlammige Flußmündung" gehören jedoch glücklicherweise der Vergangenheit an.

Eine Kurzbeschreibung der Sehenswürdigkeiten Kuala Lumpurs finden Sie im Kapitel „Malaysia von A–Z".

Sarawak

Sarawak im Nordwesten Borneos ist der größte Teilstaat in der Föderation Malaysia. 70% der 125 000 qkm Landesfläche werden gegenwärtig noch von Primärwald bedeckt. Der Rest besteht aus Sümpfen, Ödland und ca. 4,5% landwirtschaftlicher Nutzfläche. Statt des Anbaus von Reis, Gemüse und Obst ist ein Großteil des nutzbaren Bodens für Kautschukanpflanzungen reserviert. Die Ernährung der 1,2 Mio. Menschen Sarawaks konnte daher bis heute nur durch Import von Lebensmitteln gesichert werden.

Abgesehen von Bauxit und Kohle, die bisher nur in geringem Maße abgebaut wurden, hofft man jedoch auf größere Öl- und Erdgasvorkommen im Off-shore-Bereich. In Bintulu arbeitet bereits die größte Erdgasverflüssigungsanlage der Welt, deren Produktion in der Hauptsache nach Japan geht.

Die Infrastruktur des Gebietes steckt jedoch noch in den Kinderschuhen. So gibt es beispielsweise nur Straßen zwischen und um Kuching, Sibu, Bintulu und Miri. Das ausgedehnte Flußnetz Sarawaks wird, sofern es schiffbar ist, ebenfalls für den Verkehr genutzt. Der Flugverkehr füllt, soweit nötig, die Lücken mit kleinen, unregelmäßig oder im Charter angeflogenen Landepisten.

Von Sarawaks 1,2 Mio. Einwohnern sind 31% Chinesen, 19% Malaien und 49% Dayak- und Punan-Bevölkerung. Das Straßenbild der Städte wird jedoch mehrheitlich von Chinesen beherrscht. Sie haben auch den höchsten Geburtenzuwachs. Die Malaien sind mit 19,2% die drittgrößte Bevölkerungsgruppe nach den im Regenwald wohnenden Iban. Sie ziehen das Wohnen am Rande der Städte oder in ländlichen Bereichen vor.

Die Iban oder auch See-Dayak, die zu den Ureinwohnern Sarawaks gezählt werden, sind mit ca. 30% stark vertreten. Ursprünglich aus Kalimantan (indonesischer Teil Borneos) kommend, sind sie heute in ganz Sarawak verbreitet. Ihre Wohnform, das Langhaus, ist für viele Stämme Borneos typisch. Sie sind eine Art Reihendorf, in dem jede Familie einen Abschnitt, Bilek genannt, bewohnt. Ihre soziale Ordnung wird vom „adat" bestimmt, das als Gewohnheitsrecht im speziellen Fall der Iban keine Zentralgewalt kennt. Der Medizinmann, dessen Kenntnisse nicht so schnell zu ersetzen sind, hat dennoch großen Einfluß im Langhaus. Er (auch „tuai burong" genannt) ist für alle rituellen Handlungen verantwortlich.

Die Melanaus, die ursprünglich aus Sumatra und der malaiischen Halbinsel nach Sarawak eingewandert sein sollen, leben heute in kleinen Kampongs der 3. und 4. Division. Zwei Drittel der ca. 60 000 Melanaus sind von ihrer Naturreligion zu Islam und Christentum übergetreten. Da die islamischen Melanau in der Landesstatistik häufig als Malaien aufgeführt sind, ist eine genaue Schätzung ihrer Zahl unmöglich.

Die Land-Dayaks, auch Bidayuhs genannt, sind mit 88 000 Menschen die viertgrößte Bevölkerungsgruppe des Teilstaates. Ihre Sprache und Kultur unterscheiden sich in vieler Hinsicht von der der Ibans. Wie viele andere Dayak-Stämme betreiben auch sie Kopfjagd. Die einst von ihren Kriegern erbeuteten Schädeltrophäen waren kein Privatbesitz, sondern Dorfeigentum und wurden in eigens errichteten Kopfhäusern untergebracht.

Kayan und Kenyah werden ebenfalls zu den Dayak-Stämmen gezählt. Man findet sie in Sarawak im Gebiet zwischen den Oberläufen des Baram und das Rayang. Im Gegensatz zu anderen Stämmen kennen diese Gemeinschaften eine erbliche Häuptlingswürde und deutliche Klassenstrukturen. Ihre Langhäuser, denen die allgemein übliche Veranda fehlt, gleichen eher einer Festung.

Auch die Kelabit leben in Langhäusern. Typisch für ihre Siedlungen sind die freistehenden Reisspeicher, in denen sie den auf unbewässerten Brandrodungsfeldern angebauten Bergreis lagern. Die Kelabit wohnen am Oberlauf des Baram in einem von mehreren Stämmen bewohnten Gebiet. Der größere Teil dieser Gemeinschaft lebt jedoch in Sabah.

Die Punan zählen eigentlich nicht zu den Dayak. Antropologen vermuten, daß ihre Urahnen einst die Niah-Kultur begründeten. Als Waldnomaden haben sie, soweit sie noch nicht von der Regierung ansässig gemacht wurden, kein festes Zuhause. Gibt ihnen der Regenwald an einer bestimmten Stelle nicht mehr ausreichend Nahrung oder stirbt jemand in ihrer Sippe, ziehen sie weiter. Heute trifft man sie immer mehr in kleinen Ortschaften, wo sie im Zivilisationsabfall nach Brauchbarem suchen, Salz und Tabak kaufen oder gegen Produkte des Regenwaldes eintauschen.

Um diese ethnische Vielfalt Sarawaks erleben zu können, muß der Reisende viel Zeit, Geld und Mühe investieren. In Sarawaks Hauptstadt Kuching wird er diesen Menschen kaum begegnen. Wer etwas über die Völkervielfalt des Landes zu erfah-

Der Nasenaffe (Nasalis larvatus) wird von den Malaien „orang blanda" (=Holländer) genannt. Er kommt nur auf Borneo vor.

ren hofft, darf den Besuch des Sarawak-Museums nicht versäumen. 1891 gegründet, beherbergt es eine der besten archäologischen und völkerkundlichen Sammlungen zum Thema Borneo. Unter anderem sind hier auch Funde aus den Niah-Höhlen zu sehen.

Die 245 000 Einwohner zählende Stadt Kuching macht heute einen sauberen und freundlichen Eindruck. Sie ist ein Hauptumschlagplatz für die Produkte des Landes. Holz, Gummi, Pfeffer, Kopra und vieles mehr werden im Hafen am Sarawak-Fluß auf Schiffe umgeladen. Für den Touristen ist Kuching der Ausgangspunkt für Reisen ins Inselinnere. Ob man nun an den vom Fremdenverkehr überlasteten Skrang-River oder in schwerer zugängliche Regionen am oberen Rajang zu fahren gedenkt – an Kuching führt jedenfalls kein Weg vorbei.

Dayaks

Das Wort „Dayak" ist heute eine Sammelbezeichnung für die Inlandsstämme Borneos (indonesische Bezeichnung: Kalimantan), die sich in ca. 200 verschiedene Gruppen unterteilen. In dem zu Malaysia gehörenden Sarawak sind die Iban mit 390 000 Menschen am stärksten vertreten. Auch in Kalimantan leben einige von ihnen. Charakteristisch für ihren Lebensstil ist ihre Architektur. Wie viele andere Stämme Borneos bauen sie bis zu 150 m lange Holzhäuser von 15 m Breite, die sogenannten Langhäuser. Sie stehen auf bis zu 6 m hohen Pfählen, um die Bewohner vor Hochwasser, Insekten und einst auch feindlichen Überfällen zu schützen. In diesen langen Bauten, die meist in Flußnähe liegen, leben teilweise über 150 Familien, die in früheren Zeiten, als die junge Generation noch nicht auf Arbeitssuche in den Städten war, Gesamtzahlen von über 1 000 Personen ergaben. Obwohl das Gemeinschaftsleben der Dayaks sehr stark ausgeprägt ist, hat jede Großfamilie ihren eigenen Raum, in dem sie die Nacht verbringt. Auf der einen Seite des Hauses liegt eine nicht überdachte Plattform, auf der die Hausarbeiten verrichtet werden. Der an der Flußseite gelegenen und überdachten Veranda fällt hingegen die Bedeutung einer Dorfstraße zu. Hier flaniert man hin und her, ruht sich aus, werkelt an Handarbeiten oder führt Tänze auf. Auf dieser auch „ruai" genannten Plattform geht es besonders in den Abendstunden hoch her, denn einen Grund zum Feiern hat man im Handumdrehen. In der Mitte eines Langhauses ist der „tuai rumah" zu Hause. Da er von den Ältesten eines Dorfes erwählt wurde, sind sein Titel und Amt nicht vererblich. Wenn der Tuai rumah aus der „Reihe tanzt", hat man ihn meist schnell abgewählt. Spirituelle Angelegenheiten und Gesundheitsversorgung sind Aufgabe des Medizinmannes. Während die in Zivilisationsnähe gelegenen Dayak-Stämme meist schon missioniert wurden, findet man in den Berggebieten an der indonesischen Grenze noch viele animistische Gruppen.

Die meisten Langhausgemeinschaften leben heute vom Pfeffer- und Kautschukanbau. Aber auch Jagd- und Fischfang spielen noch eine wichtige Rolle. Am Skrang-River hat der Touristenstrom für eine neue Erwerbsquelle gesorgt, denn der Besuch bei den ehemaligen Kopfjägern gilt bei den Daheimgebliebenen in Europa immer noch als Aushängeschild für den Mutigen. Unsere Maßstäbe haben sich heute bereits so weit verschoben, daß sie, auf die Naturvölker übertragen, schnell zu einer Fehlbeurteilung führen. Während beispielsweise Napalmbombardements aus machtpolitischen Gründen von vielen durchaus für vertretbar gehalten werden, sieht man in der Kopfjagd, deren Ursprung religiös weltanschauliche Gründe hat, atavistische und primitive Züge. Daß man doch nicht ganz auf diese Sitte verzichten wollte, bewiesen die Briten, die die Urwaldvölker Borneos nach anfänglichem Verbot später zur Kopfjagd auf die Japaner anstifteten. Daß die Dayaks, die schon lange keine menschlichen Trophäen mehr jagen, im Grunde ihrer Seele keine blutrünstigen Menschen sind, kann man daran erkennen, daß sie vor dem Schlachten eines Haustieres entschuldigende und erklärende Worte an das Opfer richten.

Während die fröhlichen und temperamentvollen Iban ein demokratisches und sozial hochstehendes Ge-

Nützliche Hinweise für den Besuch von Langhäusern:

1. Man betrete ein Langhaus nicht wie ein Museum. Drinnen wohnen Leute, die gerne um Erlaubnis gefragt werden möchten. Die Aufstiegsleiter gehört bereits zum Haus.

2. Beim Betreten eines Langhauses ziehe man seine Schuhe aus. Wer besonders viel guten Willen zeigen möchte, der lege auch die Strümpfe ab.

3. Lehnen Sie niemals den Willkommenstrunk ab. Nehmen Sie einen kleinen Schluck vom „tuak" (Palm- oder Reiswein) und bedanken Sie sich, wenn Sie nichts mehr trinken wollen.

4. Das gleiche gilt auch für angebotene Mahlzeiten.

5. Man nehme Speisen und Getränke mit beiden Händen gleichzeitig entgegen. Eine einzeln ausgestreckte Hand wird als fordernd verstanden.

6. Man necke oder quäle niemals Haustiere! Nach dem Glauben der Dayak könnte dies Überschwemmungen, Fehllernten und andere Katastrophen heraufbeschwören.

7. Langhäuser, die durch weiße Fahnen eine Tabu-Periode kundtun, wünschen keinen fremden Besuch.

8. Geschenke sind direkt in gleichem Wert zu erwidern. Keine Angst! Man bringt Sie nicht in Verlegenheit.

sellschaftssystem kennen, sind die Kayan- und Kenyah-Stämme aristokratisch geführt. Auch die Haltung von Sklaven war früher bei ihnen üblich. Die Parangs (Schwerter) zeigen ihre Handfertigkeit in der Metallverarbeitung. Diese „mandau" genannten Waffen wurden früher schon auf der ganzen Insel gehandelt.

Bei vielen Dayaks ist die Tätowierung der Haut üblich. Die jüngere Generation weicht jedoch von den traditionellen Mustern immer häufiger auf die Abbildung von Ankern und nackten Frauen aus. Stich für Stich werden in einer langen und schmerzvollen Prozedur mit Ruß und Nadel wahre Kunstwerke unter die Haut gezaubert, die am Ende den ganzen Körper bedecken.

Die Murut, die im südlichen Sabah leben, bauen im Gegensatz zu vielen anderen Stämmen Naßreis an. Früher waren sie als Halbnomaden mit ihren Blasrohren in den Regenwäldern zu Hause. Heute haben sie ihr unstetes Leben aufgegeben. Ihre landwirtschaftlichen Aktivitäten werden von der Regierung finanziell unterstützt. Die Kadazan, die nahezu 30% der Bevölkerung Sabahs ausmachen und bereits höhe Ämter in Verwaltung und Wirtschaft inne haben, sind dagegen deutlich von der Zivilisation geprägt. Sie bilden eine Mehrheit christlichen Glaubens.

Sabah

Sabah liegt im Nordosten der Insel Borneo. Das Gebiet umfaßt eine Fläche von 73 680 qkm. Die Hauptstadt Kota Kinabalu (120 000 Ew.) wurde zur Zeit britischer Kolonialherrschaft noch Jesselton genannt. Bis 1963, dem Jahr der Unabhängigkeit und des Anschlusses an die Föderation Malaysia, war sie das Regierungszentrum Britisch-Nord-Borneos.

Das Land wird noch von großen, tropischen Regenwäldern bedeckt. Sabahs Holzwirtschaft hat jedoch in vielen Gebieten zu großen Erosionsschäden geführt. Dies verwundert nicht, wenn man bedenkt, daß bis vor kurzem mehr als die Hälfte des von Malaysia exportierten Holzes aus Sabah stammte. Um die ökologischen Schäden einzudämmen, wurde der Holzeinschlag reduziert und mancherorts mittels Anpflanzen von Monokulturen wieder aufgeforstet. Nach Holz folgen an zweiter bis fünfter Stelle des Exports Manilahanf, Kautschuk, Reis und Ölpalmenfrüchte.

Weitere wichtige Produkte aus Sabahs Landwirtschaft sind Mais, Kakao, Maniok, Bananen, Pfeffer und Kopra. Auch die Viehwirtschaft ist für das Land nicht ohne Bedeutung. Neben Rinder- und Schäfzucht betreiben die mehrheitlich christlichen Kadazan (auch Dusan genannt) und Murut eine ausgedehnte Schweinezucht. Die Landwirtschaft Sabahs erzeugt mittlerweile sogar Überschüsse. Im Gegensatz zu

Brunei und Sarawak hat das Land jedoch keine großen Bodenschätze.

Sabahs Bevölkerung hat beinahe die Millionengrenze erreicht. Ihr jährlicher Geburtenzuwachs liegt mit 4,8% weit über dem Durchschnitt Malaysias. Dies führte unter anderem dazu, daß sich die Zahl der Landesbewohner seit 1950 beinahe verdreifachte. Die meisten Menschen leben auf dem Lande. Ähnlich wie in anderen Teilen Malaysias setzt sich auch hier die Gesellschaft aus verschiedenen ethnischen Gruppen zusammen. An erster Stelle stehen die Kadazan, die 29% der Gesamtbevölkerung ausmachen. Danach folgen Chinesen (22%), Bajau (12%), Murut (5,2%) und Malaien (4,3%). Den verbleibenden Rest von 27,5% teilen sich in der Hauptsache die verschiedenen Dayak-Stämme des Hinterlandes.

Ostasiatischer Seidensänger, auch Grasmücke genannt.

Das Spitzhörnchen, ein eichhörnchenähnliches Säugetier, wird von den Malaien „tupai" genannt.

Die Kadazan sind zumeist Reisbauern. Sie leben hauptsächlich im Norden und Westen des Landes. Die Murut haben sich hingegen im südwestlichen Teil Sabahs ansässig gemacht. Sie wohnen in langgestreckten Holzbauten, die jedoch nicht mit den großen Langhäusern der Dayaks zu vergleichen sind.

Im Gegensatz zu den beiden vorangegangenen Gruppen handelt es sich bei den Bajau ursprünglich um ein seefahrendes Volk. Bis auf einen Teil, der am Fuße des Mt. Kinabalu, des höchsten Berges Südostasiens, lebt, findet man dieses einst aus den Philippinen eingewanderte moslemische Volk hauptsächlich in Küstennähe. Auch sie betreiben Viehwirtschaft.

Da Sabahs Bevölkerungsmehrheit christlichen Religionen angehört, kam es hier schon häufig zu Spannungen mit moslemischen Einwohnern. Diese glaubten, in Sabah, einem Teil des Staates Malaysia, der den Islam zur Staatsreligion gemacht hat, politisch keine untergeordnete Rolle spielen zu dürfen. Nach heftigen Auseinandersetzungen im Jahre 1984 ist heute jedoch wieder Ruhe eingekehrt.

Für den Touristen ist Sabah ein vergleichsweise teures Ziel. Ähnlich wie in Brunei und Sarawak zahlt man hier für Transport und Unterkunft mehr als auf der malaiischen Halbinsel. Die meisten Touristen verbinden mit dem Besuch Sabahs die Besteigung des 4 101 m hohen Mt. Kinabalu.

Brunei

Das Sultanat Brunei liegt im Norden der Insel Borneo. Seit 1888 ein britisches Protektorat, wurde es 1984 unabhängig. Die Hauptstadt des 5 765 qkm großen Brunei ist Bandar Seri Begawan (80 000 Einwohner). Die Gesamtzahl der Brunesen hat die Zweihundertfünfzigtausend bereits überschritten. Ähnlich wie in anderen Teilen Asiens setzt sich die Gesellschaft des Sultanats aus verschiedenen ethnischen Gruppen zusammen, von denen Malaien, Chinesen und Dayaks die größten bilden.

Das ökonomische Zentrum des Landes ist die Ölstadt Seria, deren Ölfelder zusammen mit denen von Kuala Belait das Sultanat zum zweitgrößten Erdölproduzenten Südostasiens machen. Die Lagerstätten des „schwarzen Goldes" sollen jedoch bis Mitte der 90er Jahre erschöpft sein. Nach Aussage von Geologie-Experten ist Erdgas aber noch in ausreichendem Maße vorhanden. 1980 wurden davon bereits 8 Milliarden Kubikmeter gefördert. Öl- und Erdgasgewinnung verlagern sich in Brunei gegenwärtig immer mehr in den „Off-shore-Bereich". Drei Viertel der jährlichen Förderung stammen bereits aus den Feldern vor der Küste.

Die Bodenschätze verhalfen den Brunesen zu großem Wohlstand. Sie haben heute gleich nach den Japanern das höchste Pro-Kopf-Einkommen in Asien. Die sozialen Probleme der Gegenwart entstehen hier im Gegensatz zu den Nachbarländern nicht durch Armut, sondern durch übermäßigen Reichtum. Zinslose Kredite und Stipendien sorgen im Sultanat beispielsweise dafür, daß kein Brunese mehr für einfache Tätigkeiten zur Verfügung steht. Brunei hält sich daher ein Heer von 30 000 Gastarbeitern, die zumeist aus den ärmeren Nachbarstaaten kommen.

Auch die Landwirtschaft gilt als ein nur wenig attraktives Tätigkeitsfeld. Sie gibt es, bis auf wenige Ausnahmen, nur im Hinterland in Form von Kleinbetrieben. Häufig sind es auch die verschiedenen Inlandstämme, die für die Produktion landwirtschaftlicher Erzeugnisse sorgen. Insgesamt werden nur 6% des Bodens für den Landbau genutzt, was dazu führt, daß neben andern Lebensmitteln auch 70% des jährlichen Reisebedarfs importiert werden müssen. Um dieser Entwicklung entgegenzuwirken, wird heute viel Geld in agrartechnische Ausbildungs- und Forschungsprogramme investiert.

Da das Geld aus dem Öl- und Erdgasgeschäft den Brunesen unerschöpflich zu sein scheint, haben sie ihre Ziele für den Aufbau des Landes sehr hoch gesteckt. Das Hauptaugenmerk gilt dabei der Infrastruktur und dem Gesundheitswesen. Mit der Fertigstellung einer 102 km langen Küstenstraße von der Hauptstadt Bandar Seri Begawan zur Ölstadt Seria wurde eine erste große Verkehrsader geschaffen. Bisher war die 170 km lange Küstenlinie, die von ausgedehnten Sümpfen beherrscht wird, aber auch schöne Sandstrände hat, nur an wenigen Stellen zugänglich. Daß die neue Straße dieses Gebiet nun vollends erschlossen hat, wird natürlich auch nicht ohne ökologische Folgen bleiben.

Hinter der meist schmalen Küstenebene erhebt sich mit tropischem Regenwald bedecktes Hügelland, dessen höchster Berg der 930 m hohe Bukit Belagong ist. Bei Fahrten in schwer zugängliche Gebiete sind Flüsse gegenwärtig die einzigen Verkehrswege.

Sungai Belait, Sungai Tatong und Sungai Brunei (Sunga = Fluß) sind die größten Wasseradern des noch zu 70% mit Regenwald bewachsenen Brunei. Bei Reisen ins Hinterland werden jedoch immer mehr Flugzeuge und Hubschrauber eingesetzt. So kommt heute dort nicht nur der Abenteuer-Tourist, sondern auch der Doktor aus der Luft.

Tourismus spielt in Brunei gegenwärtig noch eine nebensächliche Rolle. Daraus resultiert auch ein beschränktes Angebot an Hotelzimmern. Für den Reisenden ist die Reservierung einer Unterkunft in Bandar Seri Begawan in jedem Falle empfehlenswert. Die Übernachtungspreise liegen hier übrigens weit über dem südostasiatischen Durchschnitt.

„Stop-over-Touristen" sollten ihren Brunei-Besuch auf die Hauptstadt beschränken. Wer mehr Zeit zur Verfügung hat, kann auf einer Reise zu den Dayak-Stämmen an den Flußoberläufen ganz außergewöhnliche Eindrücke von Brunei mitnehmen.

Zum Schluß noch eine Empfehlung: Brunei ist wohl der Staat in Südostasien, der die islamischen Regeln am genauesten befolgt. Trunkenheit, kurze Hosen und Röcke, westliche Musik, Umarmungen und Küsse in der Öffentlichkeit sowie das Grüßen mit der linken Hand gelten als grobe Unsitte.

Anreise nach Bandar Seri Begawan: Auf dem Landwege von Sarawak kommend, fährt man bis zum Sungai Belait, wo man mit einer Fähre übersetzt. Von dort sind es noch 10 Min. mit dem Bus zur Ölstadt Kuala Belait. Hier steigt man nach Seria, einem weiteren Zentrum der brunesischen Erdölwirtschaft, um. Von Seria aus erreicht man in zwei Stunden über die neue Küstenstraße die Hauptstadt Bandar Seri Begawan.

Flugverbindungen gibt es von Singapur, Hongkong, Manila, Kuala Lumpur, Kota Kinabalu, Kuching und Labuan.

Malaysia von A bis Z

Westmalaysia
(Malaiische Halbinsel)

Adat, religiös untermauerte, traditionelle Wertvorstellungen und Verhaltensweisen, die das Zusammenleben der Menschen innerhalb einer oder mehrerer Volksgruppen regeln.

Alor Setar (B7) (Alor Star), Hauptstadt des Bundesstaates Kedah, im Zentrum der Reisanbauregion der Nordwestküste; ca. 100 000 Ew.; benannt nach einem Setar-Baum in einem Kanal (alor). Sultansresidenz. Es gibt drei Sultanspaläste: Balai Besar (Große Halle) mit dem Thronsaal des Sultans, Balai Nobat und Wisma Negeri. Sehenswert ist auch die Zahir-Moschee. Im Museum: Funde aus dem Bujang Valley, der ältesten Siedlung Westmalaysias.

Ampang (D8); erste Zinnfunde bei diesem Ort führten 1857 zur Gründung Kuala Lumpurs.

Angkasapuri (D8), modernes Fernsehzentrum an dem Federal Highway; Besichtigung nach Absprache möglich.

Ayer Itam (B7), kleiner Ort am Fuße des Penang Hill; großartige Tempelanlage von Kek-Lok-Si, viele Souvenirläden. Die 30 m hohe Pagode ist der chinesischen Göttin der Gnade gewidmet. Sie enthält indische, burmesische und thailändische Buddhas. Wegen der vielen Buddha-Fliesen wird er auch der „Tempel der zehntausend Buddhas" genannt. Die Anlage wurde 1930 von den Gründern der Tiger-Balm-Gärten in Singapur und Hongkong erbaut.

Batu-Höhlen in der Nähe Kuala Lumpurs (D7/8); 1878 entdeckte Tropfsteinhöhlen, 13 km nördlich der Stadt Kuala Lumpur; über 272 Stufen oder mit einer Zahnradbahn erreichbar. Im Januar eines jeden Jahres sind die Batu-Höhlen während des hinduistischen Thaipusam-Festes das Ziel Tausender von Pilgern. Die in einem Kalkfelsen (Inselberg) gelegenen Höhlen haben mehrere kleine, von einer Hindu-Sekte errichtete Altäre, die dem Gott Subramaniam, einem Sohn des Gottes Schiwa, geweiht sind. Eine mit bunten Lampen beleuchtete Dark-Cave wirkt nur wenig natürlich.

Batu Ferringgi (B7), wunderschöner feinsandiger Badestrand im Norden der Insel Penang; touristisches Zentrum der Insel mit allen Hotelkategorien; viele Hotelneubauten.

Batu Pahat (E8/9), Ort südlich von Malakka mit preisgünstigen „Resthouses". Wegen des großen Gezeitenunterschieds leben die Menschen hier auf Hausbooten.

Bayan Lepas (B7); in der Nähe des Flughafens liegt bei diesem Ort der Pure Cloud oder auch Schlangentempel (im Jahre 1850 gegründet). Er wurde zum Gedenken an den Mönch Chor Soo Kong errichtet, der schwere Krankheiten geheilt haben soll. Während der Bauzeit des

Tempels erschienen am Geburtstag des Mönchs mehrere Schlangen, die auch heute noch auf Altären und speziellen Ständern liegen.

Benta-See (C8), in der Nähe von Kuala Lipis gelegener, schöner See; Angeln und Dschungelwanderungen.

Beras Basah (B6), Insel an der Westküste, berühmt für ihre Unterwasserwelt; Jagen mit der Harpune ist verboten. Die nahe gelegene Insel Dayang Bunting hat einen Süßwassersee.

Beserah (C9), Dorf 10 km nördlich von Kuantan; bekannt für seine Batikindustrie; Trockenfischproduktion.

Berinchang (C7/8), Ort in den Cameron Highlands; Golfplatz internationalen Standards; interessanter chinesischer Tempel Sam-Pow-Ban Fatt mit prächtigen Toren. Im Haupttempel drei über 8 m hohe, sitzende Buddhas. Hinter dem Haupttempel ist ein 16armiger Buddha aufgestellt. Bemerkenswert sind auch Tausende von Buddhakacheln, die Geschenke Gläubiger sind.

Bujang Valley (B7), Tempelruinen und Siedlungsreste eines Hindu-Reiches aus dem 6. Jh. n. Chr.; liegt in der Nähe von Alor Setar. Die Anlage wurde 1886 entdeckt, ausgegraben und 1978 restauriert.

Butterworth (B7), Industrie- und Hafenstadt, Stützpunkt der Royal Australian Air Force, die im Rahmen des „Fünf-Mächte-Pakts" sich hier niedergelassen hat. Umsteigebahnhof nach Thailand; Fährverbindung mit Penang.

Cameron Highlands (C8), Erholungsgebiet, 2 300 m hoch gelegen, wunderschöne Landschaft, angenehmes Höhenklima. Neben Obst- und Gemüseanbau gibt es auch viele Teeplantagen. Die Besichtigung einer Teefabrik sollte nicht ausbleiben.

Sportmöglichkeiten: Golf, Tennis, Angeln, Wandern. Orte in den Highlands sind: Tanah Rata, Berinchang, Ringlet. Die Cameron Highlands liegen im Dreiländereck Penang, Kelantan, Perak. Warme Kleidung mitnehmen. Entdeckt und beschrieben wurde das Gebiet 1885 von dem britischen Landvermesser William Cameron, aber erst 1920 wiederentdeckt, 1931 erschlossen. Nach dem Krieg war hier der Unterschlupf von Guerillas. Seit 1960 wurden die Highlands zum Erholungsgebiet ausgebaut. Hauptort ist Tanah Rata mit zwei Golfplätzen.

Der Gunong Berinchang (2 030 m) ist einer der höchsten zugänglichen Berge Westmalaysias.

Cherating (C9), 45 km nördlich von Kuantan; Zentrum für Bastflechtarbeiten.

Chinatown; jede größere Stadt wie Kuala Lumpur, Penang, Singapur u. a. besitzt meist ein ausgedehntes Chinesenviertel mit vielen bunten Märkten und Garküchen mit seltenen chinesischen Spezialitäten; typische Atmosphäre. In Singapur fielen bereits viele chinesische Viertel der Stadtsanierung zum Opfer.

Datuk Hussein Onn, 1976 zum Ministerpräsident von Malaysia gewählt; war zuvor stellvertretender Ministerpräsident.

Dayang Bunting (B7), Insel vor der Westküste mit schönen Stränden, Korallenriffen und einem Süßwassersee.

Durian, auch Stinkfrucht genannt. Sie hat eine dicke, harte, stachelige Schale und erreicht teilweise die Größe eines Fußballs. Geschmack und Geruch reichen je nach Reifestadium von mild bis penetrant und sind Gewöhnungssache.

Empang Jaleh (C8), in der Nähe von Kuala Lipis gelegener Ort, an dem Bergschildkröten leben und beobachtet werden.

Endau-Fluß (D9); von Endau aus können Bootsfahrten auf diesem Fluß unternommen werden; schöne Urwaldlandschaft, Orang Asli-Dörfer; viele Wildtiere.

Federated Malay States, 1895 durchgeführter Zusammenschluß der Staaten Perak, Selangor, Negri Sembilan und Pahang; sie erkannten die britische Oberhoheit an.

Fraser's Hill (C8), 93 km nördlich von Kuala Lumpur, benannt nach einem im 19. Jh. hier im Urwald lebenden schottischen Abenteurer und Zinnhändler. 1916 wurde das klimagünstige Gebiet entdeckt und seit 1919 als Erholungsgebiet erschlossen. Der Fraser's Hill besteht aus 7 Hügeln; 1 500 m hoch gelegen. In ihrem Gebiet liegen markierte Wanderwege. Die Eingänge zum Fraser's Hill-Erholungsgebiet sind von 7 bis 19 Uhr geöffnet. Sportmöglichkeiten: Golf, Tennis, Wandern und Schwimmen. Während der ungeraden Tagesstunden wird die einspurige Zugangsstraße jede halbe Stunde nur für Auf- oder Abfahrten geöffnet.

Übernachtungen im Government Resthouse oder den Bungalows müssen rechtzeitig beim Fraser's Hill Superintendent, Pahang, Malaysia angemeldet werden. Mitnahme warmer Kleidung ist dringend erforderlich.

Gamelan, traditionelles Gong- und Metallxylophon-Orchester mit bis zu 50 Instrumenten (begleitet durch Flöten und Saiteninstrumente).

Genting Highlands (D8), das neueste und exklusivste Hill Resort mit großem Spielkasino und eigenem Helikopter-Service zum 55 km entfernt liegenden Kuala Lumpur; 2 000 m hoch gelegen. Nicht jeder wird von diesem riesigen Beton-Projekt in der herrlichen Bergwelt Malaysias überzeugt sein. Sportmöglichkeiten: Golf, Bowling, Squash, Tennis, Schwimmen; Unterhaltung: Disco, Kinos, Theater, Restaurant, Amusement Arcade.

Georgetown, siehe Penang.

Glugor (B7); hier liegt das Tungku Abdul Rahman-Aquarium in der Nähe des Flughafens (täglich von 10–18 Uhr geöffnet, außer Mittwoch).

Gombak (D8), Fluß, der auch durch Kuala Lumpur fließt und in den Kelang mündet.

Gunong Berinchang (C7), Gunong (malaiisch) bzw. Gunung (indonesisch) heißt Berg. Der Berinchang-Berg liegt in den Cameron Highlands (2 030 m hoch); schöne Aussicht.

Gunong Jasar (C8), Berg in den Cameron Highlands, 1 696 m hoch.

Gunong Tahan (C8), höchste Erhebung der malaiischen Halbinsel, über 2 187 m hoch; er liegt im National Park Taman Negara; Bergtouren dauern ca. 3 Tage von Kuala Tuku; Bergsteiger-Hütten.

Gerik (B7), Ausgangspunkt für Touren zu den Orang Asli; nur mit behördlicher Genehmigung, da Guerilla-Kampfgebiet.

Ipoh (C7), Zentrum der Zinngewinnung, viel Industrieansiedlung. Drittgrößte Stadt des Landes mit rund 250 000 Ew., Hauptstadt von Perak; im 19. Jh. als Zinnminenarbeitersiedlung entstanden, noch heute Weltzinnzentrum. Sehenswert sind der Coronation-Park und der buddhistische Thai-Tempel Meh Prasit Sumaki mit einer 23 m hohen Buddhastatue.

In den Inselbergen (Mogoten) bei Ipoh liegen eine Reihe von Baggerseen sowie Felsformationen, in deren Höhlen sich 14 hinduistische und buddhistische Tempel befinden. Der größte, Kloster für einige Mönche, ist Sam Poh Tong mit über 30 Buddhastatuen. Der Perak Tong liegt einige Kilometer nördlich von Ipoh in einer Höhle, viele Gänge führen in den Berg hinein; 13 m hohe Buddhastatue; große Malerei der Göttin der Barmherzigkeit; insgesamt 14 Höhlentempel.

Islam, Lehre des Propheten Mohammed. Der malaiische Bevölkerungsteil (ca. 57%) Malaysias gehört ihm an. In der Verfassung ist der Islam als Staatsreligion verankert; die anderen Religionen werden in ihrer Ausübung zumindest offiziell nicht behindert. Christliche Minderheiten, aber auch Mehrheiten, wie beispielsweise die Kadazan in Sabah, fühlen sich religiös, aber auch politisch von der islamischen Staatsreligion unterdrückt. Die Folgen davon waren Unruhen. In jedem Bundesstaat wird die Regierung von einem islamischen Rat unterstützt. Religionsgerichtshöfe wachen über die Einhaltung des Korans. Bei Verstößen können Geld- und Freiheitsstrafen ausgesprochen werden.

Jakun, protomalaiische Urbevölkerung; leben als Jäger und Sammler auf der malaiischen Halbinsel; Langhausbewohner.

Jawi-Schrift, auf dem Arabischen beruhende Schrift, die bis zum Ende des 19. Jahrhunderts gehandhabt und dann durch die lateinische Schreibweise abgelöst wurde.

Jelai-Fluß (C8); in der Umgebung von Kuala Lipis leben auf dem Fluß noch viele Menschen auf Hausbooten.

Johore (E9), einer der 13 Teilstaaten Malaysias; 18 970 qkm Grundfläche, Hauptstadt Johore Baharu.

Johore Baharu (E9), Sultan-Residenz; Hauptstadt des Teilstaates Johore, ca. 400 000 Einwohner. Die Stadt ist der südlichste Punkt der malaiischen Halbinsel und Grenzstation zu Singapur. Sie hieß früher Iskandar Petri und erhielt ihren jetzigen Namen („Neu-Johore") in den 60er Jahren des 19. Jhs. Sie gehörte dem Temenggong von Singapur, der sich 1888 den Sultanstitel zulegte. Sein Sohn Ibrahim regierte 64 Jahre lang (1895-1959).

Vom Bukit Timbalan, auf dem das Regierungsgebäude steht, hat man einen Überblick über die Sehenswürdigkeiten der Stadt: Jubilee Hall, Vista Tower, Abu Bakar-Moschee, Sultanspalast Istana Besar mit Museum (vormittags nach Anmeldung zu besichtigen) und zoologischem Garten. Das alte Rathaus aus dem Jahre 1857 liegt im Palast-Garten. Abu Bakar-Moschee, gegründet 1892, etwas außerhalb der Stadt. Chinesischer Friedhof, etwa 23 km nördlich Johore Baharus.

Außerhalb liegen die Lake Gardens, der Sultanspalast Istana Bukit Serene und das Königliche Mausoleum. 60 km nördlich die Wasserfälle und Katarakte von Kota Tinggi.

Johore Lama (E9), 30 km von Johre Baharu liegt Johore Lama (lama = alt, baharu = neu); Fort Kotabatu wurde 1587 durch die Portugiesen zerstört; es wurde kürzlich erst renoviert. Weitere archäologische Ausgrabungen.

Kampong Makam (E9), in der Nähe von Kota Tinggi gelegener Ort, bei dem ein altes Königs-Mausoleum aus dem 17. Jahrhundert des Sultans Abdul Majid Tun Habab besichtigt werden kann.

Kampong Raja (C8), liegt in den Cameron Highlands. In seiner direkten Umgebung gibt es viele landschaftliche Sehenswürdigkeiten, Wasserfälle etc.

Kangar (B7), Hauptstadt des Teilstaates Perlis; liegt im Reisanbaugebiet grenznah zu Thailand.

Kedah (B7), einer der 13 Teilstaaten Malaysias, 1 Mio. Ew.; 9 400 qkm; Hauptstadt ist Alor Setar.

Kelantan (B/C8), Teilstaat, Hauptstadt Kota Baharu.

Kellie Castle (C7), in der Nähe von Ipoh, Herrensitz eines englischen Pflanzers; wurde zu Beginn dieses Jahrhunderts erbaut; heute im Verfall begriffen.

Kemaman (C9), Fischerort an der Ostküste. Hier steht eines der besten Hotels der Ostküste, New Motel Kemaman; 180 km südlich von Kota Baharu.

Kinta Valley (C7); in diesem Tal bei Ipoh gibt es die reichsten Zinnvorkommen der Erde.

Konfuzianismus, sich auf Konfuzius berufende ethische Weltanschauung mit Auswirkung auf die staatspolitische Geisteshaltung in China u. a. asiatischen Ländern. Die Ahnenverehrung (Wahrung des Familienzusammenhaltes bis über den

Tod hinaus) steht auch hier zentral. Grundtugenden sittlicher Vollkommenheit sind: Nächstenliebe, Rechtschaffenheit, Schicklichkeit, Weisheit und Treue. Das patriarchale Vater-Sohn-Verhältnis ist Vorbild für die Staatshierarchie. Konfuzianismus, Taoismus und Mahayana-Buddhismus werden friedlich nebeneinander in den chinesischen Tempeln praktiziert.

Kopfjagd; die Touristen unternehmen sie mit dem Fotoapparat, die Eingeborenen taten es mit dem Mandau (Kopfjagdschwert). Wenn Sie sich fragen, warum Sie keine Füße, sondern nur „Köpfe" fotografieren, wird die Antwort darauf meist lauten: Das Gesicht und damit der Kopf zeigt deutlich die Persönlichkeit und Wesensart eines Menschen. Auch der Eingeborene sah in ihm den Sitz der Seele und damit der Kraft. Die Gründe für die Kopfjagd waren jedoch teilweise sehr unterschiedlich. Manche glaubten, daß es ein Gleichgewicht zwischen Leben und Tod gibt (kein neues Leben ohne Tod); andere wollten durch das Jagen von Köpfen die Kraft und Macht des Toten auf sich übertragen.

Kopra besteht aus getrockneten Kokosnußhälften, die zur Herstellung von Ölen und Speisefetten verwendet werden; die Preßrückstände werden teilweise als Viehfutter genutzt.

Koran, Sammlung der Offenbarungen Mohammeds; heiliges Buch des Islam; kulturelle Anordnungen, Predigten und gesetzliche Bestimmungen; wurde nach dem Tode Mohammeds zusammengestellt; 114 Kapitel (Suren), diese wiederum in Verse unterteilt.

Kota Baharu (B8), Hauptstadt des Teilstaates Kelantan, ca. 60 000 Ew., typisch malaiisches Städtchen, einige Kilometer landeinwärts am Sungei Kelantan. Sehenswert ist die Istana Balai Besar, die Residenz des Sultans (1844 errichtet). Der aus Holz erbaute Palast ist ein gutes Beispiel für die malaiische Architektur der damaligen Zeit. Kota Baharu ist Ausgangspunkt für Fahrten zu schönen Stränden (Beach of Passionate Love, Strand von Bachok), zum Wasserfall Farres Fall, zum Urwalddorf Kuala Balah, zum Wat Phothivian, einem buddhistischen Thai-Tempel und nach Thailand. Zentrum der Volkskunst (u. a. Silberschmiede, Sarongweber, Batik).

Kota Tinggi (E9); 14 km nördlich dieser Stadt liegen über 30 m hohe Wasserfälle in einer Dschungelregion.

Kuala Dungun (C9), interessantes Städtchen, das wegen seiner Strände bekannt ist, an die Lederrücken-Schildkröten zur Eiablage kommen.

Kuala Kangsar (C7), Königsstadt des Teilstaates Perak; Sehenswürdigkeiten: Palast des Sultans, „Istana Iskandariah", Kenangan-Palast in hübscher malaiischer Bauweise, Ubudiah-Moschee, die Perle unter den Moscheen Malaysias; wunderschöne Umgebung.

Kuala Lipis (C8) ist Ausgangspunkt für den Taman Negara-Nationalpark; Fluß mit Hausbooten.

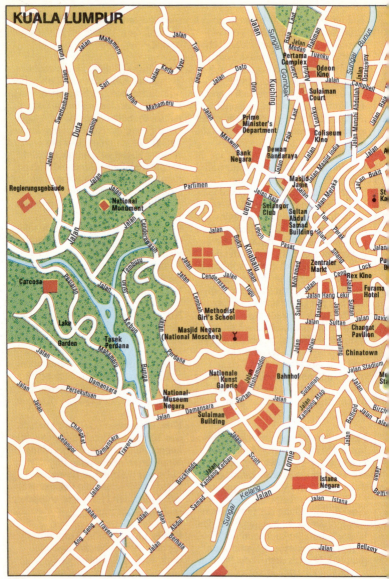

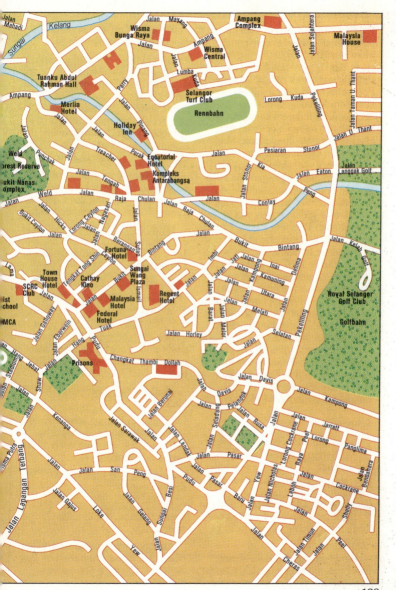

Kuala Lumpur (D7/8) wird unter „erfahrenen Südostasien-Kennern" meist nur K. L. (englisch ausgesprochen: Kei El) genannt. Sie ist die Bundeshauptstadt der malaiischen Föderation und hat ca. 1,2 Mio. Ew., vor allem Malaien, Chinesen und Inder. Banken, Industriekonzerne und Verwaltung haben hier ihren Sitz. Hotelpaläste, Wolkenkratzer, Moscheen mit vielen Minaretten und ein Bahnhof, der eher einem Märchenpalast gleicht, prägen das interessante und saubere Stadtbild, das noch den britischen Stempel trägt. Sitz eines anglikanischen und eines katholischen Bischofs, zweier Universitäten, einer technischen Hochschule und vieler Institute.

K. L. wurde 1857 als Siedlung chinesischer Zinnminenarbeiter an der Mündung eines Nebenflusses des Kelang (K. L. = „Sumpfige Flußmündung") gegründet, wuchs schnell als Zentrum des Zinnerzbaus, wurde 1880 anstelle von Kelang die Hauptstadt Selangors, 1895 Sitz des britischen Generalresidenten der föderierten malaiischen Staaten, 1974 aus Selangor ausgegliedert und Bundesterritorium (241 qkm).

Sehenswürdigkeiten:

– In der Nähe des Bahnhofs liegt Mesjid Negara, die moderne Nationalmoschee. Sie hat die Form eines 18strahligen Sterns und steht symbolisch für die fünf Säulen des Islams und die 13 Staaten der Föderation. Die Innenräume der Moschee dürfen von Nichtmoslems nicht betreten werden.

– Der Bahnhof von K. L. ähnelt mehr einem Palast aus „1001 Nacht".

– Istana Negara, Palast des Wahlmonarchen im Süden der Stadt.

– Lake Garden, im englischen Stil angelegte Parklandschaft. In ihr liegt das 18stöckige Parlamentsgebäude, ein Wahrzeichen des Landes. Begrenzt werden die Lake Gardens von der ehemaligen Residenz des britischen High Commissioners, dem Nationalmonument und dem 1963 eröffneten Nationalmuseum.

– Jame Mesjid im arabischen Stil; sie gilt als eine der sehenswertesten Moscheen Malaysias; das Betreten durch Nichtmoslems ist untersagt.

– Hindu Mariamman-Tempel, einer der bekanntesten hinduistischen Tempel K. L.'s, reichverzierte Innenausstattung.

– Hawker Stalls, Garküchen, die abends am Ufer des Kelang-Flusses aufgebaut werden (nur malaiische oder indische Spezialitäten).

– Das Abdul Samad-Gebäude ist das Rathaus der Stadt, hier findet man das „Tourist Information Centre".

– Mesjid India-Moschee am Kelang-Fluß.

– Kwan Yin-Tempel, einer der ältesten chinesischen buddhistischen Tempel K. L.'s, der Göttin der Barmherzigkeit gewidmet.

– Selangor Turf-Club mit der Pferderennbahn.

– Buddha Javanti-Tempel mit einem Buddha, der in Italien hergestellt wurde.

– Eine Sammlung alter und zeitgenössischer Maler kann man im Balai Seni Lukis Negara bewundern.

– Le Coq d'Or, eine Villa im viktorianischen Stil mit einem Restaurant (exquisite internationale Küche). Die Villa gehört einer reichen chinesischen Kaufmannsfamilie.

– Das Nationalmuseum gibt einen umfassenden Überblick über Vergangenheit und Gegenwart Malaysias mit einer schönen Sammlung alter Schattenspielfiguren; großzügig konzipiertes Museum mit vielen völkerkundlichen Ausstellungsstücken aus allen Landesteilen; das Gebäude ist eine Mischung aus traditioneller und westlicher Architektur.

– National Art Gallery, mit zeitgenössischer Malerei und Schnitzkunst in der Jalan Ampang 109.

– National Monument, in den Lake Gardens gelegen, mit in Italien gegossenen Bronzeplastiken malaiischer Soldaten. Es erinnert an die Opfer des zwölfjährigen Kampfes gegen die Kommunisten.

– National Zoo, 13 km von Kuala Lumpur; täglich von 9.00–18.00 Uhr geöffnet. Er gibt einen umfassenden Einblick in die Fauna Malaysias.

– Im Bukit Nanas Tourist Garden kann man einen Einblick in die Flora und Kleintierfauna des Regenwaldes gewinnen. Dieses Gebiet wurde beim Ausbau K. L.'s ausgespart. Neben einer Seilbahn und einem Orchideengarten gibt es hier eine Verkaufsausstellung mit malaiischem Kunsthandwerk.

– Chinatown ist wohl das farbenfrohste und „quirligste" Stadtviertel und hier geht das geschäftige Treiben bis in die Nacht hinein. Es liegt an der Jalan Petaling, an derem anderen Ende ein chinesischer Sippen-Tempel steht; in ihm werden nach alter Tradition die Toten aufgebahrt.

– Kampong Bharu, der Sonntagsmarkt, liegt 2 km vom Stadtzentrum entfernt. Er findet in der Nacht von Samstag auf Sonntag statt; hier wird von Antiquitäten über Obst bis zu Stoffen alles angeboten.

– Die Negara-Stadien sind für Leichtathletik und Ballspiele ausgerüstet. Im Merdeka- oder Freiheits-Stadion wurde 1957 die Unabhängigkeit Malaysias proklamiert; es faßt 50 000 Menschen.

Kuala Taku (C8) ist der Ausgangspunkt für die Besteigung des Gunong Tahan im Taman Negara-Nationalpark.

Kuala Trengganu (B/C9), Hauptstadt des Teilstaates Trengganu, ca. 50 000 Ew., hat den höchsten malaiischen und den niedrigsten chinesischen Bevölkerungsanteil aller malaysischen Städte.

Von hier aus regieren die Sultane schon seit 250 Jahren. Westlich der Stadt gibt es noch große, zusammenhängende Waldgebiete; die kilometerlangen Sandstrände sind noch unberührt. Besonders in Juni, Juli, August und September kommen hier Lederrücken-Schildkröten zur Eiablage aus dem Meer. Zentrum für Fischfang und Bootsbau. Kunsthandwerkbetriebe verarbeiten Silber, Messing, Bast und bedrucken Stoffe (Batik).

Kuantan (D/C9), Hauptstadt des größten Teilstaates Pahang (100 000

Ew.); Mittelpunkt der Industrialisierung an der Ostküste; Zentrum des Reisanbaus, Kopra- und Kautschukproduktion. Aufstrebende Industriestadt mit nahe gelegenem Ölhafen. Schöner Strand und Golfplatz. Ausflugsmöglichkeiten, z. B. zum Chini-See und zur größten Untertagezinnmine der Welt in Sungai Lembing (Besichtigung nur mit Genehmigung).

Kukup (E9), südlichster Punkt an der Westküste Malaysias; typisches Fischerdorf; auf hohen Pfählen errichtete Holzhäuser, hervorragende Garküchen und Restaurants, spezialisiert auf „Meeresfrüchte".

Lake Chini (D9), in der Nähe von Lubok Paku. Eine Sage berichtet, daß auf dem Boden des Sees ein Ungeheuer eine versunkene Stadt bewacht.

Langkasuka, hinduistisches Königreich aus der Mitte des 3. Jahrhunderts n. Chr.; es wird noch im 13. Jahrhundert von Marco Polo erwähnt.

Langkawi Island (B6/7), Hauptinsel der gleichnamigen Inselgruppe, die an der Westküste in Grenznähe zu Thailand liegt. Pekan Kuah, der Hauptort der Insel, unterhält mehrere Fährverbindungen mit dem Festland (Kuala Perlis) und einmal täglich mit Kuala Kedak. Bei Tanjung Rhu kann vom Meer aus eine Tropfsteinhöhle mit dem Boot befahren werden. Der Wald wird von einer interessanten Kleintierfauna und von Affen bewohnt.

Lata Jarom-Wasserfälle (C8), in der Nähe von Raub; schöne Umgebung; sonntags viele Besucher.

Lumut (C7), Marinehafen an der Westküste, 50minütige Fährverbindung zur Insel Pangkor.

Mahayana-Buddhismus, Mahayana (Sanskrit, = großes Fahrzeug) spätere Form des Buddhismus, die vor allem in Nord-Indien Verbreitung fand.

Malakka (D8) oder auch Melaka; Hauptstadt des gleichnamigen Teilstaates, der eine Fläche von 1 664 qkm einnimmt. Die Hauptstadt Melaka (ca. 100 000 Ew.) hat neben Fischerei- und Holzwirtschaft auch eine Nahrungsmittelindustrie. Sie liegt an der Mündung des Melaka-Flusses, der in die gleichnamige Meeresstraße fließt.

Einst eine der bedeutendsten Städte Asiens, ist ihre Geschichte eng mit der Malaysias verbunden. Im 13. und 14. Jahrhundert n. Chr. war Malakka die Hauptstadt eines malaiischen Königreichs. Als die Stadt wegen ihrer günstigen Lage zu Beginn des 16. Jahrhunderts in portugiesische Hände fiel, war sie ein internationales Handelszentrum; Araber, Perser, Inder, Chinesen, Malaien, Siamesen und europäische Handelsmächte gaben sich hier ein Stelldichein. 1641 übernahmen die Holländer die Stadt und beherrschten sie für 150 Jahre. 1796 wurde sie englischer Besitz. Vom ehemaligen Glanz und Bedeutung ist heute noch einiges zu sehen.

Sehenswürdigkeiten:

– Das Santiago-Tor aus der portugiesischen Epoche, mit schönen Reliefs, ist ein letzter Rest des portugiesischen Forts Famosa.

– St.-Pauls-Kirche, Ruinen einer zu Beginn des 16. Jahrhunderts erbauten portugiesischen Kirche. In den Überresten trifft man auf alte portugiesische und niederländische Grabsteine; auch auf dem Friedhof um die Kirche herum liegen viele Gräber adliger Handelsleute.

– Das Stadthuys mit seinen roten Mauern stammt, wie der Name erkennen läßt, noch aus der niederländischen Periode.

– Die Christ-Kirche ist aus holländischen Klinkern erbaut, die den von Holland leer ausfahrenden Handelsschiffen als Ballast mitgegeben wurden. Grabsteine mit interessanten Inschriften in der Kirche.

– Tranquerah-Moschee, erbaut vom Sultan von Johore, dessen Grabmal sich in der Moschee befindet.

– Der Markt am Melaka-Fluß ist einer der farbigsten des Landes. Auch große Meeresfische werden hier in den frühen Morgenstunden angeboten.

– Der Cheng-Hoon-Tempel ist der älteste chinesische Tempel Malaysias. Er ist dem chinesischen General Cheng Ho geweiht, der im 15. Jahrhundert n. Chr. den malaiischen Fürsten Parameswara unter den Schutz des chinesischen Kaiserhofs stellte. Im hinteren Teil des Tempels opfern Gläubige ihren verstorbenen Familienmitgliedern Devotionalien.

– Bukit China oder auch chinesischer Hügel ist einer der größten chinesischen Friedhöfe Südostasiens. Auf dem Hügel sind noch die Reste des Palastes, in dem die Prinzessin Hong Lim wohnte, die von ihrem Vater, einem Ming-Kaiser, dem Sultan von Malakka zum Geschenk gemacht wurde. Der Friedhof ist über 500 Jahre in Gebrauch.

– Portugiesisches Dorf, 50 km vom Stadtzentrum; hier leben noch viele Eurasier, deren Vorfahren alte portugiesische Handelsleute und Seefahrer waren. Sie sprechen noch eine Sprache, in der viele Elemente der portugiesischen Sprache des 16. Jahrhunderts vorkommen. Sie nennen diese Sprache Christao. Auch wenn ihr Aussehen manchmal nur noch wenig Portugiesisches aufweist, kann man an ihren Namen deutlich die portugiesische Abstammung erkennen.

– Das Malakka-Museum liegt in unmittelbarer Nähe des Santiago-Tors in einem alten holländischen Gebäude. Es zeigt viele Überbleibsel (Kunstgegenstände, Dokumente, Hausrat, Waffen) aus der kolonialen Epoche der Stadt. Öffnungszeiten täglich von 9.00–17.00 Uhr.

– An der Strandpromenade gibt es viele Verkaufsbuden und Garküchen. Die Malakka Tourist Association befindet sich in der Jalan Laksmana.

Maxwell Hill (C7), Erholungsgebiet bei Taiping (Perak), 1440 m, benannt nach Sir William Maxwell, Assistant Resident of Perak in den 90er Jahren des 19. Jhs. Die Anbauflächen früherer Teeplantagen hat sich der Wald zurückerobert. Unterkünfte vorhanden; schöne Landschaft und Wanderwege.

Mersing (D9), geschäftiges Städtchen an der Ostküste. Über 60 Inseln liegen vor der Küste, darunter auch die verbotene Pulau Babi, auf der vietnamesische Bootsflüchtlinge konzentriert sind; mit Fischerbooten kann man die Inseln ansteuern und Robinson spielen. Mersing ist auch Ausgangspunkt für die Insel Tioman.

Mimaland (D8), ein Erholungszentrum zwischen Kuala Lumpur und den „Genting Highlands". Hotels, Restaurants, Zoo, See, Dschungelwanderwege und ein Schwimmbad. Durch den Park führt eine Kleinbahn.

Negri Sembilan (D8), Teilstaat mit 6 640 qkm Grundfläche; Hauptstadt ist Seremban.

Negritos, nomadisierender Stamm, der keinen Ackerbau kennt, sondern noch auf der Stufe von Jägern und Sammlern lebt. Die Urbevölkerung Malaysias und des Indonesischen Archipels waren Negritos, die durch die nach und nach einwandernden malaiischen Völker in Rückzugsgebiete abgedrängt wurden. Sie sind von kleinem Wuchs, haben dunkle Pigmentierung und Kraushaar. Auf den zu Indien gehörenden Andamanen wird die Negrito-Restbevölkerung und ihre Lebensweise respektiert. In Malaysia schämt man sich jedoch offensichtlich dieses ursprünglich lebenden Bevölkerungsteils. Für den Besuch der staatlich angeordneten Orang Asli Settlements bedarf es daher einer amtlichen Erlaubnis.

Orang Utan, Orang = Mensch und Utan = Wald. Der rothaarige Affe wurde von den Bewohnern des malaiischen Archipels Waldmensch genannt, da sie ihn für einen Homo sapiens hielten, der in den Dschungel geflohen war, um den Strapazen des Lebens auszuweichen. Er lebt heute noch auf Sumatra und Borneo und ist eine der am stärksten bedrohten Menschenaffenarten.

Pahang (C/D8/9), Teilstaat mit einer Grundfläche von 35 948 qkm. Seine Hauptstadt ist Kuantan.

Panching Cave (C9), Höhle im Bukit Charah. In einer Kalksteingrotte wurde von einem Mönch ein ruhender Buddha aus dem Fels gemeißelt; die Höhle liegt 30 km westlich von Sungei Lambing.

Pangkor Insel (C7), 1 Stunde vom Hafen Lumut. Ehemaliger Stützpunkt der niederländischen VOC (Vereinigte Ostindische Kompanie). Reste eines alten holländischen Forts von 1680, das für den Kampf gegen die Piraten gebaut wurde, findet man im Süden der Insel. Nur wenig Infrastruktur; Fischerdörfer auf Pfählen. Die Westküste hat besonders schöne Strände. Man plant die Errichtung mehrerer komfortabler Hotels.

Pantai Chinta (B8), beliebter Strand nördlich von Kota Baharu.

Parit-Wasserfälle (C8), in den Cameron Highlands gelegene Wasserfälle.

Pasir Bogak (C7), schöner Strand an der Westküste der Insel.

Pekan (D9); 45 km südlich von Kuantan liegt an der Mündung des Pahang-Flusses die alte Königstadt Pekan. Sehenswürdigkeiten: Sultanspalast, Museum Sultan Abu Bakar.

Penang (B7), Name eines Teilstaates, zu dem die gleichnamige rund 300 qkm große Insel in der Straße von Malakka gehört. Neben einer neuen Brückenverbindung mit dem Festland gibt es noch den alten Fährverkehr von und nach Butterworth; Flugverbindung mit Singapur, Kuala Lumpur, Bangkok, Medan u. v. a. Städten des Festlandes. Die Küstenebene ist von Plantagen, Straßen und Dörfern erfüllt; das Innere Penangs ist von gebirgigem Dschungel bedeckt. Das Verwaltungs- und Handelszentrum der Insel ist Georgetown. Sehenswürdigkeiten: Tanjung Bungak und Batu Ferringhi sind die schönsten Strände der Insel; Ayer Itam, Tempel der 10 000 Buddhas.

Penang (Georgetown) (B7), wirtschaftliches Zentrum der Insel Penang; buntes Völkerleben (Araber, Inder, Singhalesen, Malaien und Chinesen); war bis 1975 Freihafen; ehemaliger Hauptverwaltungssitz der britischen Niederlassungen in Malaysia. Sehenswürdigkeiten: Fort Cornwallis, Kuan Ying Tong-Tempel, Rathaus im britisch-viktorianischen Stil, im Kolonialstil erbautes altes Hotel E & O, hinduistischer Tempel Sri Mariamman, Kapitän Keling-Moschee im indisch-maurischen Stil, Mesjid Malay im ägyptischen Stil; Staats-Moschee mit Platz für rund 5 000 Gläubige, Dhammika-Rama-Tempel, buddhistischer Tempel im burmesischen Stil, botanischer Garten 8 km außerhalb der Stadt, Wat Chaiya Mangalaram Buddhist-Temple in der Lorang Burmastraße; 50 m hohe Pagode und 30 m lange, liegende Buddhastatue. Khoo Kong-si-Tempel am Cannon Square, das schönste chinesische Clanhaus Malaysias.

Ausflüge: auf den Penang Hill mit einer Zahnradbahn; zum buddhistischen Kek Lok See-Tempel; auf einer Inselrundfahrt zum chinesischen Schlangentempel und zu den Pfahlbaudörfern der malaiischen Fischer.

Perak (C7), Teilstaat mit einer Grundfläche von ca. 21 000 qkm; Hauptstadt Ipoh. Es gibt hier die reichsten Zinnvorkommen der Erde.

Perak-Fluß (C7); eine Fahrt auf dem Perak-Fluß ab Kuala Kangsar ist eine lohnenswerte Sache.

Perlis (B7), der kleinste Teilstaat des Landes mit einer Grundfläche von 795 qkm; Hauptstadt Kangar; grenzt an Thailand.

Petaling Jaya (D8), Satelliten-Stadt 12 km außerhalb von Kuala Lumpur; Einkaufs- und Sportmöglichkeiten, Verwaltungsgebäude, Kirchen, Tempel und mehr als 200 Industriebetriebe; Anfahrt über den Federal Highway.

Port Dickson (D8), nördlich von Malakka gelegener Ölhafen mit zwei Raffinerien. Die Umgebung hat ihre landschaftlichen Schönheiten und guten Bademöglichkeiten noch nicht eingebüßt. Gute Strandhotels.

Prince of Wales Island, alte Bezeichnung für die Insel Penang.

Port Swettenham (D7), Hafen der Hauptstadt an der Westküste.

Perai (B7), Industrie-Zentrum.

Proto-Malaien oder auch Alt-Malaien; sie wanderten ca. 3000 bis 2000 v. Chr. aus Asien nach Malaysia und in den indonesischen Archipel ein und verdrängten die austronesischen Völker, u. a. auch die Negritos, die man heute noch in Rückzugsgebieten antrifft. Die Jakun Senoi und Dayakstämme sind Proto-Malaien. Auf dem Festland haben sie sich teilweise mit den jungmalaiischen Völkern (Deutero-Malaien) vermischt.

Ramadan ist der Fastenmonat, der von der islamischen Bevölkerung streng eingehalten wird; er ist der 9. Monat des mohammedanischen Mondjahres.

Ramayana, hindu-javanischer Helden-Epos; über 2 000 Jahre alt; 500 Gesänge und 2 500 Verse. Er steht besonders bei Wayang-Kulit-Aufführungen und malaiischen Tanztheatern zentral.

Ringlet (C7/8), eine der Hauptortschaften in den Cameron Highlands; landwirtschaftliche Forschungsanstalt; Obst- und Gemüseanbau. In direkter Nähe der Ortschaft liegt der Abu Bakar-Stausee, in dem man angeln kann. Golfplatz mit 18 Löchern, Tennis, Wandern.

Sanskrit, Kultur- und Bildungssprache Indiens.

Selangor (D8), Teilstaat mit einer Grundfläche von ca. 77 000 qkm; Hauptstadt ist Shah Alam, deren Stadtanlage und Regierungsgebäude neu errichtet wurden. Wirtschaft: Ölpalmen, Zinn, Kohle, Eisen.

Semang, Stammbezeichnung der Negritos. Als Jäger und Sammler leben nur noch wenige Stämme. Man findet sie hauptsächlich im Nationalpark „Taman Negara" und Umgebung sowie in anderen Teilen der Halbinsel in sogenannten Settlements.

Senoi, Urbevölkerung; lebt auf der malaiischen Halbinsel; Jäger und Sammler.

Seremban (D8), Hauptstadt des Teilstaates Negri Sembilan 150 000 Ew., Zentrum von Kautschuk-Plantagen, Gummi-Industrie. Die Stadt wurde zu Beginn dieses Jahrhunderts gegründet; interessantes Museum mit einzigartigen Stücken der malaiischen Kultur; Zentrum des aus Indonesien eingewanderten Minangkabau-Stammes.

Shah Alam (D8), Hauptstadt des Teilstaates Selangor mit modernem Stadtzentrum und Verwaltungsgebäuden.

Sikhs (Hindi: „Jünger"); Anhänger einer von Manak (1469 bis 1538) gegründeten indischen Religionsgemeinschaft, deren monotheistische Religion eine Synthese von Hinduismus und Islam ist; leben zum größten Teil im indischen Bundesstaat Punjab. Das zentrale Sikh-Heiligtum, der „Goldene Tempel", steht in Amritsar, Indien. In Malaysia sind sie eine recht wohlhabende Minderheit.

Sri Menanti (D8); etwa 40 km östlich von Seremban liegt dieser ehemalige Palast des Sultans von Negri Sembilan.

Taiping (C7), alte Hauptstadt Peraks. Hier liegen die größten und schönsten Parkanlagen des Landes. Ein Museum zeigt neben alten Waffen und Kleidungsstücken auch viele archäologische Funde Malaysias. Interessanter Zoo.

Taman Negara Nationalpark (C8), das größte Naturschutzgebiet des Landes (über 4 300 qkm). Wilde Regenwald-Landschaft mit reißenden Flüssen, Höhlen und Sümpfen. Neben einer interessanten Flora gibt es auch eine einmalige Fauna zu entdecken. Auf den Erkundungstouren durch den „Park" darf man jedoch keine luxuriösen Unterkünfte erwarten. Die einzigen Verkehrswege sind Flüsse. Gut vorbereitete Expeditionen mit Tierbeobachtung, Angeln und Besteigung des Gunong Tahan („Verbotener Berg", 2 174 m), des höchsten Gipfels der Halbinsel.

Nicht zu empfehlen ist der Besuch in der Regenzeit von November bis Februar. Damit eine Unterkunft und ein Führer für die Besucher bereitstehen, muß eine schriftliche Anmeldung frühzeitig an den Chief Game Warden, Taman Negara, 202 Temiang Road, Seremban, Malaysia, eingereicht werden. Ausgangspunkt für alle Touren durch den Park ist Kuala Tahan, das man mit dem Boot von Kuala Tembeling aus erreicht. Unbedingt mitnehmen: Schlafsack, festes Schuhwerk, lange Kniestrümpfe (wegen Blutegeln), Taschenlampe, Messer, etc.

Tanah Rata (C7), Haupterholungsgebiet in den Cameron Highlands.

Taoismus, von Laotse und Tschuangtse abhängige philosophische Bewegung in China; Anfänge liegen im 4. Jahrhundert v. Chr. Im Mittelpunkt steht das Tao („All-Eine"), der Urgrund der Welt. Im 2. Jahrhundert v. Chr. entwickelte sich aus dem Taoismus eine Volksreligion.

Telok Chempedak (C9), Badestrand bei Kuantan; sonntags stark bevölkert.

Temerloh (D8); bunter Wochenendmarkt.

Templer-Park (D8), 22 km von Kuala Lumpur in Richtung Ipoh gelegener, großer Dschungelpark; Orchideen, „Urwaldriesen", Wasserfälle, Zoo, u. v. a.

Tunku Abdul Rahman-Aquarium (B7), bei Glugor gelegen. Es ist augenblicklich das größte seiner Art in Südostasien.

Thaipusam-Fest, findet meist Ende Januar im Ayer Itam-Tempel/

Penang, im Sri Mariamman Hindu-Tempel/Singapur und bei den Batu Caves/Kuala Lumpur statt. Der Sinn und Zweck des Festes ist, durch Selbstgeißelung vom Kreislauf irdischer Wiedergeburt befreit zu werden. Haken und lange Stahlnadeln werden dabei durch Fett- und Muskelgewebe der Wallfahrenden gestochen. An den Batu Caves ist dieses Fest besonders eindrucksvoll.

Tioman (D9), Insel an der Ostküste Malaysias; touristisch erschlossen (mit dem Hotel Merlin Samudra, Pulau Tioman). Von Mersing aus kann man die 50 km entfernte Insel mit dem Boot erreichen. Hervorragende Sandstrände, tropische Vegetation, bergiges Hinterland. Die Insel hat einen kleinen Airstrip, auf dem Charterflüge von Singapur, Mersing und Kuala Lumpur ankommen. Camping ist verboten. Wer nicht im Hotel wohnen will, kann in den Fischerdörfern unterkommen. Die vorgelagerten Korallenriffe sind für Schnorchler und Taucher ein farbenfrohes Erlebnis, solange man hier nicht auf Souvenirsuche geht. Die Insel war die Kulisse zu dem Musical-Film „South Pacific".

Trengganu (C9), Teilstaat mit einer Fläche von ca. 13 000 qkm; Hauptstadt Kuala Trengganu; größtenteils orthodoxe malaiische Bevölkerung; kilometerlange Sandstrände.

Tunku Abdul Rahman, der „Vater" des Landes Malaysia. Im Mai 1961 forderte er als damaliger Premierminister, daß sich Malaya, Singapur, Sarawak, Brunei und Sabah im Einverständnis mit den Briten und den Landesbewohnern zum Staat Malaysia zusammenschließen sollten.

Unfederated Malay States, ehemals nordmalaiische Gebiete mit einer Malaien-Minorität, gehören heute zu Thailand.

Wellesley (B7), 450 qkm große Festlandprovinz des Teilstaates Penang.

Western Hill (B7), geographischer Mittelpunkt der Insel Penang, 796 m hoch und mit Urwald bewachsen.

Zinn, chemisches Element der IV. Hauptgruppe; Zeichen Sn; silberweißes, glänzendes, sehr weiches Schwermetall; beständig gegen Wasser, Luft und viele Chemikalien – daher auch Zinngeschirr. Zinnreiches Gestein (Zinnstein-Kasiterit) wird mechanisch zerkleinert und mit Wasser geschlämmt; das daraus gewonnene Zinnoxyd wird mit Kohle reduziert; nach der Reinigung und Aufbereitung wird Zinn zur Veredelung von Blechen, Stanniolfolie, Konserven, Lötzinn, Bronzelegierungen genutzt. Hauptförderländer: Malaysia 60 000 t, Thailand 25 000 t, Indonesien 16 000 t und China 22 000 t.

Sarawak

Sarawak/Nordborneo trat 1963 mit Sabah der malaiischen Föderation bei. Die Grundfläche dieses in 7 Verwaltungsabschnitte eingeteilten Bundesstaates beträgt ca. 125 000 qkm. Seine Hauptstadt ist die im Westen gelegene Stadt Kuching, die regelmäßige Flugverbindungen mit Singapur und Kuala Lumpur unterhält. Es gibt keine Einreisebeschränkungen. Teilweise sind jedoch für Reisen in entlegene Regenwaldgebiete polizeiliche Genehmigungen erforderlich, die man nur in Kuching erhält. Bei der Einreise findet auf dem Flughafen von Kuching erneut eine Paß- und Zollkontrolle statt.

Große Teile Sarawaks sind noch mit unberührten Regenwäldern bedeckt, die von einer vielfältigen Fauna und Flora erfüllt sind. Die langhausbewohnenden Dayak-Stämme sind weit über dieses Gebiet verteilt und mit dem Boot zu erreichen. Die Infrastruktur ist nur schwach ausgebaut. Straßenverbindungen gibt es zwischen Kuching und Sibu sowie einige kürzere Stichstraßen von der Küste ins Landesinnere. Sarawak stößt im Nordosten an Sabah und das selbständige Sultanat Brunei.

Die 750 km lange Küste ist zum größten Teil eine mangrovenbewachsene Schwemmlandebene. Das Innere des Landes besteht aus sekundär- und primärbewachsenem Hügelland, das von großen sedimentführenden Flüssen durchströmt wird. Miri ist das Zentrum der Ölgewinnung. Neben Pfeffer, Kopra und Reis wird auch Holzwirtschaft betrieben.

Bako-Nationalpark (H3), 26 qkm großer Nationalpark, auf einer Halbinsel unweit von Kuching gelegen. Telok Assam bietet Übernachtungsmöglichkeiten; Besuch des Parks sowie Unterkunft muß beim Office of National Parks im Forestry Department, Jl. Gartek, Kuching, Tel. 2 44 74, gebucht werden. Tiere: Nashornvögel, Gibbons, Wildschweine, Nasenaffen, Sambarhirsche u. v. a.

Batang Rajang (H4-6), längster Fluß Malaysias (562 km); entspringt in den Bergen von Belaga im Zentrum Sarawaks; Hauptverkehrsader, bis Sibu durch den 1961 entdeckten Tiefwasserarm Kuala Paloh von Hochseeschiffen befahrbar.

Binatang (H4), von Chinesen und Melanaus bewohntes Zentrum des Zitrusfruchtanbaus. Standort zweier Fabriken und einer Pädagogischen Hochschule.

Bintulu (G5), Küstenort in Sarawak (6 000 Ew.); Ausgangspunkt für die Niah-Höhlen. Inlandtouren zu den Punan-Stämmen können von hier ebenfalls organisiert werden. Von Sibu aus mit dem Flugzeug zu erreichen. Hier befindet sich die von Shell, Mitsubishi und der staatlichen malaysischen Erdölgesellschaft Petronas errichtete größte Gasverflüssigungsanlage der Welt.

Blasrohr, malaiisch „sumpit"; Jagdwaffe der Inlandstämme mit 2–2,5 m Länge; besitzt meist eine Speerspitze; wird noch in mühevoller Handarbeit ausgehöhlt. Als Gift wird der Saft des Ipo-Baumes mit verschiedenen Zutaten verwendet; wirkt auf das zentrale Nervensystem.

Borneo, drittgrößte Insel der Erde. Die Indonesier nennen den größeren, zu ihrer Republik gehörenden Teil Kalimantan.

Brooke, Charles, der Neffe von James Brooke; der zweite „weiße Rajah" von Sarawak.

Brooke, Charles Vyner, Sohn von Charles Brooke; der dritte „weiße Rajah" von Sarawak. Er übergab nach Ende der japanischen Besetzung Sarawak als Kolonie dem britischen Empire.

Brooke, James, half mit der Bewaffnung seines Schoners „The Royalist" dem Rajah Muda Hashim, eine Revolte in der Stadt Kuching niederzuschlagen. Als Dank ernannte man ihn zum Vizekönig von Sarawak; er begründete die Dynastie der „weißen Rajahs".

Dayaks, Sammelbezeichnung der in Langhäusern lebenden Stämme Borneos, die sich in mehrere Untergruppen aufteilen: Iban (See-Dayak), Bidayus (Land-Dayak), Kayan, Kenyah u. v. a.; Jagd mit Blasrohren. Bei den Iban gibt es ein ausgeprägtes Sozialsystem; Kayan und Kenyah kennen eine aristokratische Gesellschaftsordnung.

Deut, Alfred und Edward, Gründer der „North Borneo Company" im Jahre 1881.

Gunong Mulu-Nationalpark (G6), rund 530 qkm großes Gebiet; tropischer Gebirgs-Regenwald, bewohnt von den Stämmen der Iban, Kayan, Kenjah und Kelabit. Ausflüge: Abenteuerliche Flußfahrten und Märsche über kaum markierte Pfade unter anderem zum zweithöchsten Berg Sarawaks, dem Gunong Mulu (2 371 m), zur canyonartigen, 700 m tiefen Melinau-Schlucht, zu den Höhlen von Lubang Pau und Gua Payau.

Iban oder auch See-Dayak, der größte Dayak-Stamm Sarawaks, der einst mit großen Langbooten Piraterie vor den Küsten trieb und selbst Handelsschiffe aufbrachte. Gastfreundschaft ist das oberste Gesetz in ihren Langhäusern. Neben einem kleinen Gastgeschenk sollte man auch seine eigene Verpflegung mitbringen, denn häufige Touristenbesuche kann auch die reichste Iban-Sippe nicht verkraften.

Kapit (H5), Hauptort (2 000 Ew.) eines riesigen Distrikts mit minimaler Bevölkerungszahl; Flugplatz. Hier wurde 1875 ein Fort der „weißen Rajahs" (Brookes) erbaut. Zu Fuß und per Boot kann man die Langhäuser der Iban (See-Dayak) besuchen.

Kuching (H3), Hauptstadt des in Ostmalaysia gelegenen Teilstaates Sarawak; ca. 68 000 Ew.. Handelsplatz für die Produkte des Hinterlandes: Sago, Pfeffer, Kopra, Gummi.

Sehenswürdigkeiten:

– Unbedingt zu empfehlen ist das Sarawak-Museum. Neben Werkzeugen, Schnitzereien, Webkunst, Flechtwerk und Kultgegenständen wird das Alltagsleben der Dayak gezeigt; geöffnet täglich außer freitags 9.15–17.00 Uhr.

– Fort Margherita, 1841 unter dem 2. weißen Rajah entwickelt, ist von 9.00–18.00 Uhr außer freitags geöff-

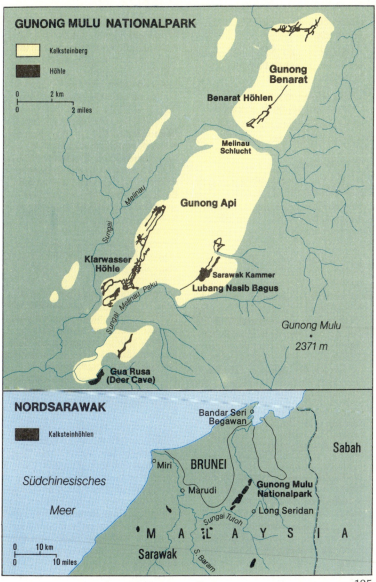

net. Es beherbergt ein kleines Polizeimuseum.

– Mesjid Negara (National-Moschee) mit vielen goldenen Kuppeln und Minaretts.

– Tien Hou-Tempel (Tempel der Fischer), in Padungan errichtet.

– Istana, der Palast des 2. weißen Rajahs, 1870 erbaut, heute Sitz des Gouverneurs (für Publikumsverkehr nicht geöffnet);

– Hon San-Tempel, 1897 dem gottgewordenen Menschen Kuek Song Ong zu Ehren errichtet, der die Kraft besitzt, gute Wünsche in Erfüllung gehen zu lassen.

Langhäuser, bis zu 150 m lange Holzbauten der Dayak-Stämme Borneos, die auf hohen Pfählen meist auf Uferbänken errichtet sind; sie beherbergen ein ganzes Dorf (bis über 150 Familien und teilweise über 1 000 Personen). Jede Familie hat eigene Räumlichkeiten, die auf eine durchgehende Veranda münden; auf ihr werden die täglichen Arbeiten verrichtet. Abends sitzt man auf der Veranda gemütlich zusammen.

Lutong (G6), Erdölstädtchen mit großer Raffinerie, in der auch viele Ausländer tätig sind.

Miri (G6), Ausgangspunkt für die Niah-Höhlen; von hier aus können landeinwärts die Punans besucht werden. Die Stadt ist durch die Ölwirtschaft zu einer der teuersten Nordborneos geworden. Flugverbindung mit Kuching und Kota Kinabalu.

Mulu Caves (G6/7), im Gunong Mulu-Nationalpark gelegen; ca. 30 Kalksteinhöhlen. Unter diesen Höhlen ist die längste Südostasiens sowie die größte Höhlenhalle der Welt. In der letzteren könnten 40 Boeing 747 nebeneinander abgestellt werden.

Niah-Höhlen (G6), im Niah-Naturschutzpark gelegene Höhlen mit Resten steinzeitlicher Siedlungen, die 40 000 Jahre alt sind. Die Höhlen wurden von Chinesen, welche auf der Suche nach Nestern der Seeschwalbe waren, 1948 entdeckt. In den Höhlen nisten an den Decken Millionen von Schwalben, deren Nester zweimal im Jahr abgeerntet werden. Der Guano am Boden wird ebenfalls verwertet.

Unter einer 5 m dicken Schicht wurden seit 1957 bis zu 40 000 Jahre alte Menschenknochen und Werkzeuge entdeckt, ferner Begräbnisboote und Wandmalereien aus dem 4. Jahrtausend sowie Denkmäler der Borneo-Eisenzeit seit etwa 700 n. Chr., aus denen sich Handelsbeziehungen dieser um 1 400 untergegangenen Kultur mit China ableiten lassen.

Von Batu Niah, das man mit dem Bus erreicht, und von Miri aus fährt ein Langboot nach Pangalan Lubang. Hier besteht die Möglichkeit der Übernachtung. Von dort einstündiger Anmarsch zu den Höhlen. Die Mitnahme eines Regenumhangs und einer Taschenlampe ist empfehlenswert. Der Niah-Park umfaßt ein Gebiet von 3 189 ha und besitzt mehrere Wanderwege.

Orang Laut, Orang = Mensch und Laut = Meer. Diese „Meeresmenschen" werden auch häufig als Seezigeuner bezeichnet. Sie bewohnen Pfahldörfer und besiedeln viele entlegene Küstenstriche. Ihre Hauptbeschäftigung ist der Fischfang.

Sarawak-Fluß (H3), Fluß, an dem Kuching, die Hauptstadt Sarawaks, 32 km landeinwärts liegt. Das Mündungsgebiet ist von Mangroven bewachsen.

Sibu (H4) ist Zentrum der Holzindustrie Sarawaks; großer chinesischer Bevölkerungsanteil. Ausgangspunkt für Flußfahrten auf dem Rajang; regelmäßiger Bootsverkehr nach Kapit.

Telok Assam (H3), schöner Badestrand im Bako-Nationalpark.

Sabah

Sabah/Nordborneo ist der zweite ostmalaiische Teilstaat und umfaßt 73 680 qkm. Die Hauptstadt ist Kota Kinabalu (50 000 Ew.). Sabah war bis zur Regentschaft des weißen Rajahs James Brooke im Jahre 1882 ein Teil des Sultanats Brunei. 1963 traten Sabah und Sarawak der malaiischen Föderation bei. Vorwiegend Landwirtschaft: Pfeffer, Reis, Kautschuk, Kopra, Sago; Holzwirtschaft.

Balambangan (E8), kleine Insel vor der Stadt Kudat; schöner Badestrand.

Banggi (E/F8), kleine Insel vor der Stadt Kudat; schöne Badestrände.

Gaya (F7/8), Insel vor Kota Kinabalu; hier lag die erste Siedlung Sabahs; Tunku Abdul Rahman-Naturschutzpark.

Gomantang-Höhlen (F/G8/9), an der Bucht von Sandakan gelegene Höhlen, in denen jährlich die Schwalbennester „geerntet" werden. Mit Speedboot von Sandakan über die Bucht, dann mit einem geländegängigen Wagen weiter zu den noch 15 km entfernten Höhlen.

Jesselton (F7/8), kolonialer Stadtname für das heutige Kota Kinabalu.

Kadazans, in Sabah lebender Stamm; bildet die Mehrheit der dortigen Bevölkerung; größtenteils christianisiert.

Kajamans, Untergruppe des in Sabah lebenden Melanu-Stammes.

Keningau (F/G7), schöne Landschaft; Resthouse; angenehmes Höhenklima; im 2. Weltkrieg starker japanischer Stützpunkt; Obst- und Gemüseanbau.

Kinabalu-Nationalpark (F8); im Zentrum des Parks (714 qkm) liegt der höchste Berg Südostasiens, der Mt. Kinabalu (4 101 m). Das Hauptquartier des Parks, Simpang Kinabalu, liegt 4 Std. von Kota Kinabalu entfernt. Interessante Vogel- und Pflanzenwelt (ca. 1 000 Orchideenarten); einige Orang Utans leben noch im Park.

Kota Kinabalu (F7), Hauptstadt des Teilstaates Sabah. Stadt mit großen Gegensätzen, die im 2. Weltkrieg fast völlig zerstört wurde; mittlerweile neu aufgebaut. Touristisches Zentrum des Nordostens; Hochhäuser, Pfahldörfer am Meer, buntes Treiben, schönes Museum mit völkerkundlichen Sammlungen. Sehenswert sind die riesige Staatsmoschee und das Gebäude der Sabah Foundation.

Ausflugsmöglichkeiten in den Kinabalu-Nationalpark mit Besteigung des Mt. Kinabalu (4 101 m), des höchsten Berges Südostasiens (Dauer drei bis vier Tage), sowie zur Hafenstadt Lahad Datu; von hier nach Sepilok (Orang Utan-Aufzuchtstation). An der Küste sind viele kleine Inseln vorgelagert.

Kudat (F8), Ort im Herzen des Kadazan-Landes. Jeden Sonntag ist Markt in Sikuati, bei dem sich viele Kadazan-Frauen in ihrer traditionellen Tracht treffen. Ein besonders farbenprächtiges Fest ist das Erntedankfest mit traditionellen Tänzen und Ritualen (Anfang Mai). Schöne Inseln mit reizvollen Stränden liegen im Meer vor der Stadt.

Labuan (F7), in der Bucht von Lawas nordöstlich von Brunei gelegene Insel. Ehemaliges britisches Strait Settlement; Flugverbindungen mit Kota Kinabalu; Labuan ist Freihafen.

Malawali (F8), reizvolle Badeinsel vor Kudat.

Mount Kinabalu (F8) ist der höchste Berg in Südostasien (4 101 m) und liegt 60 km östlich von Kota Kinabalu im 700 qkm großen Kinabalu-Nationalpark. Günstigste Jahreszeit für Besteigungen: Januar bis zum Einsetzen des Monsuns (meist Anfang Mai).

Die Besteigung erfordert keine alpinistischen Kenntnisse, aber eine gute Kondition. Tour-Dauer 2–3 Tage; Ausgangspunkt ist das Headquarter Simpang Kinabalu, von dort über das Elektrizitätswerk in 2 000 m Höhe zur Panar-Laban-Schutzhütte (Schlafsäcke können hier gemietet werden) in 3 800 m Höhe. Um 3 Uhr morgens Aufbruch zum Low Peak, den man zur Zeit des Sonnenaufgangs erreicht. Der Gipfel ist meist nur in den frühen Morgenstunden wolkenfrei. Manchmal fällt in Abwesenheit der Sonne auch Schnee. Festes Schuhwerk und ein Pullover sind unbedingt mitzubringen. Der Abstieg sollte nicht nach 10 Uhr stattfinden, da man sonst schwierige Strecken in der Dunkelheit zurücklegen muß. Bei Regen sind die oberen Gipfelpartien sehr glatt. Die in der Gipfelregion angebrachten Halteseile sollten daher benutzt werden.

Murut, Stamm in Sabah, hervorragende Reiter; bunte Trachten werden an Markttagen getragen. Tenom ist das Zentrum des Murut-Gebietes. Die Murut leben in Langhäusern und betreiben Jagd und Landwirtschaft.

Penampang (F7/8), Zentrum des Kadazan-Stammes.

Ranau (F8), ruhiger, angenehmer Ort mit malaiischem Charakter; wöchentlich einmal Flugverbindung mit Kota Kinabalu. Ausgangspunkt für den Kota Kinabalu-Nationalpark.

Sandakan (F9), alte Hauptstadt Sabahs, an der Nordostküste gelegen. Ausgangspunkt für die Gomantang-Höhlen, für das Orang Utan-Reservat Sepilok und für die bei Beluran gelegenen Schildkröteninseln.

Sepilok (F9), Orang Utan-Reservat in der Nähe von Sandakan.

Tanjong Aru (F7), Satellitenstadt in der Nähe Kota Kinabalus, bei der sich der internationale Flughafen befindet. Schöner, kilometerlanger Sandstrand.

Tenom (G7) ist Mittelpunkt des Murut-Stammes. An Markttagen kann man besonders die Murut-Frauen in ihren farbenfrohen Trachten erleben. Eisenbahnverbindung mit Kota Kinabalu.

Tuaran (F8), in der Nähe von Kota Kinabalu; hier gibt es ein interessantes Wasserdorf der Bajaus.

Brunei

Brunei (G6/7), Sultanat an der Nordküste von Borneo mit 5 800 qkm; ca. 150 000 Ew. mit einem „Pro-Kopf-Einkommen" von ca. US$ 1 100,–; reiche Erdölvorkommen. Seit 1962 ist Brunei ein souveräner Staat; Hauptstadt Bandar Seri Begawan. Im bewaldeten Hinterland lebt noch Dayak-Bevölkerung in traditionellen Langhäusern. Der Name „Brunei" ist eine Schreibweise von „Borneo".

Bandar Seri Begawan, Hauptstadt von Brunei; Residenz des Sultans. Die Bevölkerung hat das höchste Pro-Kopf-Einkommen Südostasiens. Typisch islamisch geprägtes Stadtbild.

Das Churchill-Museum ist dem Leben Churchills gewidmet. Das Brunei-Museum mit alten Kanonen, Silber- und Messingarbeiten sowie das Mausoleum des Sultans Bolkiah, der von 1473–1521 regierte, liegen 4 km außerhalb der Stadt. Im Arts and Handicrafts Centre wird traditionelles Kunsthandwerk gefertigt. In der an einer Lagune gelegenen Hauptstadt steht noch das Kampong Ayer (Wasserdorf). Auf Stelzen in den Fluß gebaut, spielt sich auf den Stegen und Veranden der Häuser ein reges und interessantes Leben ab.

Die von einem italienischen Architekten entworfene Omar Ali Saiffudin-Moschee wurde 1958 fertiggestellt. Sie beherrscht das Stadtbild von Bandar Seri Begawan. Vom Minarett hat man einen phantastischen Blick über Stadt und Bucht. In der Umgebung schöne Strände. Ausflüge: Über die Flüsse Belati und Temburong zu Langhäusern.

Kuala Belait (ca. 11 000 Ew.), Ausgangspunkt für Bootsfahrten zu den auch in Brunei lebenden Iban-Stämmen.

Seria (ca. 19 000 Ew.), Zentrum der Ölwirtschaft; große Lagerstätten.

Sultan Hassan Bolkiah, seit 1967 Regent des Staates Brunei.

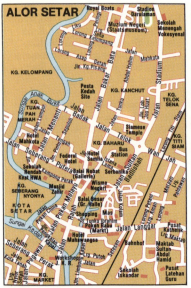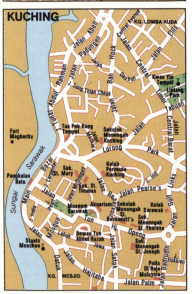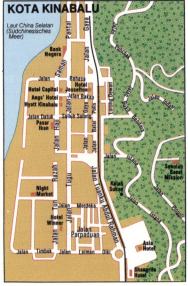

Hotels in Malaysia

Abgesehen von Singapur, das in Sachen Unterkunft allen touristischen Anforderungen gewachsen ist, bietet das Hotelangebot auf der Peninsula Malaysia nur in der Hauptstadt Kuala Lumpur und den größten Fremdenverkehrsorten alle Kategorien. Kleine Guesthouses, Cottages und Low-Budget-Hotels findet man hingegen beinahe überall. Ihre Qualität und ihr Service hängen nicht selten von der Zahl ihrer ausländischen Gäste ab, die meist höhere Ansprüche an ihre Unterkunft stellen.

In den größeren Städten Sarawaks und Sabahs gibt es entgegen allen Erwartungen eine genügende Auswahl an Hotels der Standard- und Mittelklasse. Kuching mit seinem Holiday Inn sowie Kota Kinabalu mit dem Hyatt und anderen großen Hotels haben, wie man sieht, auch in der oberen Kategorie etwas zu bieten.

Die in diesem Reiseführer enthaltenen Hotelinformationen beruhen auf Angaben des Singapore Tourist Board und der Tourist Development Corporation of Malaysia.

Preisklassen:
1 = unter 15 M$
2 = 16–30 M$
3 = 31–50 M$
4 = 51–100 M$
5 = über 100 M$

Zimmereinrichtungen:	Code:
Telefon	1
Musik/Radio	2
Farbfernsehen	3
Schreibtisch	4
Toilette	5
Kühlschrank	6
Kinderbett etc.	7
Sitzmöbel	8

Badezimmereinrichtungen:
Kalt- u. Warmwasser	11
Liegebad	12
Dusche	13
Waschbecken & Spiegel	14
Bidet	15

Erholung und Sport:
Schwimmbecken	21
Golfplatz	22
Reiten	23
Bootsverleih, Wasserski	24
Bowling	25
Tennisplatz	26
Sauna	27

Essen- und Getränkeservice:
Restaurant	31
Grill	32
Bar/Cocktail Lounge	33
Cafe	34
Nachtklub	35
Discotheque	36
Festsaal	37
Konferenzsaal	38
24 Std.-Zimmer-Service	39

Andere Einrichtungen:
Ladengalerie	41
Touristeninformation und Reiseservice	42
Wäscherei-Service	43
Parkplätze, Garage	44
Friseur-Salon	45

Name/Address	Price Range	Number of Rooms	Facilities (Code Number)
Kuala Lumpur			
Equatorial Hotel Jln. Sultan Ismail Tel. 422 022	5	300	1,2,3,4,5,7,8,11, 12,13,14,21,31, 33,34,37,38,39, 41,42,43,44
Holiday Inn on the Park Jln. Pinang Tel. 481 066	5	200	1,2,3,4,5,6,7,8,11, 12,13,14,21,31, 32,33,34,37,38, 38,41,43,44,45
Kowloon Hotel 142, Jln. Tuanku Abd. Rahman Tel. 926 455, 926 548	3	30	1,2,4,5,11,12,13, 14
Malaya Hotel Jln. Hang Lekir Tel. 27 721	4	250	1,2,3,4,5,6,7,8, 11,12,13,14,27, 33,34,36,37,38, 39,42,43,44,45
Malaysia Hotel 67–69, Jln. Bukit Bintang Tel. 428 033, 428 169	4	56	1,2,4,5,7,11,12, 13,14,33,34,38, 39,43
Merlin Hotel 2, Jln. Sultan Ismail Tel. 480 033, 420 033	5	687	1,2,3,4,5,6,7,8, 11,12,13,14,15, 21,25,27,31,32, 33,34,35,38,39, 41,42,43,44
Ming Court Kuala Lumpur Jln. Ampang Tel. 482 566	5	447	1,2,3,4,5,6,7,8,11, 12,13,14,21,26, 31,33,34,41,43, 44,45,37,38,39
Nam Thin Hotel 108, Jalan Brickfields Tel. 441 350	1	10	4,5,11,13,14,44
Paramount Hotel 154, Jln. Tuanku Abd. Rahman Tel. 926 548	2	10	4,5,11,13,14,44
Sentosa Hotel 316, Jalan Raja Laut Tel. 925 644, 925 762	2	42	1,4,5,11,13,14
South East Asia Hotel 69, Jln. Haji Hussein Tel. 926 077	4	204	1,2,3,4,5,6,7,8, 11,12,13,14,27, 33,34,37,38,39, 41,42,43,44
Station Hotel Jln. Sultan Hishammuddin Tel. 202 250/5	3	30	1,3,4,5,11,12,13, 14,31,33,39,43, 44
Johore			
Johore Baharu			
Holiday Inn Johor Baru Jln. Dato Sulaiman Tel. 323 800	5	200	1,2,3,4,5,6,7,8, 11,12,14,21,27, 31,33,34,36,37, 38,39,41,43,44
Johor Baru Merlin Inn Lot 5435, Jln. Bkt. Meldrum Tel. 228 581, 227 400/10	5	104	1,2,3,4,5,6,7,8, 11,12,13,14,31, 33,34,37,38,39, 43,44
Malaya Hotel 20, Jalan Bukit Meldrum Tel. 21 691	2	35	4,5,11,13,14,38, 44
Rasa Sayang Baru Hotel 10, Jalan Dato Dalam Tel. 224 744, 229 633	3	110	1,2,3,4,5,6,7,11, 12,13,27
Sentosa Hotel 17, Jln. Sutera, Taman Sentosa Tel. 336 161, 336 111/9	2	32	1,2,3,4,5,6,11,12, 13,14,39,43

Hotel			
Straits View Hotel 1-D, Jln. Scudai Tel. 224 133, 224 224	4	30	1,2,3,4,6,7,8,11, 12,13,14,15,31, 33,34,36,37,38, 42,43,44
Tong Fong Hotel 5-A, Jln. Ah Fook Tel. 21 165–2	1	18	4,5,11,13,14
Tropical Inn 15, Jln. Gereja Tel. 221 888	4	160	1,2,3,4,5,6,7,8, 11,12,13,14,15, 27,31,32,33,34, 36,37,39,43,44

Batu Pahat

De Mandarin Inn No. 7, Jln. Zabedah Tel. 444 011, 444 033	4	71	1,2,3,4,5,6,7,8, 11,12,13,14,31, 33,34,35,37,38, 43,44
President Hotel 29, Jln. Rahmat Tel. 441 455, 441 496	2	26	1,4,5,8,11,13,14, 39
Sentosa Hotel 11–15, Jln. Penjaja Tel. 445 055, 445 088	3	30	1,2,3,4,5,11,12, 13,14,31,33,34, 39,43,44
Valerie Hotel 104–1, Jln. Rahmat Tel. 441 367	1	12	4,5,13,14

Kluang

Anika Hotel 135, Jln. Dato Rauf	4	90	1,2,3,4,5,6,7,8, 11,12,13,14,31, 33,34,39,43,44
Paramount Hotel 1, Jln. Dato Captain Ahmad Tel. 713 833/4	1	35	1,4,5,8,11,12,13, 14
Regal Hotel 42, Jln. Dato Captain Ahmad Tel. 714 922/3	3	36	1,2,3,4,5,8,11,12, 13,14,39

Kota Tinggi

Desaru Merlin Inn TG. Penawar, P.O.Box 50 Tel. 073–838 101	5	100	1,2,3,4,5,6,7,8, 11,12,13,21,22, 23,26,31,32,33, 34,37,38,43,44
Rumah Chalet Air Terjun Air Terjun Tel. 891 146		30	n.b.

Kulai

Genting Hotel 74&75, Jalan Sri Kulai	1	10	1,4,5,7,11,12,13, 14,15
Shangrila Hotel 147, Taman Sri Kulai Tel. 882 056	1	10	4,5,11,14

Mersing

Mersing Merlin Inn 1st Mile, Endau Road Tel. 791 311	4	34	1,2,4,5,7,11,12, 13,14,31
Syuan Koong Hotel 44A, Jalan Abu Bakar Tel. 791 135	n.b.	11	n.b.

Muar

Kim San Hotel 80, Jalan Meriam Tel. 921 470	1	12	1,2,3,4,5,6,7,8, 11,12,13,14,15
Kingdom Motel 158, Jalan Meriam Tel. 921 921	2	25	1,2,4,5,11,14
Muar Rest House 2222, Jln. Sultanah, Tg. Mas Tel. 922 306	2	18	1,4,5,8,11,12,13, 14,31,34,39,43, 44

Segamat

Hotel Cempaka Sdn. Bhd. 99–101, Jln. Genaung Tel. 911 505, 911 734	3	45	1,2,3,4,6,7,8,11, 12,13,14,15,31, 33,34,36,39,43, 44
Midway Hotel Bangunan Umno, Jln. Awang Tel. 911 401	3	39	1,4,11,13,14,34, 39

Name & Address			
Segamat Merlin Inn 26, Jalan Ros Tel. 914 611	4	85	1,2,3,4,6,11,12,13,14,27,31,33,34,35,38,39,43,44
Segamat Rest House 750, Jalan Buluh Kasap Tel. 911 524/5	2	12	1,4,5,11,13,14,31,33,39

Kedah

Alor Setar

Federal Hotel 422, Jalan Kancut Tel. 721 055	3	43	1,4,5,13,14,43,44
Government Rest House 75, Pumpeng Tel. 722 422	1	16	1,4,7,11,12,13,14,31,38,44
Kedah Merlin Inn Lt. 134, J. Sultan Badlishah Tel. 726 633	5	130	1,2,3,4,5,6,8,11,12,13,14,31,33,34,36,37,38,39,43,44
Regent Hotel 1536G, J. Sultan Badlishah Tel. 721 900, 721 291	2	28	1,4,7,11,12,13,14,34,43
Royale Hotel Jalan Putra Tel. 720 922	3	41	1,2,4,5,7,8,11,13,14,33,34,43,44

Pulau Langkawi

Asia Hotel 1A, Jalan Persiaran Putra Tel. 749 216	2	15	2,11,12,13,14,31
Hotel Langkawi 6&8, Pekan Kuah	1	13	4,5,13,14,44
Langkawi Country Club Pantai Dato' Syed Omar Tel. 749 209	4	100	1,2,3,4,5,6,7,8,11,14,21,22,23,24,26,2 ,34,37,38,39,41,42,4
Duta Hotel 7, Jalan Petri Tel. 412 040	1	34	4,5,11,13,14,43,44

Sik

Rumah Rehat Empangan Muda Gubir	n.b.	10	n.b.

Kelantan

Kota Baharu

Bharu Hotel 1973 A-B, Jalan Pati Tel. 781 164	2	16	1,4,5,11,13,14,31,33,34
Eastern Hotel 3647, Jalan Pasar Tel. 22 468	1	13	4,11,31,44
Irama Baru Hotel 3180A, J. Sultan Ibrahim Tel. 22 722, 22 971	3	22	1,4,5,6,11,12,14,31,39,43,44
Kesina Baru Hotel Jalan Padang Garong Tel. 781 455, 743 778	3	36	1,2,3,4,5,6,7,8,11,12,13,14,31,32,34,35,39,43
Milton Hotel 5471A, J. Pengkalan Chepa Tel. 22 744	2	27	1,4,11,13,14,44
Murni Hotel Jalan Dato Pati Tel. 22 089, 22 399, 22 173	4	38	1,3,4,5,6,7,8,11,12,13,14,15,31,34,35,36,39,44
Temenggong Hotel Jalan Tok Hakim Tel. 23 844, 23 481, 23 130	4	36	1,2,3,4,5,6,7,8,11,12,13,14,31,33,34,36,37,38,39,43,44
Pantai Cinta Berahi Motel Pantai Cinta Berahi Tel. 781 307	2	19	1,2,3,4,5,7,8,11,13,14,43,44
P. Chinta Berahi Resort Pantai Cinta Berahi Tel. 21 367	4	18	1,3,4,5,6,7,8,11,13,14,15,24,31,33,38,43,44

Perdana Hotel Jalan Mahmud Tel. 785 000	4	136	1,2,4,5,6,7,8,11, 12,13,14,21,25, 26,27,31,34,37, 38,39,41,43,44, 45

Gua Musang

Kesedar Inn Tel. 901 229	2	21	4,11,13,14,26, 31,38,44

Malakka

Air Keroh

Malacca Village Resort Tel. 313 600/1	5	147	1,2,3,4,5,6,7,8,9, 10,12,13,14,21, 22,23,27,31,33, 34,37,38,39,41, 44

Malakka

Eastern Hotel 85, Jalan Bendahara Tel. 223 483	1	11	5,6,13
Lotus Inn 2846, Jalan Semabok Tel. 227 011/2/3	2	27	1,2,3,4,5,7,8,11, 13,14,31,34,38, 43,44
Ramada Renaissance Melaka Jalam Bendahara P.O.Box 105 Tel. 06–248 888 Telex Ramada Ma 62 966	5	540	1,2,3,4,5,6,7,8, 11,12,13,14,15, 21,22,23,26,27, 31,32,33,34,35, 36,37,38,39,41, 42,43,44,45
Regal Hotel 66, Jalan Munshi Abdullah Tel. 222 282	3	31	1,2,4,5,8,11,14, 17,31,34,39,41, 42,43,44
Tg. Bidara Beach Resort Tanjung Bidara	4	65	1,2,3,4,5,6,8,11, 12,13,14,15,21, 22,23,24,31,33, 37,38,42,43,44
Tanjong Kling Motel 5855-C, Pantai Peng. Perigi Tel. 80 652	2	10	5,6,7,13,14,31, 33,39,42,43

Negeri Sembilan

Seremban

Century Hotel 25–29, Jalan Lemon Tel. 76 261/3	2	16	1,2,4,11,13,14, 31,33,35,44
Mee Lee Hotel 16, Jalan Tuanku Hassan Tel. 712 492	1	17	4,5,8,11,13,14
Milo Hotel 22&24, Jalan Wilkinson Tel. 73 451	1	24	1,4,5,11,12,13, 14,31,34,35
Ria Hotel Jalan Tetamu Tel. 719 440	4	42	1,2,3,4,5,6,7,8, 11,1 ,14,21,31, 33,34,38,39

Bahau

Embassy Hotel 7, Jalan Gurney Tel. 774 253	1	14	2,31,43
Miniva Hotel 99, Jalan Gurney Tel. 774 332	n.b.	12	n.b.
Gemas Rest House Tel. 941 072	n.b.	10	n.b.

Port Dickson

Methodist Centre Hostel Batu 10 1/2, Jalan Pantai Tel. 405 229	1	10	4,5,13,14,38,44
Ming Court Beach Hotel Batu 7 1/2, Jalan Pantai Tel. 405 244 Telex: MA 63 952	5	154	1,2,3,4,5,6,8,11, 12,13,14,21,24, 26,32,33,34,36, 37,38,39,41,43, 44
Pantai Motel Batu 9, Jalan Pantai Tel. 405 265	3	18	4,5,7,8,11,12,13, 14,31,32,33,43

Hotel			
Sea View Hotel 841, Batu 1, Jalan Pantai Tel. 471 818, 471 811	2	20	1,4,5,11,13,14, 31,39,44

Pahang

Kuantan

Hotel			
Beserah Hotel 2, Jalan Beserah Tel. 26 144, 26 245	3	48	1,2,3,4,5,6,11,12, 13,14,15,31,34, 35,43,44
Champagne Emas Hotel 3002, Jln. Haji Ahmad Tel. 28 820	4	50	1,2,3,4,5,11,12, 13,14,27,31,39, 43,44
Embassy Hotel 60, Jalan Telok Sisek Tel. 24 844	2	26	4,8,13,14,44
Holiday Villages of M'sia Club Mediterranée Tel. 591 131, 591 181, 591 183 Telex: MA 51 443	5	300	5,7,11,13,14,21, 22,24,26,27,31, 33,36,38,43,44
Kuantan Hyatt Hotel Telok Chempedak Tel. 25 211 Telex: MA 50 252	5	185	1,2,3,4,5,6,7,8, 11,12,13,14,21, 22,24,27,31,32, 33,36,37,38,39, 41,42,43,44,45
Merlin Kuantan Hotel Telok Chempedak Tel. 22 388 Telex: Ma 50 285	4	106	1,2,3,4,5,6,7,11, 12,13,14,21,22, 24,31,33,34,36, 37,38,41,42,43, 44
Samudra Beach Hotel Jalan Kelab Golf Diraja Tel. 21 711	4	20	1,2,4,5,8,11,12, 13,14,31
Yenmita Hotel 157, Off Jalan Bukit Ubi Tel. 25 811, 25 412	4	22	1,2,3,4,5,6,7,8, 11,12,13,14,27, 33,44

Bentong

Hotel			
Lyceum Hotel D/A Pang. Wayang Lyceum Tel. 721 351	1	10	13
Union Hotel 50, Tingkat 1, Jln. Ah Peng Tel. 721 088	1	26	11,12

Cameron Highland

Hotel			
Garden Hotel Tanah Rata Tel. 941 911	4	46	1,4,7,11,13,14, 31
Highland Hotel 29–32, Brinchang Tel. 941 588	2	48	8,11,14
Max Million Resort P.O.Box 46, Tanah Rata Tel. 941 411, 941 565	4	30	1,2,4,5,6,7,8,11, 12,13,14,22,27, 31,33,34,36,38, 43,44
Merlin Hotel Tanah Rata Tel. 941 205, 941 211	4	64	1,2,4,5,7,11,13, 14,22,26,31,38, 43,44
Strawberry Park Motel P.O.Box 81, Tanah Rata	5	79	1,3,4,5,6,7,8,11, 12,13,14,21,27, 31,33,36,38,44
Town House Hotel 41, Main Road, P.O.Box 7 Tel. 941 666	1	12	1,4,5,8,11,12,13, 14,34,41,44
Foster's Lake House Lubok Tamang, Ringlet Tel. 948 680	5	12	4,5,11,12,13,14, 15,31,33
Ye Olde Smoke House By the Golf Course Tel. 941 214/5	4	20	4,5,7,11,12,13, 14,22,31,32,33, 38,39,44

Fraser's Hill

Fraser's Hill Dev. Corpn. Fraser's Hill Tel. 382 201, 382 248   3   62   5,7,8,11,12,13,14,21,22,23,26,31,33,34,37,38,41,42,43,44

Genting Highland

Gentin Hotel Genting Highlands Resort Tel. 353 311 Telex: MA 30 482   5   668   1,2,3,4,5,6,7,8,11,12,13,14,21,24,26,27,31,33,34,35,36,37,38,39,43,44

Pelangi Hotel Gentin Highlands Resort Tel. 353 200/08/09   4   170   1,2,5,6,8,11,12,13,14,21,22,24,25,26,27,31,32,33,34,35,37,38,39,41,42,43,44

Jerantut

Jerantut Hotel 36, Jalan Besar   1   24   n.b.

Kuala Lipis

Central Hotel 100, 1st, Fl., Jln. Besar Tel. 21 207   n.b.   11   n.b.

Government Rest House Kuala Lipis Tel. 21 267   n.b.   11   n.b.

Kuala Rompin

Rumah Persinggahan Dara Bandar Ibam Tel. 55–241   1   12   4,5,8,31,38,39,43,44

Mentakab

Continental Hotel 90, Jln. Haji Kassim Tel. 272 623, 272 622   3   30   n.b.

London Hotel 71, Jln. Temerloh Tel. 271 119   1   21   4,5,11,14,31

Yuen Wah Hotel 27, Jln. Leonard Tel. 271 260   1   24   1,6,13,14,39

Pulau Tioman

Merlin Samudra Pulau Tioman Tel. 791 771/2 Telex: MA 60 692   4   74   1,2,3,4,5,6,7,8,11,12,13,14,31,33,38,43

Raub

Government Rest House Tel. 51 850   n.b.   12   n.b.

Raub Hotel 57–58, Jln. Lipis Tel. 51 288   1   20   4,5,11,12,13,14,43,44

Temerloh

Centre Point Hotel C308–311, Jln. Kuantan Tel. 51 788, 51 204   3   41   1,4,5,11,12,13,14,15,31,34,35,36,38,43,44

Government Rest House Jalan Dato Hamzah Tel. 51 254   1   10   4,5,8,11,12,13,14,31,33,44

Penang

Penang

Bellevue P. Hill Hotel Penang Hill Tel. 892 256/7   4   12   1,2,3,4,5,7,8,11,12,13,14,31,33,43

Casuarina Beach Hotel Batu Ferringhi Tel. 811 711/5   5   175   1,2,3,4,5,6,11,12,13,14,21,24,26,31,33,34,38,39,43,44

Cathay Hotel 15, Leith Street Tel. 26 271–3   2   40   1,4,5,11,13,14,31,39,44

Central Hotel 404, Penang Road Tel. 21 432–8 Telex: MA 40 642   3   140   1,2,4,5,8,11,12,13,14,27,31,34,35,38,39,44

Hotel	Class	Rooms	Facilities
Garden Inn 41, Anson Road Tel. 363 655	3	60	1,2,3,4,5,6,7,8, 11,12,13,14,31, 34,43,44
Golden Sand Hotel Batu Ferringhi Tel. 811 911 Telex: MA 40 627	5	310	1,2,3,4,5,6,7,8,9, 11,12,13,14,21, 24,31,32,33,34, 38,39,41,42,43, 44
Holiday Inn Batu Ferringhi Tel. 811 601, 811 611 Telex: MA 40 281	5	158	1,2,3,4,5,6,7,8, 11,12,13,14,21, 24,31,32,33,34, 37,38,39,41,42, 43,44
Kowloon Hotel 60–60A, Transfer Road Tel. 24 133	2	33	1,2,4,5,11,13,14, 43
Ming Court Hotel Sdn. Bhd. 202-A, Macalister Road Tel. 26 131 Telex: Mingpg MA 40 092	5	100	1,2,3,4,5,6,7,8, 11,12,13,14,15, 21,31,34,35,38, 39,41
Rasa Sayang Hotel Batu Ferringhi Beach Tel. 811 811 Telex: MA 40 065	5	320	1,2,3,4,5,6,7,8, 11,12,13,14,15, 21,24,26,27,31, 32,33,34,36,37, 38,39,41,43,44
Waldorf Hotel 13, Leith Street Tel. 26 141-4	3	57	1,2,3,4,5,11,12, 13,14,31,43,44

Butterworth

Hotel	Class	Rooms	Facilities
Ambassadress Hotel 4425, Jalan Bagan Luar Tel. 342 788, 344 379	2	27	1,4,5,11,13,14, 39,43,44
City Hotel 4591, Jalan Chain Ferry Tel. 340 311, 340 705	2	12	2,4,5,8,11,13,14, 44
Merlin Inn Jalan Bagan Luar Tel. 343 322 Telex: MA 40 415	4	87	1,2,3,4,5,7,11,12, 13,14,33,34,36, 38,39,43,44
Travel Lodge No. 1, Loron Bagan Luar Tel. 348 899 Telex: MA 40 777	4	50	1,2,3,4,5,6,7,8, 11,12,13,14,31, 33,34,35,37,39, 41,43,44

Perak

Ipoh

Hotel	Class	Rooms	Facilities
Tambun Inn 91, Tambun Road Tel. 552 211, 552 894, 552 914	4	100	1,3,6,7,34,36,38, 39,43,44
Excelsior Hotel Clarke Street Tel. 536 666, 530 088	4	133	1,2,3,4,5,6,11,12, 13,14,27,31,34, 36,38,39
Winner Hotel 32&38, Jln. Ali Pitchay Tel. 515 177	3	54	1,3,4,5,6,11,12, 13,14,31,39,43, 44
Eastern Hotel 118, Jln. Sultan Idris Shah Tel. 543 936	4	30	1,2,3,4,5,6,7,8, 11,12,13,14,15, 31,33,34,38,39, 43,44
New Perak Hotel 20&26, Jalan Ali Pitchay Tel. 515 313	2	28	1,2,4,5,11,13,14, 31,43,44
Station Hotel Club Road Tel. 512 588	4	34	1,2,3,4,5,6,7,8, 11,12,13,14,15, 31,32,33,34,37, 38,39,41,42,43, 44

Kampar

Hotel	Class	Rooms	Facilities
Oriental Hotel 9, Jln. Kuala Dipang Tel. 651 288	1	15	4,11,14,31

Kuala Kangsar

Hotel	Class	Rooms	Facilities
Double Lion Hotel 74, Jln. Kangsar Tel. 851 010	2	16	1,4,31,38,44

Lumut

Hotel	Class	Rooms	Facilities
Phin Lum Hooi Hotel 93, Jln. Titi Panjang Tel. 935 641		10	4,5

Pulau Pangkor

Beach Huts Hotel
Jln. Pasir Bogak
Tel. 939 159
n.b. 33 n.b.

Pangkor Bay Village
Telok Belaga
c/o J. Tasek
Tel. 557 627, 557 755
4 62 4,5,6,7,8,13,14,15,33,39,43

Sitiawan

Mandarin Hotel
1, Lrg. Tok Perdana
Tel. 932 104/5
2 64 1,2,3,4,5,11,12,13,14,34,39,44

Queen's Hotel
39&41, Sitiawan Road
Tel. 931 585, 932 463
2 20 1,4,5,13,14,31,34,44

Taiping

Lake View Hotel
1A, Circular Road
Tel. 822 911
1 21 1,4,5,14,33,35,43,44

Malaya Hotel
52, Market Square
Tel. 823 733
2 19 1,4,5,11,13,14

Meridien Hotel
2, Simpang Road
Tel. 831 133, 832 025
4 88 1,2,3,4,5,8,11,12,13,14,31,34,36,38,43,44

Miramar Hotel
30, Jln. Peng Loong
Tel. 821 077/8
2 22 1,2,3,4,10,13,17

Tanjong Malim

Mee Chew Hotel
1, Jln. Loke Yew
Tel. 346 496/22
1 13 4,5,13

Yik Mun Hotel
Lot 6043, Jln. Slim Lama
1 11 4,13,14

Tapah

Bunga Raya Hotel
6, Main Road
Tel. 641 436
1 12 4,11,13,14

Teluk Intan

Angsoka Hotel
24, Jln. Changkat Jong
Tel. 623 755/6
3 40 1,2,3,4,5,7,8,11,12,13,14,21,34,38,43,44

Anson Hotel
Jln. Sekolah
Tel. 626 166/7/8
3 51 1,2,4,5,7,8,11,12,13,14,15,39,41,42,43,44

Government Rest House
Jkr No. 858,
J. Rumah Rihat
Tel. 621 969
2 17 4,5,11,13,31,44

Metro Hotel
68, Jln. Pasar
Tel. 621 522
2 24 1,4,5,11,12,13,14,43,44

Slim River

Home Inn
Lot 8&9, Taman Slim Indah
3 20 3,4,7,13,14,31,34,39,44

Yik Mun Hotel
2013, Jln. Mersing
Tel. 348 220
1 12 4,14,39,44

Perlis

Kangar

Federal Hotel
104A&B, Jln. Kangar
Tel. 751 288, 751 881
2 35 1,4,5,8,11,14,31,33,43,44

Sri Perlis Inn
Jln. Kangar
Tel. 752 266/7
4 50 1,2,3,4,5,6,11,12,13,14,21,22,26,31,33,34,38,43,44

Sabah

Kota Kinabalu

Borneo Hotel 4 31 1,2,3,4,5,6,8,11,
13, Jln. Selangor, 12,13,14,22,24,
Tg. Aru 26,31,33,34,37,
Tel. 55 255, 38,39,43,44
52 929

Capital Hotel 5 102 1,2,3,4,5,6,7,8,11,
Sdn. Bhd. 12,13,14,31,33,
23, Jln. Hj. Saman 34,35,38,39,43
Tel. 53 433

Fortuna Hotel 3 16 4,5,13,14
1, Blk, 4,
Bandaran Berjaya
Tel. 57 581

Hotel Suang Hee 3 18 1,4,5,11,13,14,
Lot 6&7, 31
Jln. Segama
Tel. 56 343/4

Hyatt Kinabalu 5 345 1,2,3,4,5,6,7,8,
Jln. Datuk 11,12,13,14,15,
Salleh Sulong 21,22,23,24,26,
Tel. 51 777 31,32,33,34,35,
37,38,39,41,42,
43,44

Pine Bay Hotel 3 15 4,5,8,13,14
19, Jalan Sentosa
Tel. 54 950

Sea View Hotel 4 24 1,4,5,13,14
31, Jalan
Haji Saman
Tel. 54 422

Tanjong Aru 5 300 1,2,3,4,5,6,7,8,11,
Beach Hotel 12,13,14,21,24,
Locked Bag 174 27,31,32,33,34,
Tel. 58 711 37,38,39,43,44

Beaufort

Padas Hotel 3 22 1,31,41
P.O.Box 147
Tel. 211 441/2

Kota Belud

Tai Seng Hotel n.b. 20 n.b.
P.O.Box 41
Tel. 551

Labuan

Hotel 4 40 n.b.
Emas-Labuan
27–30,
Jln. Muhibbah
Tel. 43 966

Hotel Labuan 5 151 1,2,3,4,5,7,8,11,
Jalan Merdeka 12,13,14,21,27,
Tel. 42 501–7 31,33,34,37,38,
(7 Lines) 39,4 ,42,43,44

Hotel Meriah 3 10 4,13,14
Jalan Okk
Awang Besar
Tel. 42 737

Victoria Hotel 4 39 4,11,12,13,14,35
Jalan Tun
Mustapha
Tel. 42 411/3

South Sea Hotel 4 39 1,3,4,5,11,13,14,
Jln. Okk 39,43
Awang Besar

Lahad Datu

Venus Hotel 3 18 n.b.
Jalan Seroja
Tel. 81 900/1

Ranau

Kinabalu 1 23 1,4,5,6,7,8,11,13,
National Park 14,22,3 ,38,42,
c/o Sabah 43,44
National Park
Tel. 211 585,
211 652, 211 524

Sandakan

Nak Hotel 5 60 1,3,4,5,6,8,11,12,
Jalan Pelabohan 13,14,3 ,43
Tel. 216 988

New Sabah Hotel 3 28 1,4,11,12,13,14
P.O.Box 214
Tel. 218 711,
218 949, 218 953

Hotel Ramai 5 45 1,2,3,4,5,6,11,12,
2 Km., Jalan Leila 13,14,31,34,35,
Tel. 45 811/2/3/4/5 39,42,43

Hotel			
Federal Hotel 3, Jalan Tiga Tel. 219 611/7, 219 637	3	18	1,4,11,12,13,14
Mayfair Hotel 24, Jalan Prayer 1/F Tel. 45 191/2	n.b.	12	n.b.

Tawau

Emas Hotel Jalan Utara Tel. 73 300	5	100	1,2,3,4,5,7,8,11, 12,13,14,15,27, 31,33,34,35,37, 38,39,43,44
Far East Hotel Jalan Masjid Tel. 73 200–03	3	22	1,4,5,8,11,12,13, 14,31,34,39,43, 44
Nam Wah Lodging House P.O.Box 161 Tel. 72 269	1	12	13
Tawau Hotel 72–73, Jalan Chester Tel. 71 100, 71 102	4	34	1,4,5,11,12,13, 14

Tenom

Hotel Kin San Shophouse No. 58 Tel. 611	n.b.	10	n.b.
Tenom Hotel P.O.Box 78 Tel. 587	n.b.	10	n.b.

Sarawak

Kuching

Arif Hotel Jalan Haji Taha Tel. 21 211	n.b.	29	n.b.
Government Rest House Jalan Crookshank Tel. 22 042	3	12	4,11,13,14
Holiday Inn Hotel Jln. Tuanku Abdul Rahman Tel. 23 111	5	165	1,2,3,4,5,6,7,8, 11,12,13,14,21, 31,33,34,36,37, 38,39,41,43,44
Khiaw Hin Hotel 52, Temple Street Tel. 26 981, 20 902	2	16	n.b.
Long House Hotel Jalan Abell Tel. 55 333, 55 624	4	50	1,2,3,4,5,6,7,8, 11,12,13,14,31, 33,34,38,39,41, 43,44,45

Baram

Grand Hotel Marudi Bazaar, Marudi Tel. 55 711/2	2	30	1,4,5,11,12,13, 14,15,39,43

Bintulu

Aurora Beach Hotel Jalan Tanjong Batu Tel. 31 622	5	108	1,2,3,4,5,6,7,8,11, 12,13,14,15,26, 31,33,34,35,37, 38,41,42,43,44

Kapit

Kapit Long House Hotel Berjaya Road Tel. 96 415	2	21	4,5,11,12,13,14, 15,39
Rejang Hotel 28, New Bazaar Tel. 96 356	2	26	4,5,14

Limbang

South East Asia Hotel 27, Market Street Tel. 21 013	4	12	n.b.

Miri

Fatimah Hotel 49, Brooke Road Tel. 32 255	4	66	1,2,3,4,5,6,7,11, 12,13,14,31,32, 33,34,39,43,44
Monica Lodgings 4, Kwang Tung Road Tel. 36 611	2	35	n.b.
Malaysia Lodging House 1-C, China Street Tel. 34 300, 34 952	3	13	1,3,4,11

Mukah

Hoover Hotel n.b. 20 n.b.
18, Lintang Road
Tel. 62 251

Sarikei

Payang Puri Hotel 3 30 1,3,4,11,12,13,
1, Jalan Merdeka   14,15,31,34,35,
Tel. 5 216/7,   36,41,43,44
4 171/2

Rajang Hotel 1 17 n.b.
1, Berjaya Road
Tel. 5 096

Sibu

Federal Hotel 2 30 1,4,11,14
24, Kampong
Nyabor Road
Tel. 33 088,
33 086

Hotel Malaysia 3 21 1,2,3,4,5,11,12,
8, Kampong   13,14,39
Nyabor Road
Tel. 32 298/9,
32 464

New Federal Hotel 2 16 1,4,11,14
39, High Street
Tel. 30 530

Premier Hotel 4 120 1,2,3,4,5,6,8,11,
Sarawak House   12,13,14,31,32,
Complex   33,34,35,36,37,
Tel. 23 222   38,39,41,42,43,
                       44

Rex Hotel n.b. 30 1,4,5,11,12,13,
32, Cross Road   14,39,43
Tel. 30 933,
30 625, 30 479

Sarawak Hotel 3 24 n.b.
34, Cross Road
Tel. 33 455,
37 200

Sri Aman

Hoover Hotel 3 14 1,4,5,8,12,13,14,
125, Club Road,   38,41,43,44
Simanggang
Tel. 2 173/4

Selangor

Kelang

Lido Hotel 1 22 5
84, Jalan Meru
Tel. 382 419

Kuala Langat

Sri Morib Hotel 3 20 4,5,7,8,11,12,13,
Batu 28 1/2,   14,21,22,26,31,
Kanchong Laut   33,34,37,38,44
Tel. 372 125

Kuala Selangor

Shanghai Hotel 1 11 4,5,14
161, Jln. Tengah,
Sekinchan

Pelabohan Kelang

Embassy Hotel 3 35 1,3,11,12,13,14,
2–8, Jalan Kem   33,39,42
Tel. 386 901/2

Kelang Rest House 2 12 4,11,12,13,14,
Persiaran Raja   15,31,33,39
Muda Musa
Tel. 386 513

Petaling Jaya

The Merlin Subang 5 169 1,2,3,4,5,6,7,8,
Jln. 12/1,   11,12,13,14,15,
Subang Jaya   21,22,26,31,32,
Tel. 535 211   33,34,36,37,38,
                            39,43,44

Petaling Jaya Hilton 5 398 1,2,3,4,5,6,7,8,
2, Jalan Barat   11,12,13,14,15,
Tel. 553 533/   21,27,31,33,36,
553 972/553 741/   37,38,39,41,42,
553 661/553 814   43,44

South Pacific Hotel 2 23 1,4,11,13,14,31
7, Jalan 52/6
Tel. 569 922,
569 734

Sabak Bernam

Swan Kee Hotel 1 15 n.b.
26–27, Jln. Raja
Chulan
Tel. 634 438

Sungei Besar

Nam Tai Hotel   1   31   4,11,14
14–18,
Jalan Anggerek
Tel. 635 274

Tong Hong   n.b.   10   n.b.
Hotel
34A,
Jalan Menteri
Tel. 635 292

Trengganu

Kuala Trengganu

Bunga Raya   2   39   1,4,5,8,11,12,13,
Hotel   14,34
105–11,
Jln. Banggol
Tel. 21 166

Pantai Primula   5   264   1,2,3,4,5,6,7,8,
Hotel   11,12,13,14,21,
Jln. Persinggahan   24,25,26,27,31,
Tel. 22 100,   32,33,34,37,38,
22 362   39,41,43,44

Sea-View Hotel   1   18   1,4,5,11,12,13,
18-A, Jln.   14,31
Masjid Abidin
Tel. 21 911

Sri Trengganu   3   20   1,8,11,13,14,31,
Hotel   43,44
120A&B,
Jln. Paya Bunga
Tel. 21 122

Trengganu Hotel   2   35   1,4,5,11,12,13,
12, Jln.   14
Paya Bunga
Tel. 22 900

Dungun

Kasanya Hotel   2   35   1,6,11,13,14
K225–227,
Jln. Tambun
Tel. 841 704

Rantau Abang   4   10   3,4,5,6,7,8,11,13,
Visitor Cntr.   14,24,31,33,41,
13th Mile,   43,44
Off Dungun
Tel. 841 533

Sri Dungun   3   27   1,4,5,11,12,13,
Hotel Sdn. Bhd.   14
K-135,
Jalan Tambun
Tel. 841 881/882

Tanjong Jara   5   100   1,2,3,4,5,6,7,8,
Beach Hotel   11,12,13,14,21,
8th Mile,   23,24,26,31,32,
Off Jln. Dungun   33,36,37,38,39,
Tel. 841 801/5   41,43,44

Kemaman

Cathay Hotel   3   12   1,2,3,4,5,6,7,8,
351,   11,12,13,14,15
Jln. Kg. Tengah
Tel. 591 901

Duin Hotel   3   31   1,4,5,11,12,13,
K355,   14
Jln. Kg. Tengah
Tel. 31 801/2

Eurinmen Hotel   3   18   1,2,3,4,5,6,7,11,
K551/553,   12,13,14
Jln. Sulaiman
Tel. 31 976

Hotel Sri Buana   3   20   1,2,3,4,5,7,11,12,
293, Jln. Abdul   13,14,4
Rahman
Tel. 31 066,
31 632

Marina Hotel   2   19   1,5,6,11,12,13,
K307&308,   14
Jln. Che Teng
Tol. 31 241

Ton Juan Hotel   1   10   4,5
K-117,
Jln. Sulaiman
Tel. 31 346

Praktische Hinweise

Währung
Die malaysische Währung ist der Ringgit (RGT), auch Malaysischer Dollar (M$) genannt.
1 Ringgit = 100 Sen bzw. Cents.

Devisenbestimmungen/ Geldumtausch
Sowohl die Ein- und Ausfuhr von Landeswährung als auch von Devisen unterliegt keinerlei Beschränkungen.

Reiseschecks, besonders auf US$ lautende Traveller Cheques, können problemlos eingetauscht werden. International gängige Kreditkarten werden in den meisten größeren Geschäften und anderen Einrichtungen akzeptiert.

Einreise
Reisende aus der Bundesrepublik Deutschland, Österreich und der Schweiz benötigen für einen Aufenthalt bis zu 3 Monaten kein Visum; es genügt der gültige Reisepaß.

Zollbestimmungen
Gegenstände des persönlichen Bedarfs und Artikel wie Kameras, Uhren, Kosmetika, Parfüm und tragbare Radio-Kassetten-Geräte sind in Malaysia zollfrei. Bei der Einreise kann für wertvollen Schmuck, teure Kameras und andere wertvolle Gegenstände eine Kaution in Höhe von 50% des Wertes erhoben werden, die bei der Ausreise innerhalb der vorgegebenen Zeit gegen Vorzeigen der betreffenden Artikel zurückerstattet wird.

Auf den Handel mit Drogen steht in Malaysia die Todesstrafe.

Impfungen, Medizinische Versorgung
Es besteht keine Impfpflicht, außer für Reisende aus Infektionsgebieten. Dringend empfohlen sind jedoch Cholera-Impfung und Malaria-Prophylaxe.

Die ärztliche Versorgung wird sowohl durch staatliche als auch private Ärzte und Krankenhäuser (General Hospitals) sichergestellt. Für die Konsultation einer Privat-Klinik müssen Sie inkl. Medizin ca. 20 M$ rechnen. Der Abschluß einer privaten Krankenversicherung vor Antritt der Reise ist unbedingt erforderlich.

Öffnungszeiten
Geschäfte: 9.30–19.00 Uhr, teilweise auch bis 22.00 Uhr.
Banken: Mo–Fr 10.00–15.00 Uhr, samstags 9.30–11.30 Uhr. In Johore, Kedah, Perlis, Kelantan und Trengganu ist nicht der Sonntag, sondern der Freitag der wöchentliche Ruhetag; deshalb können hier einige Geschäfte geschlossen sein. Die Banken in diesen Regionen haben donnerstags von 9.30–11.30 Uhr geöffnet und freitags geschlossen.

Stromspannung
220–240 Volt (Adapter erforderlich).

Postgebühren
Postkarte –,40 RGT, Luftpostbrief –,80 RGT, Aerogramm –,40 RGT.

Flughafengebühr
Für Inlandsflüge 3 M$, für Flüge nach Singapur und Brunei 5 M$ und für alle anderen internationalen Flüge 15 M$.

Verkehrsmittel

Taxi: Achten Sie darauf, daß der Taxameter vor Fahrtantritt eingeschaltet wird. Taxen können auch für Überlandfahrten gemietet werden, die Fahrtkosten werden dann durch die Anzahl der Fahrgäste geteilt (in der Regel durch vier). Wenn Sie ein ganzes Taxi für sich alleine mieten möchten, müssen Sie den vierfachen Preis entrichten.

Busse: Es gibt drei Arten von Bussen in Malaysia: Busse ohne Air-Condition, die die einzelnen Staaten verbinden und solche, die innerhalb eines Staates verkehren, sowie Express-Busse mit Air-Condition, die die größten Städte Malaysias miteinander verbinden. Die Preise sind vernünftig, doch halten sie sich nicht immer genau an die Fahrpläne.

Trishaws: Das beste Verkehrsmittel, um in der Stadt kürzere Distanzen zu überwinden, ist ein Trishaw – ein dreirädriges Fahrrad mit Passagiersitz. Pro Kilometer zahlen Sie ca. 1 M$.

Mietwagen: Die Preise liegen je nach Fahrzeugtyp zwischen 125 M$ und 300 M$ pro Tag. Das Mindestalter beträgt 23 Jahre; Mindestfahrpraxis von 1–2 Jahren ist erforderlich. Nationaler Führerschein wird meist akzeptiert, internationaler Führerschein ist dennoch unbedingt empfehlenswert. In Malaysia herrscht Linksverkehr! Höchstgeschwindigkeit in Ortschaften beträgt 50 km/h; Anschnallpflicht.

Kleidung

Leichte Baumwoll- und Leinenkleidung; für Berg- und Hochlandtouren ist ein warmer Pullover angebracht. Neben Sandalen sollte auch festes Schuhwerk für evtl. Bergbesteigungen sowie ein Regenschutz zum Reisegepäck gehören. Die Batikbekleidung, die man im Lande selbst preisgünstig erwerben kann, paßt am besten zum Klima und ist zu allen Gelegenheiten tragbar.

Trinkgeld

In Hotel- und Restaurantrechnungen sind bereits 10% Bedienungsgeld sowie 5% Steuer enthalten, so daß Trinkgeld nur bei außergewöhnlich gutem Service angebracht ist.

Sprache

Offizielle Landessprache ist Malaiisch, daneben wird Chinesisch gesprochen. Handels- und Verkehrssprache ist Englisch.

Wichtige Telephonnummern

Polizei, Feuerwehr, Notarzt	999
Internationale Ferngespräche	108
Nationale Ferngespräche	101
Allgemeine Auskunft	102
Öffentliche Telephonauskunft	103
Telegramme	104

Hinweis:

Im Sinne der „Convention on International Trade in Endangered Species of Wild Fauna and Flora" (CITES), zu deutsch kurz „Washingtoner Artenschutzübereinkommen", sollten Sie grundsätzlich keine Souvenirs kaufen, die aus wildlebenden Tieren bzw. Teilen davon oder wildwachsenden Pflanzen hergestellt sind.

Bezogen auf Malaysia gilt dies für Elfenbein (Elfenbein von asiatischen Elefanten darf generell nicht gehandelt werden, auch nicht das von zahmen Elefanten), Schildpatt,

Rhinozeros-Hörner, Schmetterlinge, Reptilienprodukte, verschiedene Vogelarten und Orchideen.

Nehmen Sie bitte Abstand vom Kauf solcher „Souvenirs"; Sie leisten damit einen wichtigen Beitrag zur Erhaltung bedrohter Tier- und Pflanzenarten.

Diplomatische Vertretungen in Malaysia

Deutsche Botschaft
3 Jalan U Thant
Kuala Lumpur
Tel. 429 666, 429 825, 429 959

Schweizerische Botschaft
16 Persian Madge
Kuala Lumpur
Tel. 480 622, 480 751

Österreichische Botschaft
7th Floor, MUI Building
Jalan P. Ramlee
Kuala Lumpur
Tel. 484 277, 484 359

in der Bundesrepublik Deutschland

Malaysische Botschaft
Rheinallee 23
5300 Bonn 2
Tel. 02 28/3 53 10 56–7

in der Bundesrepublik Österreich

Malaysische Botschaft
Prinz Eugenstr. 18
1040 Wien
Tel. 65 11 42/15 69 63 23

in der Schweizerischen Eidgenossenschaft

Malaysische Botschaft
Laupenstr. 37
3008 Bern
Tel. 252 105-6

Informationen

Tourist Development Corporation (TDC)
Roßmarkt 11
6000 Frankfurt/Main 1
Tel. 0 69/28 37 82-3

in Malaysia

TDC Northern Region Office
10 Jalan Tun Syed Sheikh Barakbah
10200 Penang
Tel. 04/620 066, 619 067

TDC East Coast Region Office
2243, Ground Floor, Wisma MCIS
Jalan Sultan Zainal Abidin
20000 Kuala Trengganu
Tel. 09/621 433, 621 893

TDC Southern Region Office
Suite 215, 2nd Floor Orchid Plaza
No. 2, Lorong Satu, Jalan Wong Ah Fook
80000 Johore Baharu, Johore
Tel. 07/223 590-1

TDC Sabah
Block L, Lot 4, Bandaran Sinsuran
Mail Bag 136
88700 Kota Kinabalu, Sabah
Tel. 088/211 732

TDC Sarawak
2nd Floor, AIA Building,
Jalan Song Thian Cheok
93100 Kuching
Tel. 082/246 575, 246 775

Literatur

APA-Foto-Guide – Malaysia
Mai's Weltführer – Malaysia, Singapur
Polyglott – Malaysia
Touropa-Urlaubsberater – Malaysia, Singapur
Was-Wie-Wo-Reiseführer – Malaysia/Singapur

Entfernungen in Kilometern

Yong Peng	
Temerloh	237
Teluk Intan	288 414 604
Tapah	39 76 108 259
Tanjung Malim	198 222 304 145 338
Tampin	275 143 182 404
Taiping	420 246 145 258 517 673
Sungai Petani	126 335 258 405 375 138
Singapore	280 533 148 254 581
Seremban	222 195 388 254 336 559
Segamat	810 483 195
Raub	327 483 617 174 331
Port Dickson	134 214 309 311
Pontian Kechil	185 287 359 231 161 74
Pekan	238 335 404 621 398 288 314
Parit Buntar	219 51 423 70
Mersing	153 517 618 161
Malacca	338 87 404
Lumut	209 157 473 195 121
Kuantan	668 69 398 258 180 87 196
Kuala Trengganu	657 140 211 547 164 288
Kuala Selangor	338 657 445 89 547
Kuala Pilah	449 672 50 618 295 183 314
Kuala Lumpur	246 283 311 404 359 141
Kuala Lipis	415
Kuala Kubu Baharu	33 465 87 311 441 285
Kuala Kerai	166 259 283 675 473 246
Kuala Kangsar	308 184 351 445 204 482 284
Kuala Dungun	609 441 405
Kota Tinggi	742 76 270 441 155
Kota Bharu	142 283 306 559 160 216
Keluang	245 465 184 226 179 324
Port Kelang	656 90 441 206 143 285
Kangar	246 440 133 411 441 362
Kampar	348 348 166 407 284 411 523
Kajang	408 185 274 348 311 311 122 106
Johor Bahru	502 696 483 248 119 314
Gerik	246 483 166 314
Ipoh	333 166 274 166 285
Bukit Fraser	
Batu Gajah	

157

Malaysia
Folgende Sortierungen sind im Gebrauch:
Scheine Dollar 1, 5, 10, 50, 100
Münzen   Cent   1, 5, 10, 20, 50, 1 Dollar

SINGAPUR

Informationen
Länderkunde S. 160
Singapur von A–Z S. 187
Praktische Hinweise S. 198
Index S. 207

Singapur:
Gestern – Heute

Man geht heute davon aus, daß die in alten Chroniken genannte Stadt Temasek, die Vorgängerin des heutigen Singapur, schon seit dem 7. Jh. n. Chr. bei indischen und chinesischen Kaufleuten bekannt war. Als dem Gründer der Stadt, dem Prinzen Sang Nila Utama, ein löwenähnliches Ungeheuer erschien, änderte er den Stadtnamen in Singapura (singa = Löwe, pura = Stadt) um. 1377 wurde die unter der Herrschaft des Srivijaya-Reiches aufstrebende Stadt von dem auf Java zu Macht und Ansehen gekommenen Majapahit-Fürsten und seinem Heer zerstört. Mit der Gründung Malakkas im Jahre 1398, das schnell zum bedeutendsten Seehafen Südostasiens wurde, geriet Singapur dann zusehends in Vergessenheit. Portugiesen und Holländer, die im 16. und 17. Jh. gegeneinander um den Besitz Malakkas und damit die Vorherrschaft in Südostasien kämpften, hatten offensichtlich kein Interesse an der Insel.

Auf der Suche nach neuen Handelsstützpunkten erkannte erst der Engländer Sir Thomas Stamford Raffles die günstige strategische Lage Singapurs und die Bedeutung seines Naturhafens. Nachdem der Fürst von Johore die nötigen Verträge unterzeichnet hatte, ließ Raffles am 6. 2. 1819 den Union Jack auf der Insel hissen. 9 Monate später, nachdem er Pläne für die Stadtentwicklung und den Freihafen gemacht hatte, verließ er die Insel wieder.

In Raffles Sterbejahr 1827 überließ der Sultan von Johore, Tengku Hussein, England die unumschränkte Oberhoheit über Singapur. Im Gegenzug erhielt er eine Leibrente von 5 000 spanischen Dollar jährlich. Zusammen mit Penang und Malakka wurde Singapur bereits ein Jahr zuvor zum „Straits Settlement" zusammengeschlossen. 1867 wurde es dann der englischen Kolonialverwaltung im indischen Bengalen als Kronkolonie unterstellt.

Schon bald war der Ort eine Stätte des Lasters: Spielsalons und Opiumhandel wurden für die Verwaltung zu einem großen Problem, dem sie mit schärferen Gesetzen und Verboten zu Leibe rückte. Im Kampf gegen die in den Gewässern um Singapur zunehmende Piraterie, die den europäischen Handelsmächten schwere Verluste brachte, mußte man ebenfalls zu härteren Mitteln greifen. Die chinesischen Geheimbünde, die meist hinter dem illegalen Treiben standen, waren jedoch nur schwer zu besiegen. Es kam aber auch unter den Bünden zu gegenseitigen Machtkämpfen, bei denen teilweise bis zu 1 000 Menschen getötet wurden.

Die Bevölkerungszahl Singapurs, die sich 1822 in nur zwei Jahren auf 10 000 verdoppelt hatte, erhöhte sich dann in den 70er Jahren des vorigen Jahrhunderts durch neue Einwanderungswellen aus China jährlich um mehrere 10 000.

1878 gelang es den Briten, einige Samen des Kautschukbaumes „Hevea Brasiliensis", die zuvor aus Brasilien herausgeschmuggelt wurden, in Singapurs Botanischem Garten mit Erfolg anzupflanzen. Als Folge davon wurde Malaysia Südostasiens größter Kautschukproduzent und Singapur sein wichtigster Umschlagplatz.

Nachdem sich viele malaiische Sultanate unter britischen Schutz gestellt hatten, ernannte man Singapurs Gouverneur auch zum Hochkommissar für Malaya.

Im Jahre 1900 hatte Singapur beinahe 200 000 Einwohner und war zum siebtgrößten Hafen der Welt geworden. Unter der Führung des Gouverneurs John Anderson kam Singapur zu großem Wohlstand. Der erste Weltkrieg bremste jedoch diese Entwicklung.

Mit der Eröffnung eines zivilen Flughafens im Jahre 1931 wurde Singapur zum Drehkreuz des regionalen Luftverkehrs, das schon bald in das internationale Streckennetz eingeflochten wurde. Seither ist seine Bedeutung für den Weltluftverkehr stetig gestiegen, was auch für die wirtschaftliche Entwicklung der Region von großer Bedeutung war und ist.

Am 15. Februar 1942 eroberte eine japanische Einheit unter General Tomoyuki Yamashita die Insel. Die neuen Besatzer nannten Singapur nun Syonan (Licht des Südens) und stellten die dortigen Uhren auf Tokio-Zeit um. Nach der japanischen Kapitulation am 21. August 1945 sah man die Löwenstadt erneut als britischen Besitz an und unterstellte sie zusammen mit der Halbinsel Malaya dem englischen Militär.

Der Ruf junger Intellektueller nach der Unabhängigkeit Singapurs führte 1955 zu einer neuen Verfassung, die beinhaltete, daß 25 von 32 Abgeordneten der gesetzgebenden Versammlung durch das Volk frei gewählt werden durften. Im selben Jahr kam es zur Wahl von Singapurs erstem Ministerpräsidenten David Marshall, der innenpolitische Angelegenheiten von London unabhängig regeln konnte. 1959 wählte man Lee Kwan Yew, der 1954 die linksgerichtete Peoples Action Party gegründet hatte, nach dem Wahlsieg seiner Partei zum ersten Premierminister. Dieses Amt sollte er auch 30 Jahre später noch innehaben. 1971 zogen Singapurs letzte britische Streitkräfte in Richtung Heimat.

Zu Beginn der 80er Jahre wurde Singapur nach Rotterdam zum zweitgeschäftigsten Hafen der Welt. Die Kapazität seiner Ölraffinerien steht weltweit an dritter Stelle. Daß die spektakuläre wirtschaftliche Entwicklung Singapurs, die neben vielen Höhe- auch einige Tiefpunkte durchlief, nicht nur Lee Kwan Yews gelenktem Kapitalismus, sondern auch der von Raffles zu Beginn des 19. Jh. erkannten, günstigen strategischen Lage des Inselstaates zu verdanken ist, dürfte beim Blick auf eine Karte deutlich werden.

Lee Kwan Yew – Staatsmann zwischen zwei Welten

Seine Person wird häufig mit Worten wie autoritär, aggressiv, jähzornig, ungeduldig, direkt, scharfsinnig, offen und unbestechlich umschrieben. Kein Wunder, daß sich dieser Mann, für den Mut wichtiger ist als Charme, damit zufrieden gibt, respektiert aber nicht geliebt zu werden. Als Sprößling einer Familie von Hakka-Chinesen, die kurz nach der Gründung Singapurs durch Stamford Raffles auf die Insel kamen, hatte Lee Kwan Yew von Kindesbeinen an gelernt, was Robustheit, Fleiß und Ausdauer zustande bringen können. Die von Lee angestrebte Gesellschaft des Inselstaates sollte daher auch von ihm favorisierte Eigenschaften wie „lean and rugged – schlank und hemdsärmelig" verkörpern.

1923 in Singapur geboren, erhielt er eine westlich-angelsächsische Erziehung und Ausbildung. Für seine akademischen Leistungen während des Jura-Studiums in Cambridge, das er 1946 abschloß, erhielt er sogar höchste Auszeichnungen. Obwohl er heute seine Gedanken und Gefühle in perfekt-elegantes Englisch zu kleiden pflegt und auch sein Lebensstil britische Züge trägt, sollte man nicht den Fehler machen, in Lee einen anglophilen Asiaten zu sehen.

Es waren Herkunft, Ausbildung und Berufung, die ihn vielmehr zu einem Reisenden zwischen zwei Welten werden ließen. Um jedoch seinem persönlichen Identitätsgefühl mehr Gleichgewicht zu verschaffen, lernte er direkt nach seiner Rückkehr aus Cambridge Mandarin-Chinesisch und Hokkien, die Sprache seiner Vorväter. Diesen Umstand betreffend, meinte er einmal: „Ich könnte weinen wie Nehru, wenn ich bedenke, daß ich Englisch besser spreche, als meine Muttersprache." Heute ist er mittlerweile davon überzeugt, daß er, Lee, nicht weniger chinesisch als europäisch sei.

1950 eröffnete er in der Löwenstadt eine Anwaltskanzlei. Verschiedene Gewerkschaften beratend, begann er dann zwei Jahre später seine politische Laufbahn. 1954 gründete er die linksradikale „Peoples Action Party" (PAP), an deren Spitze er 1959 zum Premierminister des autonomen Staates Singapur gewählt wurde. Gegen den Willen der kommunistischen Opposition sorgte Lee 1963 für den Beitritt der Insel zur „Federation of Malaysia", aus der sie wegen ihrer rassischen Verschiedenheit (75% Chinesen gegenüber 15% Malaien) und den daraus resultierenden Spannungen 2 Jahre später wieder ausgestoßen wurde.

Lee Kwan Yew verkündete daher am 9. 8. 1965 die selbständige Republik Singapur. 1968, 1972 und 1976 mit seiner PAP alle Parlamentssitze gewinnend, gelang es ihm in nur zehn Jahren, aus dem in der letzten Phase britischer Kolonialherrschaft arg vernachlässigten Platz eine aufstrebende und blühende Metropole zu machen. Obwohl auch Lee Kwan Yew nur „mit Wasser kochte", betrachteten die südostasiatischen Nachbarn die Sauberkeit, Disziplin und angesagte moralische Überlegenheit des Inselstaates mit Mißtrauen und Neid. Solange in ihren Augen aber das Zauberkunststück des singapurischen Aufschwungs funktioniert, ist Lees Heimat für sie der ideale Ort zum Shopping und für die Aufbewahrung ihres Schwarzgeldes.

Obwohl es in Singapur keine Berge und auch kein Bankgeheimnis gibt, gilt es heute in eingeweihten Finanzkreisen als die Schweiz Südostasiens. Um dies zu erreichen, mußte der einstige sozialistische Scharfmacher Lee viele seiner früheren Themen fallen lassen. Er hat sich dabei nicht nur von politischen Programmen, sondern auch von einstigen Mitstreitern distanziert. Die Kommunisten, mit denen er sich einst im Kampf gegen die Kolonialherren verbündete, leben heute in Verbannung oder sind inhaftiert. Auch den Gewerkschaften hat er einen festen Platz und eindeutige Funktionen vorgeschrieben. In seinem teilweise der konfuzianischen Philosophie verhafteten Denken hat nun mal die Gemeinschaft Vorrang vor dem Individuum. Somit kommt für Lee die öffentliche Ordnung vor dem Recht des Einzelnen. Übrigens setzen seiner Meinung nach bürgerliche Freiheiten Stabilität und Wohlstand voraus.

Während er sich selbst noch als „altmodischen Sozialisten" sieht, meinen einige Beobachter aus dem linken Lager, daß er bereits ganz von dieser Ideologie Abschied genommen hat. Lees Antwort: „Wir geben nicht vor, eine idyllische sozialistische Gesellschaft zu sein. Jeder muß hier seine volle Leistung bringen. Wenn wir dieser Herausforderung nicht gewachsen sind, verdienen wir den Ruin als Individuum wie als Gemeinschaft!" Scheinbar hat sich Lee Kwan Yew, der Staatsmann zwischen den Welten, bereits für eine von beiden entschieden.

Singapur – Stadt und Mensch

Die Inselrepublik Singapur liegt im Süden der Peninsula Malaysia. Sie umfaßt die 548 qkm große Hauptinsel mit der gleichnamigen Hauptstadt, wie auch 54 kleinere Eilande mit einer Gesamtfläche von 39 qkm. Im Westen grenzt Singapur an die Straße von Malakka und im Osten an das Südchinesische Meer. Die einzige, wenn auch künstliche Verbindung mit dem Festland ist der Johore Causeway, eine Dammstraße über die im Norden der Insel gelegene Johore Strait.

Singapur hat gegenwärtig 2,5 Mio. Einwohner. Dank intensiver Familienplanung liegt der jährliche Geburtenzuwachs bei 1,1%. Die Mehrheit der Singapurer lebt heute in den von der Regierung errichteten Satellitenvororten Toa Payoh, Katong, Queenstown und Tiong Bahru. Die Bevölkerung Singapurs setzt sich aus 75% Chinesen, 15% Malaien und 8% Indern und Pakistani zusammen. Die verbleibenden 2 Prozent teilen sich Europäer, Juden, Vietnamesen, Armenier, Araber und andere ethnische Gruppen. Während sich Chinesen und Inder mehr im städtischen Bereich Singapurs wohlfühlen, ziehen die Malaien häufig die alten Kampongs als Wohngebiete vor.

Singapurs offizielle Nationalsprache, das Malaiische, ist in der Praxis von Englisch und Chinesisch auf Platz 3 verdrängt. Mandarin-Chinesisch und das aus Südindien stammende Tamil sind im übrigen offiziell zugelassene Amtssprachen. Chinesen sprechen häufig auch noch die Dialekte ihrer Ursprungsprovinzen Fushan, Hokien, Hainan und Kanton. Obwohl auf den ersten Blick in manchen Stadtvierteln die chinesischen Schriftzeichen überwiegen mögen, wird Englisch als allgemeine Umgangssprache favorisiert. Es kann jedoch durchaus sein, daß ein Taxifahrer oder Busschaffner, außer Tamil, Malaiisch oder Chinesisch, gar nicht oder nur wenig englisch versteht, geschweige denn spricht.

Die ethnische Vielfalt sorgt natürlich auch für andere Probleme. Die absolute Gleichberechtigung aller Volksgruppen ermöglicht in der Regel eine harmonische Lösung. Buddhisten, Taoisten, Hinduisten, Moslems, Christen und Andersgläubigen wurde in Singapur die freie Ausübung ihrer Religion verfassungsmäßig garantiert. Eine religiöse Dachorganisation (Interreligious Organisation) berät die Regierung in religiösen Angelegenheiten.

Singapurs Leitspruch „Courtesy is our way of life", den man auf Aufklebern in Bussen und öffentlichen Ämtern lesen kann, macht jedoch deutlich, daß seine Gesellschaft in Sachen Höflichkeit einen gewissen Nachholbedarf hat. Mütter mit Kinderwagen, gehbehinderte Alte und feine Ladys erfahren in dieser Stadt menschliche Zuvorkommenheit eher von Seiten fremder Besucher, als von einheimischen Mitmenschen. Bei der Verbesserung des öffentlichen Verhaltens hat auch die britische Kolonialherrschaft deutlich mitgeholfen: Während in anderen Teilen Asiens an Bushaltestellen, Bankschaltern und in Geschäften wildes Gedränge herrscht, bilden nämlich wartende Menschen in Singapur mehr oder weniger geordnete Reihen.

Zum guten Ton der Stadt gehört auch der Konsum. Mancher Ladenbesitzer zeigt daher ohne Scheu offen seine Enttäuschung, wenn man sich nur Preisinformationen holt. Der ausländische Besucher darf sich wirklich nicht wundern, wenn man in Singapur, dem größten Wirtschafts- und Finanzzentrum Südostasiens, das mehr als 300 internationale Banken beheimatet, das „cash and carry" etwas konsequenter als anderswo ausführt. Als Folge davon wird hier eine schier unübersehbare Warenpalette angeboten, die für manches andere Handelszentrum unerreichbar bleiben wird.

Noch vor 20 Jahren hatte die Stadt übelriechende Slums mit scheinbar unlösbaren Abfallproblemen. Heute kann sich Singapur in Sachen Moderne und Sauberkeit mit jeder anderen Stadt Europas messen. Dampfhämmer und Betonmischmaschinen haben, vom Wirtschaftswunder angetrieben, aus dieser verträumten Tropenstadt in kürzester Zeit eine Weltmetropole gemacht, deren Bevölkerung nach Japan das höchste Bruttosozialprodukt und nach Japan und Brunei das höchste Pro-Kopf-Einkommen Asiens erwirtschaftet. Wen wundert es da, wenn Singapur – gemessen an der Einwohnerzahl – die meisten Eigentumswohnungen der Welt besitzt.

Das Angesicht der Stadt, welches von Jahr zu Jahr modernisiert wird,

Tamilin mit Brautschmuck

muß immer mehr auf die wichtigste Sehenswürdigkeit verzichten – die Chinatowns. Wolkenkratzende Shoppingcenter und Wohnhäuser haben große Wunden in die gewachsene Einheit der alten, das Besucherauge ansprechenden Häuserzeilen ihrer Viertel gerissen. Architektur als Zeuge von 150 Jahren Stadtgeschichte fällt, wo man nur hinsieht, der Stadtentwicklung zum Opfer. Obwohl nur die ältere Generation dies als schmerzlich empfindet, hat man sich auf Regierungsseite – wohl mehr aus touristischer als aus traditioneller Sicht – dazu entschlossen, einen Teil des alten Chinatown in restaurierter Form zu erhalten. Wohnen will dort, abgesehen von einigen Unverzagten, bei denen die Erinnerung an Vergangenes die Verlockungen der Gegenwart zu verdrängen weiß, heute kaum noch jemand. Das rege Treiben in und um diese alten Häuser vermag jedoch über diesen Umstand hinwegzutäuschen. Im Hin und Her der Menschen und Güter verschmilzt hier noch die Gegenwart mit der architektonischen Kulisse vergangener Zeiten zu dem vom Besucher erwarteten exotischen Bild.

Pagoda-, Temple-, Smith- und Tregganu-Street atmen besonders in den frühen Morgenstunden noch den Hauch des alten, von vielen verloren gewähnten Singapur. Nur die alte Sago Lane, die einst für ihre Totenhäuser und Devotionalienhandlungen bekannt war, ist durch bauliche Maßnahmen von der Schlagader des traditionellen Lebens abgetrennt: Hier noch asiatisch-exotisches Flair und gegenüber bereits die gestylte Monotonie durchkalkulierter Moderne – das ist Singapur.

Das historische Zentrum

Das eigentliche Zentrum des alten Singapur liegt beiderseits der Mündung des Singapur-River. Dieser Flußabschnitt war zu Raffles Zeiten der Haupthafen der Stadt. Bis vor kurzem gab es hier noch sogenannte Sampans, die die vor der Küste auf Reede liegenden Hochseeschiffe leichterten. Bei Flut konnten diese mastlosen Dschunken die Cavenagh-Bridge nur mit abgenommenem Zeltdach passieren. Die alten Häuser auf beiden Seiten der Mündung des Singapur-Flusses werden im Rahmen des „Singapore Billion Dollar Plan" zu einer Touristenattraktion umfunktioniert. Kleine Geschäfte und Cafés machen diesen Ort zu einer Oase der Ruhe. In Sichtweite des einstigen Hafens kennzeichnet eine Statue von Sir Stamford Raffles den Empress Place, der Ort, wo er 1819 erstmalig gelandet sein soll. In direkter Umgebung stehen viele viktorianische Bauten, die diesem Viertel eine angelsächsische Atmosphäre verleihen. Der gewaltige Supreme Court, die schöne Victoria Memorial Hall, das Parlamentsgebäude, die City Hall und der Colombo Court bilden auch die Kulisse des Singapur Cricket Club, der ebenfalls ein Relikt der Kolonialzeit ist.

Im Gegensatz zu Singapurs erstem Gerichtshof, der 1827 in einem kleinen Gebäude eingerichtet wurde, bezog man das eindrucksvolle Bauwerk des Supreme Court (oberster Gerichtshof) erst 1937. Die ihm benachbarte City Hall ist gegenwärtig Sitz der Regierung. Ursprünglich stand hier das Hotel L'Europe, in dem einst Singapurs „Crème de la crème" ein und aus ging. Das Gebäude der Victoria Memorial Hall wurde 1854 als Stadthalle errichtet. Heute finden in ihr klassische Theateraufführungen, Ausstellungen und Konzerte statt.

Der nach Königin Elisabeth II. benannte Elizabeth Walk war früher neben dem Padang, dem Platz neben dem Cricket Club, die Promenade der oberen Gesellschaft Singapurs. Durch Baumaßnahmen verlor er jedoch viel von seinem einstigen Reiz. Durch Landneugewinnung und eine Overfly-Brücke wurde die einstige Strandpromenade nicht nur optisch, sondern auch lagemäßig vom Meer abgetrennt. Ein Stück weiter auf der anderen Seite des Singapur-Flusses liegt der „Merlion-Park", eine kleine Rasenfläche mit dem wasserspeienden Standbild des gleichnamigen Fabelwesens. Das Erscheinen dieses Ungeheuers soll vor 700 Jahren den Prinzen Sang Nila Utama dazu angeregt haben, Temasek den Namen Singapura zu geben.

Unweit von hier am Collyer Quay befindet sich der Clifford Pier. Wer Bootstouren entlang der Wasserfront und zu den vorgelagerten Inseln machen will, kann hier bei zwei Reedereien buchen: Water Tours (Tel. 91 65 73/91 45 19) und Eastwind (Tel. 5 33 34 32/5 34 38 48).

Von hier gehen auch die sogenannten Twilight- oder Starlight-Cruises aus, die für ihre traditionellen Nonya-Buffets bekannt sind.

Wer solche nostalgischen Erlebnisse liebt und noch etwas vom Glanz vergangener Zeiten erhaschen will, darf den Besuch des altehrwürdigen Raffles-Hotels an der Ecke Bras Basah Road/Beach Road nicht auslassen. An den weißgetünchten Mauern des ansprechenden Kolonialbaus scheint das vom Leitsatz „Time is money" geprägte hektische Leben Singapurs abzuprallen. Kein Wunder, daß es für Stammgäste des Hotels schon Tradition ist, den Ausklang des Tages bei einem Singapur-Sling (kurz Gin-Sling) zu genießen. Nicht nur das Raffles-Hotel, auch dieser hier um die Jahrhundertwende kreierte Longdrink hat in Travellers-Kreisen einen Namen.

Leider ist das Raffles-Hotel seit Februar 1989 wegen Renovierungsarbeiten vorübergehend geschlossen.

Wenn man dann nach Sonnenuntergang erste Anzeichen von Hunger verspürt, empfiehlt sich ein kleiner Spaziergang zum Satay Club am nahen Connaught Drive. Dort werden unter freiem Himmel typisch malaiische Speisen angeboten. Wie der Name schon sagt, stehen dabei Satay (über Holzkohle gegrillte Fleischspieße) im Mittelpunkt der Speisekarte.

Neben alten islamischen Moscheen, Hindu-, Tao- und Buddha-Tempeln hat Singapur auch einige interessante Kirchenbauten, die ein näheres Hinsehen lohnen. Eine davon ist die anglikanische St. Andrews Cathedral an der Coleman Street/Ecke Saint Andrews Road. 1853 bis 1856 von indischen Häftlingen erbaut, wurde eine ihrer Fenster zum Gedenken an den englischen Stadtgründer Raffles 1861 von den Einwohnern der Stadt gestiftet. Ihre Glocken sind übrigens aus derselben Gießerei wie die des Londoner Big Ben. Wenn während der Mittagshitze einige Singapurer im Schatten der Kirche ihren seeligen Mittagsschlaf halten, vergißt man schnell, daß laut Volksglauben hier einige von Singapurs schlimmsten Geistern ihr Unwesen treiben.

Unweit von hier, an der Hillstreet, steht die älteste christliche Kirche der Stadt, die Armenian Apostolic

Church of Saint Gregory. Sie wurde 1835 von armenischen Flüchtlingen aus der Türkei erbaut. Da ihre heutige Gemeinde zu klein ist und ihr kein Geistlicher mehr zur Verfügung steht, wird der unter Denkmalschutz stehende Sakralbau gegenwärtig nicht mehr benutzt. Die armenische Kirche liegt am Fuß des Forbidden Hill, der früher eigentlich Fort Canning Hill hieß, im Laufe der Zeit aber häufig seinen Namen wechselte.

Ursprünglich lag hier das von Prinz Sang Nila Utama gegründete Singapura. Zu Raffles Zeiten fürchteten die Einheimischen diesen Ort, den sie Bukit Larangan (verbotener Hügel) nannten. Trotz Errichtung des Forts Canning und Umbenennung in Government Hill blieb er für sie tabu. Ein Grund dafür ist unter anderem das Grab von Singapurs letztem Herrscher königlichen Blutes, Sultan Iskandar Shah. Gerüchte von der Flucht des Herrschers und Beerdigung andernorts konnten bis heute nicht geklärt werden, da sich kein Bewohner der Stadt für eine Öffnung des in der Nähe des Old Cemetary gelegenen Grabes bereit erklärte.

Wie man sieht, bilden in Singapur Vergangenheit und Gegenwart eine Art Synthese, die für viele Städte Asiens typisch ist und ihnen einen besonderen Reiz verleiht.

Das neue Singapur – Kaleidoskop der Sehenswürdigkeiten

Singapur steht in den nächsten zehn Jahren im Zeichen des „Singapore Billion Dollar Plan". Neben den bekannten Sehenswürdigkeiten sollen viele neue Attraktionen entstehen. Aus den Vierteln, in denen Wohnhäuser, Hotels und Shopping-Center wie Pilze aus dem Boden schießen, glaubt man alte Traditionen und Andacht für die Götter Singapurs verbannt zu sehen. Jedoch weit gefehlt. Zwischen den Betonbauten liegen hier und da schöne alte Wohnhäuser und kleine Tempel versteckt, die man nur allzu schnell übersieht. In manchen Straßenzügen sind sie hingegen ein Blickfang, der sofort Aufmerksamkeit erweckt. Während man als Tourist zu Privathäusern kaum Zutritt erhält, stehen einem die meisten sakralen Bauten, abgesehen von einigen Moscheen, offen. Die interessantesten dieser geweihten Orte sollten in keinem Besichtigungsprogramm fehlen.

Der Tempel der himmlischen Glückseligkeit, Ma Cho Po oder auch Tian Hock Keng genannt, in der Telok Ayer Street ist einer von ihnen. Er wurde 1840 mit Hilfe von Baumaterial aus der chinesischen Provinz Hokkien fertiggestellt.

Der schöne Leong San-Tempel an der Race Course Road ist Buddha geweiht. Im Innern des mit einem prachtvollen Doppelschwungdach geschmückten Baus befindet sich eine vegetarische Garküche.

Ihm gegenüber liegt der Sakaya Muni Gaya-Tempel, auch Tempel der 1000 Lichter genannt. Ein thailändischer Mönch errichtete diesen Bau zu Ehren seines Lehrmeisters Buddha. Viele seiner Verzierungen wurden von seinem Gründer, der 1974 im Alter von 94 Jahren verstarb, selbst angefertigt. Besonders eindrucksvoll ist die 15 m große Buddhafigur, die nach Einbrechen der Dunkelheit von „1000 Lichtern" erleuchtet wird. Auch eine Kopie des Buddha-Fußabdrucks von Adams Peak in Sri Lanka kann man hier sehen.

Einer der größten und schönsten chinesischen Tempel ist der Siong Lim-Tempel in der Jl. Toa Payoh. Viele seiner Holz- und Marmorarbeiten haben ihre Vorlage im kaiserlichen Palast von Peking. Am Eingang des 1908 fertiggestellten Baus stehen 4 Wächterfiguren, die unter ihren Füßen symbolisch einen Dämonen zertreten. Im Allerheiligsten zieht eine in Meditation versunkene Buddhaskulptur die Andacht des Besuchers auf sich.

Der Sri Mariamman Hindu-Tempel ist in der Stadt der bedeutendste und größte seiner Art. Er wurde in der Zeit von 1829 bis 1843 von indischen Sträflingen im Auftrage eines reichen Kaufmanns errichtet. Neben diesem an der South Bridge Road gelegenen Hindu-Heiligtum haben die Inder einen weiteren bedeutenden Tempel in der Stadt. Es ist der im südindischen Stil erbaute Chettiar Hindu-Tempel in der Tank Road. An seiner Stelle stand ein Mitte des vorigen Jahrhunderts erbautes Heiligtum, das nach einem Brand abgerissen werden mußte. Der 1984 vollends fertiggestellte Chettiar-Tempel ist als ein dem Gott Subramaniam, auch Muruga genannt, geweihtes Heiligtum Zentrum des jährlichen Thaipusam-Festes. Seine Erbauer, die Kaste der Chettiars, sind südindische Tamilen. Die einst von den englischen Kolonialherren aus Madras nach Singapur geholten Menschen versuchen sich erfolgreich als „Mini-Banker" im Geldwechsel und -verleih.

Einen Kontrast zu den chinesischen und indischen Tempeln bilden die islamischen Moscheen. Die Sultan-Moschee ist die größte der Stadt. 1820 wurde an dieser Stelle mit 3000 S$ Unterstützung der East India Company erstmalig eine Moschee errichtet, der 1928 ein Neubau folgte. Die beste Zeit für ihre Besichtigung ist freitags gegen 12.00 Uhr mittags, wenn alle Muslims zum Gebet erscheinen. Das Betreten des Andachtsraums selbst ist für Nichtmoslems auch an anderen Wochentagen verboten. Weitere sehenswerte Moscheen sind die Abdul Gaffoor Mosque (Dunlop Street), Al-Abrar Mosque (Telok Ayer Street) und die Hajjah Fatimah Mosque (Beach Road).

Während die aus Stein erbauten „Altertümer" im Stadtbild ihren festen Platz haben, nahmen sich Singapurs Museen der wertvollen und historischen Kleinodien an. Das Nationalmuseum an der Stamford Road beherbergt beispielsweise neben anderem Kunsthandwerk auch die Jadesammlung der Gründerfamilie des Tiger Balm Garden. Einige der dort ausgestellten Stücke stammen noch aus der Ching-Dynastie. Die ehemalige Residenz der Tiger Balm-Fabrikanten Aw Boon Han und Aw Boon Par wurde hingegen in ein spezielles Jade-Museum, das berühmte „House of Jade", umgewandelt. Im Vergleich zum Nationalmuseum sind dort jedoch weniger kostbare Stücke ausgestellt.

Die Familie Aw Boon, die mit ihren aus ätherischen Ölen hergestellten Salben Millionen verdiente, sorgte, wie bereits erwähnt, auch für die Gründung des Tiger Balm-Gartens. Dieser an der Pasir Panjang Road gelegene Park ist eine Art Schulungsgarten chinesischer Mythologie: Geister, Fabeltiere, Fürsten und Dämonen alter chinesischer Sagen kann man hier als grellbunt bemalte Gipsfiguren bewundern. Während ein Sinologe, der sich mit Sprache und Kultur der Chinesen auskennt, am Besuch des Tiger Balm-Gartens seine helle Freude haben wird, steht ein laienhafter Betrachter mit zwiespältigen Gefühlen vor dieser bunten Gipswelt. Touristen, die vom Besuch des Parks absehen, sollten aber nicht vergessen, sich als nützliches Souvenir eine Dose Tiger Balm zu kaufen. Diese in roter und weißer Farbe auf den Markt kommende Salbe ist eine wertvolle Bereicherung jeder Reiseapotheke, die gegen Kopfschmerzen, Mückenstiche, Erkältungskrankheiten und vieles andere mehr hilft.

Lebendiger als im Garten der Familie Aw Boon geht es hingegen im Van Cleef-Aquarium zu, wo der Besucher einen interessanten Einblick in das bunte und vielfältige Riffleben der südostasiatischen Unterwasserwelt erhält. Der 1986 renovierte Bau liegt neben dem Nationaltheater an der River Valley Road im Central Park. Er ist von 10.00 bis 20.00 Uhr geöffnet.

Der Botanische Garten an der Napier Road zeigt auf 32 ha die tropische Vegetation dieser Region. 1859 zu Forschungszwecken angelegt, wurden hier 1877 von Henry Ridley die vom Londoner Kew Garden zugesandten Kautschuksetzlinge angepflanzt, die man ursprünglich aus Brasilien herausgeschmuggelt hatte. Brasilien hatte zum Schutz seines Kautschuk-Monopols den Export dieser für das Land wertvollen Pflanze und ihrer Samen unter Androhung der Todesstrafe verboten. Das Ergebnis dieses Verbots kann man heute in Malaysia bewundern, das gegenwärtig der größte Kautschuk-Produzent ist. In dem Garten, der von 5.00 Uhr bis 22.00 Uhr geöffnet ist, sind auch noch 4 ha echten tropischen Regenwaldes erhalten. Ein Orchideen-Haus mit mehr als 250 Arten ist eine besondere Attraktion des Botanischen Gartens. Wer sich für diese Pflanzen besonders interessiert, sollte auch den Mandai Orchid Garden an der Mandai Lake Road besuchen, der zu einer der größten kommerziellen Orchideen-Farmen Singapurs gehört. Er steht täglich von 9.00 bis 17.30 Uhr für Besuche offen.

Die Gartenstadt Singapur hat auch die Umgebung des Seletar- und MacRitchie-Reservoirs, deren

Fassungsvermögen 320 Mio. bzw. 240 Mio. Liter Wasser beträgt, zu Landschaftsparks gemacht. In der Nähe des Trinkwasserreservoirs von Seletar liegt auch der Singapore Zoological Garden, in dem viele bedrohte Tierarten Asiens gezeigt werden. Täglich von 8.30 bis 18.30 Uhr geöffnet, kann der Tiergarten mit dem Zoo-Express, der 11 verschiedene Hotels anfährt und bei Voranmeldung unter der Rufnummer 2 35 31 11 (während der Geschäftszeiten) und 7 77 38 97 (in den Abendstunden) auch von seiner Abholroute abweicht, in 45 Minuten Fahrzeit erreicht werden. Im Eintrittspreis von 16 S$ für Erwachsene und 10 S$ für Kinder unter 12 Jahren sind auch die Anfahrt und ein kurzer Besuch des Mandai Orchid Gardens enthalten.

Abholzeiten an den Hotels:

Hotel	morgens	mittags
Boulevard	8.50	13.20
Glass Hotel	9.00	13.30
Hyatt	8.35	13.05
Mandarin	8.45	13.15
Meridien	8.30	13.00
Orchard	9.10	13.40
Pavilion	8.55	13.25
Peninsula	8.50	13.20
Shangri-La	9.10	13.40
Westin Plaza	8.40	13.10
York	8.30	13.00

Während Tierfreunde an Singapurs Zoo wegen seiner großen, durch Wasser und Gräben abgetrennten Gehege, Gefallen finden werden, sind ihnen die Krokodilfarmen ein Dorn im Auge. Hunderte von diesen Reptilien werden dort auf engstem Raum ausschließlich wegen ihrer Haut gezüchtet, die eitle Menschen auch in Zeiten der Rückbesinnung auf die Natur scheinbar immer noch zur Untermauerung ihres Status benötigen. Wer sich ein Bild von dieser „Industrie" machen will, kann das „Singapore Crocodilarium" an der East Coast Parkway oder die „Crocodile Farm" an der Upper Serangoon Road in sein Besichtigungsprogramm aufnehmen.

Wirklich lohnenswert ist ein Besuch des Yurong Bird Parks im Westen der Stadt. Dort werden auf 20,2 ha mehr als 3 000 Vögel gehalten. Hauptattraktion ist ein über 21 m hohes und 2 ha großes Freifluggehege mit Wasserfall, Fluß und Brücke, durch das der Besucher spazieren kann. In kleineren Anlagen sind neben Raubvögeln, Hornbills (Nashornvögel), Königsfischern, Papageien und vielen anderen Arten auch seltene Paradiesvögel aus dem ozeanischen Neuguinea zu sehen. Sogar Pinguine haben hier eine unterkühlte Heimat gefunden. Dieser wirklich sehenswerte Vogelpark am Jurong Hill ist von 9.00 bis 18.00 Uhr geöffnet.

Das einzige echte Naturreservat der Insel, das Bukit Timah Nature Reserve, liegt 14 km außerhalb der Stadt. Markierte Pfade führen durch 60 ha nahezu unberührter Waldungen, in denen die Kleintierfauna dieser Region noch anzutreffen ist.

Zwei Kleinode der asiatischen Gartenarchitektur sind der Chinese und der Japanese Garden. Ersterer ist eine Nachempfindung des Gartens des Sommerpalastes in Peking und wurde für 5 Mio. S$ angelegt. In dem 13,5 ha großen Park lädt ein Teehaus zur Rast ein. Der Japanische Garten ist mit 13 ha einer der größten seiner Art außerhalb Japans. Besonders interessant sind auch hier die sogenannten Steingärten. Eine kombinierte Eintrittskarte für beide Anlagen, die täglich von 9.30 bis 18.00 Uhr geöffnet sind, kostet 2,50 S$ für Erwachsene und 1,20 S$ für Kinder.

Während die höchste Erhebung der Insel im Bukit Timah Reserve liegt, ist der Mt. Faber (115 m) nur ein kleiner „Berg" im Südteil der Insel. Von hier hat man bei klarer Sicht einen Überblick über die Neubauviertel Singapurs, den Hafen, bis hin zu den Inseln des indonesischen Riau-Archipels und Sumatra. Ein schöner Sonnenuntergang und der Einbruch der Nacht machen den Besuch des Mt. Faber zu einem kleinen Erlebnis.

Das soziale Wohnungsbauwunder mag uns von dort oben wie ein Alptraum erscheinen; für viele Singapurer ist es ein Wunschtraum, hier einziehen zu dürfen. Die in unseren Augen schönen alten Häuser des Chinesenviertels können die wachsenden Ansprüche der Bevölkerung nicht mehr befriedigen. Sie haben meist kein fließend Wasser und kaum sanitäre Einrichtungen und lassen auch sonst viel zu wünschen übrig. Auf dem Mt. Faber befindet sich auch die Festlandsstation einer Seilbahn, die über eine Zwischenstation neben dem World Trade Center zu der Singapur vorgelagerten Insel Sentosa hinüberführt.

Singapurs Inseln

Sentosa
Bis 1970 eine militärische Anlage, die im zweiten Weltkrieg die Funktion hatte, einen japanischen Angriff vom Meer her abzuwehren, wurde Sentosa seither planmäßig zu einem Urlaubs- und Erholungsgebiet ausgebaut. Während die Insel damals vergeblich auf einen Überfall der Japaner wartete, schweben sie heute neben anderen Touristen zu Hunderten mit der Seilbahn ein. Auf dem Eiland sorgen eine Monorail-Bahn und Busse für den Transport zu den einzelnen Sehenswürdigkeiten. Der Eintrittspreis (7,– S$ für Erwachsene und 3,50 S$ für Kinder unter 12 Jahren) beinhaltet den Besuch aller Attraktionen. Dazu gehören das Sentosa Pioniersmuseum, das Insectarium, das Maritime-Museum, das Fort Siloso, die Wasserspiele, die Schwimmlagune sowie das Coralarium und das Steinmuseum. Zusätzlich sind im Preis auch unbeschränkt viele Fahrten mit den Transportmitteln und die Rückfahrt mit der Fähre zum Singapurs World Trade Center enthalten. Für Besucher, die nach 17.00 Uhr nach Sentosa kommen, gibt es ermäßigte Eintrittspreise. Wer statt der Seilbahn lieber die Fähre benutzt, hat von 7.30 bis 22.45 Uhr alle 15 Minuten eine Verbindung zur Insel. Die letzte Fähre verläßt Sentosa um Mitternacht.

Pulau Seking
Auf dieser Palmeninsel leben mehrere hundert Malaien in Pfahlhäusern. Ihr Leben ist von Singapurs hektischem Treiben nahezu unberührt.

Pulau Hantu
Übersetzt heißt ihr Name „Geisterinsel". Wo sich alten Sagen zufolge malaiische Krieger bis aufs Messer duellierten, ist heute eines von Singapurs populären Bade- und Schnorchelzielen.

Kusu-Insel
Die Insel ist für Malaien und Moslems heilig, da hier eine Seeschildkröte – einer alten Mythe nach – einen malaiischen und einen chinesischen Seemann vor dem Ertrinken rettete, indem sie sich in diese Insel verwandelte. Der taoistische Tua Pekong-Tempel ist während des Kusu-Festes Ende Oktober/Anfang November Ziel einer jährlichen Wallfahrt zu Ehren des Glücksgottes.

Für den Touristen ist Kusu eine geeignete Badeinsel.

St. John's-Insel
Dies hügelige Eiland, das nur von einigen Fischern bewohnt wird, ist Singapurs beliebtestes Badeziel. Abgesehen von einigen Sandstränden gibt es auch schöne Wanderpfade, die über die Insel führen. Für Kleinkinder und Nichtschwimmer empfiehlt sich das Baden in einer der Lagunen.

Pulau Terkukor
Sie war das Zentrum der Piraten, die einst die Gewässer um Singapur beherrschten. Ihre Nachkommen sind heute Fischer, die sich mit Schmuggel ein Zubrot verdienen.

Lazarus-Insel
Hier trifft man noch auf die Überbleibsel eines alten Fischerdorfes.

Sisters Island
Sie ist eine von Singapurs schönsten Badeinseln, deren umgebende Gewässer sich zum Schnorcheln eignen.

<u>Wie man auf die Inseln kommt:</u>
Es gibt keine regulären Fährverbindungen. Die ab Clifford Pier verkehrenden Dschunken der Reedereien Fairwind und Watertours machen nur Rundfahrten mit kurzen Zwischenstops auf Kusu und evtl. anderen Inseln. Wer länger zu bleiben gedenkt, muß sich ein Boot chartern und für Proviant sorgen.

„Shopping" in Singapur

Obwohl Singapur in Südostasien im allgemeinen als Einkaufsparadies gilt, haben sich anderenorts ebenfalls günstige Einkaufsmöglichkeiten herauskristallisiert, die im Preis teilweise noch günstiger sind. Viele Urlauber schätzen Singapur aber hauptsächlich wegen des großen und vielseitigen Warenangebots. Da Festpreise die Ausnahme sind, ist Handeln nahezu überall angebracht. Die mit neuester Elektronik, exotischem Kunsthandwerk, Fotoobjektiven aller Brennweiten u. v. a. überfüllten Schaufenster sind eine große Versuchung, der nicht jeder widerstehen kann. Gibt es keine Vergleichspreise aus Deutschland und Singapur, sollten keine allzu teuren Käufe auf Anhieb getätigt werden.

Ohne erfahrenes, ruhiges und freundliches Auftreten wird man mit kaum mehr als 10% Preisnachlaß rechnen dürfen. Ist man dagegen eine freundliche Erscheinung mit sympathischem Auftreten, die zusätzlich noch zu handeln versteht, sind je nach Wert des Gegenstandes zwischen 30 und 40% Preisnachlaß und ein freundliches Lächeln drin. Man erwecke in jedem Fall immer den Eindruck, genau im Bilde zu sein.

Hochwertige Waren sollte man nur von Fachgeschäften beziehen. In den Einkaufsbroschüren Singapurs werden eine Vielzahl solider Geschäfte aufgeführt, die jedoch nicht immer die billigsten sind.

Die günstigsten Geschäfte liegen meist etwas außerhalb des Zentrums. In Singapur ist es zum Beispiel das Holland Shopping-Center an der Holland Road. Hier kaufen auch viele in Singapur stationierte Ausländer vom Radio über Jadeschmuck bis zum Fotoapparat besonders preisgünstig ein. Sollte das gewünschte Modell nicht vorhanden sein, läßt sich dies häufig innerhalb einer Stunde besorgen. Auch der Peoples Park ist noch als preisgünstig zu bezeichnen. Die Shopping-Centres an der Orchard Road sind meist um einiges teurer. Die vom Singapur Tourist Board empfohlenen Geschäfte haben ein Schild, das sie durch einen Merlion (Wappentier Singapurs) auf rotem Kreis als Associate Member auszeichnet.

Jade, Porzellan, Lack- und Emaillearbeiten sowie anderes chinesisches Kunsthandwerk werden in allen Qualitäts- und Preislagen angeboten.

Jade ist die Sammelbezeichnung für die Minerale Jadeit (grünliches oder weißliches Mineral) und Nephrit (weiß, rosa bis schwarz). Häufig werden auch andere grünliche Minerale als Jade verkauft. Ein gutes Fachgeschäft kann jedoch die Sicherheit bieten, echten Jadeschmuck erworben zu haben. Die wertvollste Jade ist die Nephrit-Jade, die undurchsichtig und gewachst wirkt. Alte Jadestücke wird man traditionsgemäß nicht an „Fremde" verkaufen. Bietet man Ihnen dennoch „alte" Jade an, handelt es sich meist um „Nachbildungen". Auch vor Kunststoffjade muß eindringlich gewarnt werden. Wenn man ein teures Jadestück kaufen will, sollte man sich vorher vom Tourist Board beraten lassen.

Chinesisches **Porzellan** aus der Volksrepublik China, Hongkong und Taiwan wird in Singapur in den verschiedensten Größen und Qualitäten angeboten. Auch große Stücke zu kaufen, ist kein Problem, denn deren Versand wird vom Geschäft auf dem Seeweg veranlaßt. Trotz der Versand- und Versicherungskosten sowie der in Deutschland nachzuzahlenden Mehrwertsteuer sind diese Einkäufe immer noch äußerst preisgünstig.

Auch Lackarbeiten sind meist neueren Datums. Die übereinander gestrichenen Lackschichten und die kunstvollen Malereien lassen nur selten die mühevolle Arbeit erkennen.

Keramik gibt es ebenfalls in den verschiedensten Ausführungen. Um seriengefertigter Fabrikware aus dem Weg zu gehen, sollte besser beim Hersteller selbst gekauft werden.

Elfenbeinarbeiten und Krokodilleder werden teilweise in so großen Mengen angeboten, daß man an der Echtheit zweifeln muß. Da Singapur auch heute noch ein Umschlagplatz für gewilderte Krokodil- und Schlangenhäute sowie Elfenbein aus den asiatischen Nachbarländern ist, sollte man freiwillig davon Abstand nehmen. „Elfenbein" ist häufig nur aus Kunststoff und mit in Kunstharz verarbeitetem Elfenbeinpulver beschichtet.

Krokodilleder wird auch täuschend echt nachgeahmt. Teilweise wird dazu Rindleder verwendet. Die Unsitte der Wilderei und der Massenhaltung in Krokodilfarmen, in denen die Tiere auf kleinstem Raum dahinvegetieren und nicht selten dem Kannibalismus verfallen, sollte uns vom Kauf abhalten.

Seide wird aus allen Teilen Asiens importiert. Neben der indischen und der beliebten Thai-Seide gibt es auch die mit Goldfäden verarbeitete Kelantan-Seide aus dem benachbarten Malaysia. Die letztere ist auch die teuerste. Wer sich aus Seide oder anderen Stoffen gleich an Ort und Stelle etwas schneidern lassen will, sollte besser ein Modell- oder Schnittmuster mitbringen. Anzüge dagegen sind weniger problematisch. Vom 24-Stunden-Service sollte man jedoch keinen Gebrauch machen. Auch hier gilt: „Gut Ding

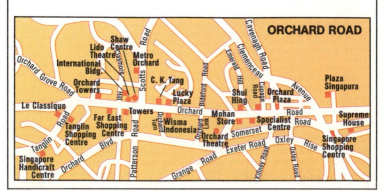

will Weile haben". Man muß dem Schneider schon Zeit zur mehrmaligen Anprobe geben.

Das große Stoffangebot umfaßt meist nur leichtere Qualitäten. Was man Ihnen daraus aber fabriziert, kann sich mit der Arbeit unserer heimatlichen Spitzenschneider durchaus messen.

Etwas Besonderes und Interessantes sind auch Kleidungsstücke aus **Batik.** Man kauft sie besser direkt vom Hersteller in Malaysia oder in Indonesien, da in Singapur häufig „Maschinenbatik" angeboten wird, die man als „Greenhorn" nur schwerlich erkennen kann. Meterware kommt mit Sicherheit aus der Maschine.

Teppiche sind meist Importware aus der Volksrepublik China. Manchmal gibt es auch noch kostbare alte Stücke, deren Kauf wegen der schönen natürlichen Farben besonders lohnt. Auch Singapur verfügt über eine kleine Teppichindustrie. In der Tractor Road Nr. 2 gibt es ein kleines Unternehmen, das auch nach eigenen Entwürfen der Kunden arbeitet.

Schmuck, Gold, Silber und Perlen, sind um vieles günstiger als in Europa. Da die Qualität der Fassungen meist geringer ist als bei uns, sollte man nur die aus Sri Lanka und Indonesien stammenden Edelsteine erwerben und sie bei uns fassen lassen. Gold hat meist ein rotgoldenes Aussehen und ist sehr weich.

Zuchtperlen gibt es besonders günstig. Man kaufe aber nur in guten Fachgeschäften. Auch die 60% billigere Rolex-Uhr mit dem „echten Zifferblatt" sähe auch von innen echt aus, wenn man sie in einem Fachgeschäft gekauft hätte. Besonders Schweizer Fabrikate werden gerne als geniale Fälschungen angeboten. Zifferblatt und Gehäusedeckel kommen aus der Schweiz, das Uhrwerk hat aber in Taiwan das Licht der Welt erblickt.

Elektrische und elektronische Geräte gibt es teilweise schon zu Schleuderpreisen. Wer vom Kauf eines „Walkman" nur wegen des Preises abgehalten wurde, wird hier, wenn er sich erst für eines der verschiedenen Modelle entschlossen hat, meist schnell zum Besitzer. Ob Stereo oder Mono, VHS, Beta oder VCC-Video, alles gibt es hier recht preisgünstig. Jedoch sollte man sich manchmal daran erinnern, daß man ja eigentlich keine Einkaufsreise unternehmen wollte. Ein kleiner Taschenrechner zur Umrechnung der fremden Währung ist meist der Anfang vom Ende.

Optische Geräte gibt es von jedem namhaften Hersteller. Neben den bekannten japanischen Herstellern finden Sie auch die deutsche Nobelfirma aus Wetzlar. Da man ja den Daheimgebliebenen etwas von den fremden exotischen Ländern zeigen will, führt man meist schon eine umfangreiche Ausrüstung mit. Häufig erwacht aber auch das Interesse an einer neuen Optik oder einem Zweitgehäuse vor Ort.

Singapur – Paradies für Feinschmecker

Was die kleinen Garküchen und Essensstände Singapurs zurecht zaubern, wird man wohl nur in einigen wenigen chinesischen Spitzenrestaurants Europas bekommen. Die Speisen, die die erstklassigen Restaurants Singapurs dennoch zu bieten haben, muß man schon selbst probieren, um es glauben zu können. Wer aber lieber französische oder italienische Küche mag, sollte ebenfalls nach Singapur kommen, denn man kennt hier mehr als nur die kulinarischen Genüsse des Fernen Ostens. Man kann Singapur guten Gewissens als das Mekka der Feinschmecker bezeichnen. Die chinesische, indische und malaiisch-indonesische Küche stehen dabei natürlich zentral.

Die chinesische Küche unterteilt sich in mehrere Untergruppen, die sich in Gewürzen und Zutaten voneinander deutlich unterscheiden.

Die bedeutendste und erlesenste ist die **Kantonesische Küche,** in der sehr viel Ingwer, aber weniger Chili verwendet wird. Gemüse und Fleisch werden gerade so durchgebraten, daß der charakteristische Geschmack erhalten bleibt. Ein bekanntes kantonesisches Restaurant ist das Conference Hall Restaurant in der Nähe des Hafens. Auch Schlangenfleisch kann man hier bekommen.

Die **Peking-Küche** hat sich mit der gleichnamigen Ente bereits ein Denkmal gesetzt. Das Besondere an der Ente ist nicht das Fleisch, sondern die mit einer Zuckerlösung knusprig gebratene Haut. Je knuspriger – desto mehr Peking könnte man beinahe sagen. Reis wird in der Peking-Küche meist durch Teigwaren, wie z. B. Nudeln und Klöße, ersetzt. Der Kaiserhof zu Peking kannte mehr als 7 000 Rezepte.

Die **Hainan-Küche** ist wohl die exotischste von allen. Neben Schildkröten und Schlangen wandern hier auch Affen und Hunde in den Kochtopf. Zum Glück sind die Speisen nahezu unerschwinglich. Die Hainan-Küche bietet aber auch vieles für den „normalen Geschmack". Geflügelgerichte und Meeresfrüchte aller Art mit viel Chili zubereitet, sind ebenfalls ein Charakteristikum ihrer Speisekarten.

Die **Szechuan-Küche** wird von Chili und Knoblauch beherrscht. Fisch- und Gemüsegerichte sind wohl für jeden Geschmack geeignet. Die „Szechuan-Duck", eine mit Tee und Kampfer benetzte und geräucherte Ente, wird von Eingeweihten als der Höhepunkt des Szechuan-Speisezettels angesehen. Dem Neuling wird diese Art des Kochens meist zu stark gewürzt sein.

Auch die **Hunan-Küche** nutzt scharfe Chilis. Sie ist jedoch etwas milder und daher auch für „ungegerbte Zungen" durchaus zu genießen.

Die **Hokkien-Küche** ist gerade in Singapur weit verbreitet, da viele Bewohner dieser Stadt aus dem chinesischen Hokkien kamen. Die häufig aus Meeresfrüchten bestehenden Gerichte, denen klare, leichte Suppen vorangehen, werden in Sojasauce gedämpft. Auch die bekannte Frühlingsrolle mit ihren verschiedenen Zutaten stammt aus der Hokkien-Küche.

Der auch in Singapur bekannte Leckerbissen des chinesischen Distrikts Teochu ist das **„Steamboat"**. Man sollte jedoch nicht gerade allein unterwegs sein, wenn man sich zu einem Steamboat entschließt. Diese auch als „chinesisches Fondue" bezeichnete Speise wäre für eine Person mit Sicherheit zu umfangreich. Geflügel-, Schweine- und Rindfleisch, Fisch und Schalentiere kann man zusammen mit Gemüse in einer leckeren Bouillon garen, die dann zum Schluß als Suppe gegessen wird. Zusätzlich gibt es viele würzige Saucen, die dafür sorgen, daß der „steam" auch beim Gast nicht ausbleibt. Das Steamboat wird natürlich mit Stäbchen gegessen. Wer diese auch „Chopsticks" genannten Instrumente fachgerecht beherrscht, ist auf dem besten Wege, ein „Insider" zu werden. Die Porzellanschale darf man dann auch ganz nahe an den Mund führen. Keine Angst – Suppen essen die Chinesen mit Porzellanlöffeln! Sie sind neben den Stäbchen ihre einzigen Eßwerkzeuge.

Nicht nur das Eßbesteck ist ungewöhnlich, auch die Gepflogenheiten am Tisch haben ihre Besonderheiten. Beim Essen zu rülpsen, ist bei den Beduinen der arabischen Länder eine Art „Beifallskundgebung" für den Gastgeber. Die Chinesen sehen darin jedoch nur ein menschliches Bedürfnis, das man auch an einer Tafel nicht zu unterdrücken braucht. Knochen und Fischgräten haben wenig auf dem Tellerrand verloren. Nichts darf den optischen Genuß beim Essen stören. Speisereste auf dem Tisch gelten dagegen als Ausdruck feiner Lebensart. Auch die Reihenfolge der Bedienung und der Speisen weicht von der bei uns bekannten ab. Die Damen zuerst zu bedienen, gilt als unhöflich.

Neben den Chinesen haben natürlich auch Malaien, Inder und Indonesier ihre Kochkünste mit nach Singapur gebracht. Exzellente **malaiische** und **indonesische Küche,** die sehr arbeitsintensiv ist, findet man daher häufiger in privaten Kreisen, oder aber in erstklassigen Restaurants. Einige von ihnen werden regelmäßig in einer aktuellen Broschüre des Singapore Tourist Promotion Boards zusammengefaßt, da sie im Vergleich zur Konkurrenz überdurchschnittliche Leistungen erbringen. (Mehr über die malaiische Küche im Kapitel „Essen und Trinken" im Malaysia-Teil.)

Asiatische Gerichte fördern, vom Klima unterstützt, kräftig den Durst. Abhilfe schaffen da unter anderem die vielen exotischen Fruchtsäfte, die man zum Teil auch für erfrischende Longdrinks verwendet. Jedes größere Hotel bietet zu diesem Thema eigene Kreationen an. Der **Singapore Sling** ist in der Inselrepublik natürlich der bekannteste aller Longdrinks. Sein Geburtsort ist das Raffles-Hotel, wo er 1915 in den

Händen des Barkeepers Ngiam Tong Boen das Licht der Welt erblickte. Es hängt heute dort von der Stimmung des Barpersonals ab, ob sie ihn in der Originalfassung ihres Vorgängers servieren.

Mit der Wahl eines **Bieres** geht man da ein bedeutend geringeres Risiko ein. Die in Südostasien gebrauten Sorten (Singh, Bir Bintang, San Miguel, Amarit, Tiger Beer, Anker Beer u. v. a.) sind alle recht schmackhaft und haben, den Tropen angepaßt, einen geringeren Alkoholgehalt. In kleineren Restaurants außerhalb des Zentrums, wo die Bestellung eines Bieres eine Ausnahme darstellt, ist es nicht selten überlagert und entspricht nicht mehr den Qualitätsansprüchen des Gastes. Bierflaschen, die verstaubt auf einem Regal in der Sonne stehen, sollten zu denken geben.

Alle Speisen und Getränke qualitativ hochwertig und original, aber dennoch preisgünstig angeboten zu bekommen, ist der Wunsch jedes Reisenden, der ihm, soweit es asiatische Mahlzeiten betrifft, in Singapur fast überall auf Anhieb erfüllt wird. Auch die Eßstände in Chinatown, sogenannte **Hawker Stalls,** präparieren mit viel Andacht von Sonnenaufgang bis in die Nacht hinein von den kompliziertesten Dim Sum-Gerichten, über Wan Tan bis zu Ba Pau nahezu alles – natürlich nur Chinesisches.

Am Newton Circus, der nach Einsetzen der Dunkelheit seine Aktivitäten erst richtig entfaltet, kommen auch die anderen ethnischen Gruppen Singapurs kulinarisch voll zum Zuge. Abgesehen von einigen Köchen, die mit Nudeln, Hackebeil und Schöpfkelle wie Jongleure hantieren, zeigt nämlich der Newton Circus, ein Verkehrskreisel, weder Dressurakte und Clowns noch Akrobatennummern. Statt solcher Darbietungen liefern die dort errichteten Garküchen nur Schmackhaftes. Die Tatsache, daß die Mahlzeiten dort nicht nur gut, sondern auch recht preisgünstig sind, würdigen die Singapurer mit regelmäßigen „Circus-Besuchen".

Nicht nur das verschiedenartige Angebot an malaiischer, indischer und chinesischer Küche, sondern auch die gemütliche „Open-Air-Atmosphäre", die an Wochenenden bis um Mitternacht anhält, hat viele Liebhaber gefunden. Andere „kulinarische Freiluftbühnen" sind das Rasa Singapura (9.00–23.00 Uhr) an der Tanglin Road in der Nähe des Singapore Tourist Promotion Boards, das Rasa Sentosa auf der Insel Sentosa (6.00–22.00 Uhr) sowie die Food-Centres an der Mündung des Singapore Rivers bei der Cavenagh Bridge. Der Satay Club, der sich am östlichen Ende des Queen Elizabeth Walks befindet, hat sich auf malaiisch-indonesische Küche spezialisiert. Über Holzkohlengrills gegarte Fleischspieße, **Satay** genannt, sind hier die Spezialität. Die beste Empfehlung für den Satay Club sind die von ihm ausgehenden Düfte, die einen Hungrigen, der in der Nähe weilt, auch ohne Empfehlung dorthin finden lassen.

In Singapur kommen offensichtlich nicht nur Augen, Ohren und Mund, sondern auch die Nase auf ihre Kosten.

„Singapore Amusement"

Wer in Singapur Unterhaltung sucht, hat bei der Vielfalt des Angebots die Qual der Wahl. Einen Ausweg kann im Zweifelsfall der Besuch eines der modernen, angenehm klimatisierten Kinos darstellen, in denen die neuesten Filme im Vergleich zu Europa zum Spartarif laufen.

Touristen, die immer ihre Kamera dabei haben und es vorziehen, etwas Ortstypisches „life" zu erleben, sollten besser eine der vielen Folklore Shows besuchen. Viele Hotels bieten eine sogenannte Cultural Show an, in der man einen Einblick in das Brauchtum der chinesischen, malaiischen und indischen Volksgruppen erhält. Besonders vor dem Hintergrund des altehrwürdigen Raffles tritt die dort dargebotene „Malayan Night" besonders wirkungsvoll in Erscheinung. Neben dem „Tarian Lilin" (Tanz), der eine Variante des sumatranischen „Tari Piring" ist, werden auch der Rodat- und Ronggeng-Tanz gezeigt. Neben diesen zum malaiischen Brauchtum gehörenden Darbietungen hat in der „Malayan Night" auch indische und chinesische Folklore ihren Platz.

Eine weniger touristische Atmosphäre trifft der Besucher bei den in den Chinatowns aufgeführten Straßenopern an, die in Singapur „wayang" genannt werden. Die sie aufführenden Schauspieltruppen sind Großfamilien, die diese aussterbende Kunst, deren Vorbild die Peking-Oper ist, bis jetzt noch am Leben erhalten konnten. Die freundliche Wesensart der Schauspieler, die einen interessierten Zuschauer auch gerne einmal hinter die Kulissen treten lassen, zeigt deutlich, daß ihr Leben weniger materiellen als kulturellen Inhalt hat. Für den westlichen Besucher ist eine „chinese street opera" anfangs noch ein schrilles, exotisches Spektakel, das uns, obwohl wir die Handlung nicht verstehen werden, schnell in seinen Bann zu ziehen vermag. Von traditionellen Instrumenten begleitet, treten farbenprächtig kostümierte und kunstvoll geschminkte Schauspieler auf.

Dem chinesischen Publikum ist die gezeigte Symbolik bis ins Detail vertraut. Rot geschminkte Gesichter verraten beispielsweise Tapferkeit. Während blaue Farbe hingegen ein grausames Gemüt verdeutlichen soll, ist Schwarz die Farbe der Leidenschaft. Je feiner und kunstvoller die Gesichter bemalt sind, desto böser und hinterhältiger sind die dargestellten Charaktere. Liebe, Krieg und Intrigen enden jedoch immer in einem moralvollen Happy-End.

Zum „Fest der hungrigen Geister" im August und September ist die Hauptsaison der „street operas", deren Kostümierung und Musik sich je nach ihrer chinesischen Ursprungsprovinz voneinander unterscheiden. Die Hokkien-Opern werden allgemein als die kunstvollsten angesehen. Chinesische Gemeinden oder Bewohner eines Stadtviertels bezahlen diese zu Ehren der Götter stattfindenden Aufführungen. Da kein

Eintritt verlangt wird, muß der Zuschauer häufig selbst für eine Sitzgelegenheit sorgen. Eine bedrohliche Konkurrenz der China-Opern sind heute Kino und Fernsehen. Immer häufiger können die Schauspieltruppen ihre Kosten nicht mehr einspielen und müssen daher diese alte, überkommene Kunst gegen ein festes Arbeitsbrot eintauschen. Die Geldspende eines Außenstehenden gilt bei den Darsteller-Gemeinschaften immer als eine besondere Würdigung ihres Könnens, das ihnen bisher ermöglichte, Jung und Alt mitzuversorgen.

Wer nicht nur zusehen, sondern selbst aktiv sein will – wenn auch nicht in einer Oper – der kann in einer der vielen Discotheken mit ihren hypermodernen Licht- und Soundeffekten die Nacht zum Tag werden lassen. Sogenannte „Taxi Dancer" vermieten sich dort als Tanzpartnerin tanz- oder stundenweise. Wer von ihnen mehr als Tanz erwartet, wird in der Regel enttäuscht. Die vielzitierte Ordnung und Moral des Inselstaates ist eben nicht nur ein Lippenbekenntnis. Rote Lampen und Neonreklamen sieht man in Singapur viele. Sie halten jedoch hier nicht, was sie andernorts versprechen. Nicht nur Luxushotels, auch Bäckereien und Schuhgeschäfte nutzen diese Wellenlänge des Lichts, um ihre Anwesenheit dem abendlichen Singapur kundzutun.

Als Beweis für die strenge Ordnung, die in dieser Stadt vorherrscht, mag die früher von vielen als harmlos eingestufte Bugis Street stehen. Hier traten nach Mitternacht Damen

China-Oper

maskulinen Ursprungs auf, die so manchen weiblichen Gast der dort gelegenen Straßenrestaurants vor Neid erblassen ließen. Nachdem diese zarten Geschöpfe aber aus mehreren Straßenschlachten mit australischen und amerikanischen Marinesoldaten siegreich hervorgegangen waren, und sie das westliche Verteidigungsbündnis zu schwächen drohten, mußten die Ordnungshüter die

Bugis Street mal wieder zur Kenntnis nehmen. Nachdem diese Straße einige Jahre lang für die „Herren im Abendkleid" Sperrbezirk war, ist sie nun im Rahmen des „Singapore Billion Dollar Plan" zu neuem Leben erwacht.

Anstatt sich immer nur in den geschäftigen Straßen und Gassen aufzuhalten, kann man der Stadt auch mal aus der Distanz vom Meer her beim „Schlafengehen" zuschauen. Mit einer chinesischen Dschunke geht es ab Clifford Pier zu einer Twilight- oder auch Starlight-Cruise, bei der außer der nächtlichen Skyline auch ein prächtiges Nonya-Buffet geboten wird. (Nähere Information im Abschnitt: „Das historische Zentrum").

Singapurs ungezwungenste, turbulenteste und farbenprächtigste Veranstaltungen sind seine Abendmärkte, bei denen es hautnah zugeht. Während sie dem fremden Besucher Zeitvertreib und Unterhaltung bieten, sind sie für den Singapurer harter Alltag.

Auskünfte über aktuelle folkloristische Veranstaltungen erteilt das Singapore Tourist Promotion Board, Tudor Court, Tanglin Road, Tel. 2 356 611.

Tägliche Folklore-Veranstaltungen:

Cultural Show, Raffles Hotel, tägl. 20.00 Uhr;*

Malam Singapura, Hyatt Regency, tägl. außer sonntags, 20.00 Uhr;

Asean Night, Mandarin Hotel, tägl. außer montags, 19.45 Uhr;

Instant Asia, Raffles Hotel, tägl. 11.45 Uhr.*

*Das Raffles Hotel ist ab Februar 1989 wegen Renovierungsarbeiten vorläufig geschlossen.

Discothequen:

Xanadu, Shangrila Hotel

Black Velvet, Sheraton Hotel, Century Park

Music Room, Hilton Hotel

Penthouse, Orchard Plazza

Parawave, Paramount Hotel

Studio M, Plaza Hotel

Copacabana, Orchard Towers

Nightclubs:

Neptune Theater Restaurant: Overseas Union Building am Collyer Quay; erstklassiges und größtes Theater-Restaurant Südostasiens; exquisite kantonesische Küche.

Tropicana: Scotts Road; erstklassige Revuen im Las Vegas-Stil; gute Küche.

Golden Million Nightclub: Peninsula Hotel; Tanzhostessen; erstklassige kantonesische Küche.

Apollo Theatre Restaurant: Apollo Hotel; Floorshow, Tanzhostessen; Hunanese Cuisine.

Belvedere Supper Club: Mandarin Hotel; internationale Artisten; französische Küche.

Anfangszeiten und Programme erfrage man vor Ort.

„Feste feiern" in Singapur

Thaipusam
Ende Januar bis Anfang Februar feiern gläubige Hindus das Thaipusam-Fest zu Ehren ihres Gottes Muruga. Prozessionen sich kasteiender Bußgänger finden am Sri Mariamman-Tempel ihren Höhepunkt.

Chinesisches Neujahrsfest
Ganze 15 Tage wird Mitte Februar nach traditioneller chinesischer Zeitrechnung der Jahreswechsel gefeiert. Mit Spruchbändern wünscht man sich ein glückliches und erfolgreiches Neues Jahr. Begleitet wird das Fest durch viele Festmahlzeiten im Kreise chinesischer Großfamilien.

Das Neujahrsfest findet seinen Höhepunkt in der Chingay-Prozession, bei der mit Trommeln und Zimbeln ausgerüstete Musikanten Löwen- und Drachentänzer auf ihrem Weg durch die Stadt begleiten. Kinder werden während des Neujahrsfestes von ihrer Familie mit kleinen roten Papiertüten, sogenannte „hong bao", beschenkt. Sie enthalten Geld und sollen Glück bringen.

Geburtstag des Affengottes
Zweimal im Jahr (Februar und September) durchbohren sich chinesische Gläubige beim Tempelgang Zunge und Wangen zu Ehren des Affengottes. Während dieses Festes finden auch viele Puppenspiele und Straßenopern statt. In den Tempeln an der Eng Hoon- und Cumming-Street sind die Zeremonien für die Zuschauer am interessantesten.

Birthday of the Saint of the Poor
Am Geburtstag des Heiligen der Armen im April wird das Standbild des gefeierten Kong Tek Choon Ong von Gläubigen durch die Straßen getragen. Einige Prozessionsteilnehmer haben ihre Zungen und Wangen mit langen Nadeln durchbohrt. Die Prozession beginnt an der Ganges Avenue im White Cloud Tempel.

Songkran Festival
Das Wasserfest wird im April in den Tempeln der Thai-Buddhisten gefeiert. Im Ananda Metyarama Thai Buddhist Temple in der Silat Road und im Sapthapuchaniyaram Temple in der Holland Road werden Buddha-Standbilder und Gläubige von Mönchen mit Weihwasser besprengt.

Vesak Day
Im Mai wird zum Gedächtnis der Geburt, Erleuchtung und Himmelfahrt Buddhas von buddhistischen Singapurern das Vesak-Fest gefeiert. U. a. werden Arme gespeist, Vögel freigelassen und andere gute Taten verrichtet. Einen besonders eindrucksvollen Höhepunkt hat das Fest im Sakaya Muni Gaya Temple (Temple of 1 000 Lights) in der Race Course Road. Alle Buddha-Tempel sind für Besucher am Vesak-Tag offen.

Dragon Boat Festival
Mitte Juni gedenkt man Ch'u Yuan, einem Helden des alten China. Gegen Unterdrückung und Korruption

protestierend, beging er Selbstmord, indem er sich ertränkte. Die Reisklöße, die seine Anhänger damals ins Wasser warfen, um die Fische von seinem Leichnam abzulenken, haben heute noch symbolische Bedeutung. Festhöhepunkt ist das Drachenbootrennen, bei dem 12 m lange Boote mit Teilnehmern aus ganz Asien, Europa und den USA in einer Regatta aufeinander treffen.

Hari Raya Puasa (Lebaran)
H. R. P. ist das festliche Ende des mohammedanischen Fastenmonats. Es findet am 1. Tag des 10. Monats des mohammedanischen Kalenders statt, was dazu führt, daß dieser Tag jedes Jahr zu einer anderen Zeit gefeiert wird. Wer islamische Gebräuche kennt, macht seinen mohammedanischen Freunden und Bekannten am 2. und 3. Feiertag einen Höflichkeitsbesuch.

Nationalfeiertag
In Erinnerung an den Unabhängigkeitstag, den 9. 8. 1965, feiert Singapur jährlich am 9. 8. mit farbenprächtigen Paraden und gewaltigem Feuerwerk seinen Nationalfeiertag.

Festival of the Hungry Ghosts
Mitte August werden nach altem chinesischen Volksglauben die Seelen der Verstorbenen aus dem Fegefeuer entlassen, um sich unter den Lebenden aufzuhalten. Um sie freundlich zu stimmen, werden ihnen chinesische Straßenopern, Reiskuchen, Geistergeld und vieles andere mehr dargeboten. Die Opfernden hoffen, mit den Gaben für das kommende Jahr Glück und Wohlstand zu sichern.

Moon Cake Festival
Zum Vollmond im September feiern die Chinesen das Mondkuchenfest, das an die Überwindung der Mongolenherrschaft im alten China erinnern soll. Damals wurde mittels der in Mondkuchen eingebackenen Botschaften der Widerstand gegen die mongolischen Besetzer organisiert. In den Tempeln wird zur Mondgöttin gebetet und auf den Straßen ziehen Kinder mit prächtigen Lampions umher.

Timithi Festival
Im Oktober feiern die Hindus zu Ehren ihres Gottes Droba Dewi dieses Fest, bei dem ein Gang über glühende Kohlen zwecks Erfüllung eines Gelübdes zentral steht. Das Zentrum des Festes ist der Sri Mariamman-Tempel an der South Bridge Road.

Festival of the Nine Emperor Gods
Während dieses 9tägigen Festes im Oktober, das den neun Herrschergöttern geweiht ist, kasteien sich viele Chinesen, um Glück, Gesundheit und Reichtum zu erbitten. Prozessionen und Straßenopern sorgen in der Nähe des Lorong Tai Serg-Tempels und in anderen Vierteln allabendlich für ein buntes Straßenbild.

Navarathri Festival
Im Chettiar-Tempel finden im Oktober 9 Nächte mit klassischer indischer Musik, Tänzen und Gesängen zu Ehren der Gemahlinnen von Schiva, Wischnu und Brahma statt. Am zehnten Tag wird das Ende des Festes mit der Prozession des silbernen Pferdes begangen. Sie startet

um 18.30 Uhr am Chettiar-Tempel in der Tank Road und führt entlang der River Valley Road, Orchard Road und Clemenceau Avenue zurück zum Tempel.

Deepavali Festival
Anfang November feiern Hindus das Deepavali- oder auch Lichterfest, in dem das Licht über die Finsternis, das Gute über das Böse triumphiert. In den Häusern der Hindus brennen Öllampen.

Weihnachten
Viele, die zu Weihnachten in Singapur verweilen, sind vor dem Fest daheim geflüchtet und werden ihm daher auch in der Löwenstadt nicht viel Andacht schenken. Für manche wird es aber interessant sein, zu sehen, daß auch in Südostasien der Geist des Weihnachtsfestes lebendig ist. Man darf sich jedoch nicht wundern, daß im Konsumparadies Singapur das Weihnachtsfest manche Übertreibung erleidet.

Singapur sportiv

Singapur ist ein Ort, der bis auf Bergsteigen, das mangels steiler landschaftlicher Erhebungen im wahrsten Sinne des Wortes „flachfällt", die Ausübung nahezu aller Sportarten ermöglicht. Alles, was mit Wasser zu tun hat, wird natürlich im Mittelpunkt des touristischen Interesses stehen.

„The Big Splash" an der East Coast Parkway ist mit seiner höchsten Wasserrutschbahn ein lohnendes, aber „gekacheltes" Badeziel. Es hat neben einem Wellenbad auch einen Strömungskanal, in dem man sich im Kreise treibend erholen kann. Wer jedoch Sand und Salzwasser vorzieht, muß auf die vorgelagerten Inseln fahren, die aber nicht über Traumstrände verfügen. Leichter ist die East Coast Lagune an der East Coast Parkway zu erreichen. Unter der Woche ist sie nahezu menschenleer. Windsurf-Fans können hier übrigens alles mieten, was sie zur Ausübung ihres Sports benötigen. Informationen erhält man über die Telefon-Nummer 4 495 118. Auf der Insel Sentosa gibt es ebenfalls eine Badelagune. Sie ist jedoch flach und wegen der hohen Wassertemperaturen nur wenig erfrischend.

Wasserski darf am Panggol Point gefahren werden. Dort liegt das Panggol Boatel, in dem alles für die rasanten Fahrten auf dem Wasser vermietet wird.

Tauchsportler finden in den Gewässern um Singapur hingegen weniger attraktive Reviere als beispielsweise an der Ostküste Malaysias. Wer dennoch unter die Fische gehen will, erhält Ausrüstung und Informationen beim Singapore Sub-Aqua Club (Tel. 5 456 377).

Das Pferderennen in Singapur's Turf Club gehört zu den großen sportlichen Ereignissen der Stadt. Obwohl das lizenzlose Buchmachen von der Regierung unter Strafe gestellt wurde, wird es von der grenzenlosen Spielleidenschaft der Chinesen am Leben erhalten. Das daraus resultierende „familiäre Unglück" hofft man beim nächsten Rennen mit einem Hauptgewinn wieder „wett" zu machen.

Wer sich für typisch südostasiatische Sportarten interessiert, wird früher oder später mit Kampfsportarten in Berührung kommen, für die Singapur, wie die Vielzahl der Clubs beweist, ein Zentrum darstellt. Das malaiische Silat oder seine indonesische Variante Pencak Silat ist wohl die eleganteste Art asiatischer Selbstverteidigung. Die kunstvollen Posen des Scheinkampfes – der Gegner wird nur scheinbar berührt – werden mit tänzerischer Anmut und einem hohen Maß an Kraft, Geistesgegenwart und Selbstbeherrschung durchgeführt. Karate, Kung Fu, Aikido, Jiu Jitsu, Judo und wie die anderen „asiatischen Spasmen" auch heißen mögen, wurden hier, im Gegensatz zu Europa, noch nicht ihres philosophischen Hintergrundes beraubt.

Wer, einem Kampfsport zuschauend, nicht ins Schwitzen kam, wird dies beim Golfspielen jedoch nicht verhindern können. Schon die ersten europäischen „Golfer" wurden, weil sie sich freiwillig Hitze und Moskitos aussetzten, von der einheimischen Bevölkerung noch gegen Ende des 19. Jh. als unverbesserliche Spinner angesehen. Seither hat sich deren Einstellung zu diesem Sport gewaltig geändert. Sogar Singapurs Premierminister Lee Kwan Yew ist ein begeisterter Golfspieler. Viele Bürger folgten seinem Beispiel und so sind die Golfplätze auf der Insel ständig mit Einheimischen belegt. Wer Mitglied in einem Golfclub werden will, muß, soweit er kein ausländischer Besucher ist, eine lange Wartezeit in Kauf nehmen. Letztere können jedoch eine zeitlich limitierte Mitgliedschaft erwerben. Mit einem Empfehlungsschreiben ihres Hotels steht ihnen schnell jeder Platz zur Verfügung.

Tennisfreunde finden ihre Plätze teilweise schon in große Hotelanlagen integriert. Das Tennis-Centre an der East-Coast Parkway hat jedoch die modernsten Einrichtungen der Stadt und eigene Trainer.

Jogging-Fans brauchen für die Ausübung ihres Sports keine speziellen Anlagen. Wer kurz nach Sonnenaufgang seine Runden drehen will, kann überall in der Stadt starten. Tagsüber sind mangels guter Atemluft die vielen großen Parkanlagen der Gartenstadt den Straßen vorzuziehen. Ihre Lunge wird es Ihnen danken.

Da Sportpiloten auch gerne mal in fremdem Luftraum ihre Runden drehen, erfolgt hier die Adresse, die ihnen bei Erfüllung dieses Wunschs behilflich sein kann: Singapore Flying Club, Seletar, Tel. 4 810 502.

<u>Golfplätze:</u>
Tanglin Sports Complex, Minden Raod (öffentlich);
Sembawang (öffentlich);
Changi (öffentlich);
Seletar (öffentlich);
Sentosa Island (Club-Platz);
Jurong Country Club (Club-Platz);
Island Course/Singapore Country Club (Club-Platz);
Bukit Course/Singapore Country Club (Club-Platz)

<u>Tennisplätze:</u>
Alexandra Park, Changi, Farrer Park, Kallang, National Stadium, Seletar, Sembawang, Tanglin.

Singapur von A–Z

Singapur (E9), die „Löwenstadt", 1819 von Sir Stamford Raffles gegründet, hatte bereits 1820 5 000 Ew.. 1826 schlossen sich Penang, Malakka und Singapur zu den Straits Settlements zusammen. 1867 bis 1959 war Singapur der wichtigste britische Stützpunkt östlich von Suez. 1959 wurde die erste gesetzgebende Versammlung, bei der die PAP (People's Action Party) unter dem Vorsitzenden Lee Kwan Yew 43 der 51 Sitze einnahm, gewählt. Lee Kwan Yew wurde Premierminister; 1965 trat Singapur aus der 1963 gegründeten malaiischen Föderation aus. Seitdem ist Singapur unabhängig. Lee Kwan Yew wurde bisher mehrfach wiedergewählt, hatte jedoch 1980 Stimmenverluste.

Neben der Insel Singapur umfaßt die heutige Republik Singapur rund 40 kleine Nebeninseln und hat eine Grundfläche von insgesamt 584 qkm. Von den rund 2,7 Mio. Ew. sind ca. 76% Chinesen. Die Hauptinsel Singapur ist durch einen Straßen- und Eisenbahndamm mit dem Festland verbunden. Ausfuhr von Erdölderivaten, Textilien, Kautschuk, Elektronik, Maschinen und Geräten u. v. a. Die gleichnamige Hauptstadt an der Südküste ist ein bedeutendes Handels- und Finanzzentrum und ein Knotenpunkt für Luft- und Seeverkehr.

Die City liegt eigentlich am Singapur-Fluß. Manche sehen aber auch die Orchard Road mit ihren Geschäften als den Mittelpunkt der Stadt an. Hier, wie auch im billigeren Peoples Park, quellen die Schaufenster über vom vielseitigen Angebot. Saphire aus Thailand, Opale aus Australien, Rubine aus Ceylon, Seide aus China, Kunststoffe aus Taiwan, Optik und Elektronik aus Japan, Kunsthandwerk aus ganz Asien und vieles mehr warten auf einen Käufer. Da für die meisten Waren keine Verbrauchssteuern und Einfuhrzölle erhoben werden, sind die Preise für den Endverbraucher sehr günstig.

Am Flughafen, in den Hotels und den Touristeninformationen erhält der Besucher eine Vielzahl an Informationen über die Unterhaltungs-, Einkaufs- und Sightseeingmöglichkeiten.

Arab Street: Das Geschäftszentrum der muslimischen Bevölkerung, wo man noch feilschen kann.

Armenian Apostolic Church of St. Gregory the Illuminator: Älteste christliche Kirche Singapurs (1835), von armenischen Türkeiflüchtlingen erbaut; heute ungenutzt, unter Denkmalschutz.

Botanic Gardens: Der Botanische Garten an der Napier Road zeigt auf 35 ha die tropische Vegetation dieser Region. Auf diesem Gelände wurden die ersten damals unter Androhung der Todesstrafe aus Brasilien geschmuggelten Gummibaumsetzlinge gepflanzt, die diese Region der Erde auch heute noch zu einem Hauptproduzenten machen. Auch eine Orchideenzucht ist zu besichtigen.

Bukit Timah Nature Reserve, 10 km nördlich der Stadt Singapur gelegenes Naturschutzgebiet mit markierten Wegen; tropischer Regenwald (75 Hektar).

Bugis Street: Die Bugis Street, das Eldorado für Transvestiten, ist nach einiger Zeit, während der die Polizei ein wachsames Auge darauf hatte, wieder zu neuem Leben erwacht. Auf der Suche nach neuen Attraktionen erinnerte man sich wieder an diesen einstigen Renner in Singapurs touristischer „Top Ten".

Die eigentliche Attraktion der Bugis Street sind die „Damen männlicher Abstammung", von denen sich heute nur noch die mutigsten nach 23.00 Uhr blicken lassen. Für die hohen Getränkepreise kann man sich andernorts eine gute „Cultural Show" anschauen.

Bargeld und andere Wertgegenstände sollte man hier auf jeden Fall nicht spazierenführen.

Central Park: Über 40 Hektar großer, hochgelegener Park, von dem aus man die City von Singapur überblickt. Hier befinden sich Nationaltheater, Nationalmuseum, Van Kleef-Aquarium, Kulturzentrum und ein Freibad.

Change Alley: An dem dem Raffles-Platz entgegengesetzten Ende der Change Alley liegt der Clifford Pier; viele historische Bauten in der Umgebung.

Chettiar Hindu Temple: Der Lord Subramaniam geweihte Tempel der südinischen Chettiars (Tamilen).

Chinatown: 2 qkm großes Innenstadtgebiet; hier leben und arbeiten in traditioneller Weise 75 000 Menschen in engen Häusern und Gassen.

Vom alten Chinatown ist nicht mehr allzu viel übrig geblieben. Die typischen chinesischen Wohnhäuser mit ihren Läden und Garküchen müssen immer mehr den Hochhausprojekten weichen. Das Bankenviertel von Frankfurt wird von Singapur bereits weit in den Schatten gestellt – die Ähnlichkeit aber bleibt.

In Chinatown, das zwischen der New Bridge Road und der Cecil Street liegt, gibt es nahezu alles zu kaufen. Besonders der Markt an der Trengganu Street mit seinen exotischen Gemüsen und Früchten ist eine besondere Attraktion.

Chinese Garden: Der Chinesische Garten von Jurong, über 13 Hektar groß, mit Architekturen im nachempfundenen Stil der Sung-Dynastie (960–1279), an den Sommerpalast in Peking erinnernd. Lohnendes Ziel für Freunde asiatischer Gartenarchitektur (Öffnungszeiten: 8.00–19.00 Uhr).

Crocodile Farm: Zuchtstation von Krokodilen, Alligatoren, Echsen und Schlangen für die lederverarbeitende Industrie.

Dari Laut-Museum: Die größte Muschelsammlung der Welt, in einem Kolonialgebäude an der Sungai Changi-Bucht.

Hajjah Fatima Mosque: Ältester islamischer Sakralbau der Stadt, um 1845 errichtet.

Chinesische Tempel: In der Telok Ayer Street liegt der Tempel der himmlischen Glückseligkeit (Ma Cho Po oder auch Tian Hock Keng-Tempel genannt). Die Baumaterialien wurden für diesen 1840 erbauten Tempel aus Hokkien herbeigeschafft.

Der Leong San-Tempel ist ein sehr schöner chinesischer Buddha-Tempel. Dieser an der Race Course Road gelegene Tempel hat ein schönes Doppelschwungdach mit interessanten Giebelornamenten. (Vegetarisches Restaurant im Tempelinnern.)

Dem Leong San-Tempel gegenüber liegt der Sakaya Muni Gaya-Tempel (Tempel der tausend Lichter) mit einer 15 m großen, sitzenden Buddhastatue. Auch eine Kopie des Buddha-Fußabdrucks vom Adams Peak in Sri Lanka kann man hier besichtigen.

Von den vielen chinesischen Tempeln Singapurs sollte in jedem Fall der Siang Lim-Tempel besucht werden, der einer der größten und schönsten Singapurs ist. Viele Holz- und Marmorarbeiten haben ihre Vorlagen in den Ornamenten der Tempel von Peking.

High Street: Eine Haupteinkaufsstraße.

House of Jade: Museum mit über 1000 Jade-Schmuckstücken und -Figuren aus mehreren Jahrtausenden (Sammlung der „Tiger Balm"-Millionäre Aw), heute Teil des Nationalmuseums.

Jurong Bird Park: Einer der schönsten Vogelparks der Erde, 1971 angelegt, 20 Hektar groß, mit vielen Tausenden von Vögeln aus aller Welt. Größter Fluggarten (begehbare Voliere) der Welt (2 Hektar). In kleineren Anlagen gibt es ebenfalls viele Raubvögel. Auch Pinguine haben hier ihre unterkühlte Heimat gefunden. Alles ist in schönen Parkanlagen mit Seen und Wasserfällen eingebettet. Wirklich sehenswert! (Öffnungszeiten: 9.00 bis 18.30 Uhr)

Japanese Garden: Japanischer Garten (13 Hektar) mit Steingärten, Lotos- und Karpfenteichen, kleinen Pagoden, Steinlaternen.

Kuan Yin Temple: Stark besuchter taoistischer chinesischer Tempel der Göttin der Barmherzigkeit.

Lee Kwan Yew, 1923 geboren, wurde 1959 nach dem Wahlerfolg

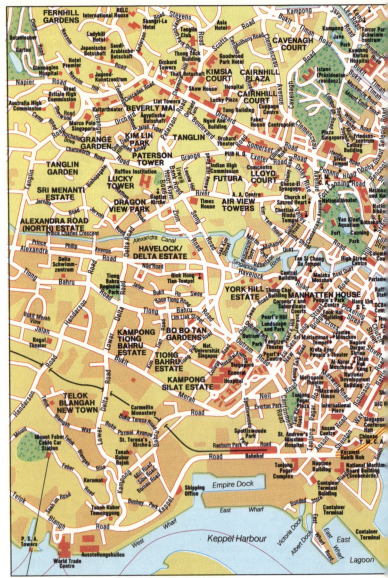

der PAP (People's Action Party) der erste Premierminister von Singapur. Seine Dynamik und sein Durchsetzungsvermögen brachten Singapur seit dem eine Art „Wirtschaftswunder"; die industrielle Entwicklung Singapurs ist für Südostasien ohne Beispiel.

Little India: Wohn- und Arbeitsviertel der indischen Bevölkerung Singapurs mit der Serangoon Road als Zentrum. Sehenswert: Hindu-Tempel und Markt.

Mandai Orchid Garden: Die größte Orchideenzucht Singapurs an der Mandai Lake Road.

Merlion Park: In dem kleinen Park an der Mündung des Singapore River steht die 8 m hohe Statue des Merlion, eines Fabelwesens mit Löwenkopf und Fischleib, Wahrzeichen von Singapur.

Mount Faber: Die höchste Erhebung Singapurs (115 m hoch). Von hier hat man einen Überblick auf die Stadt, nach Malaysia und auf die Inseln des indonesischen Riau-Archipels. Besonders der Sonnenuntergang und die einbrechende Nacht machen den Besuch des Mount Faber lohnenswert. Nach Osten hat man einen Blick auf das soziale Wohnungsbauwunder der Stadt.

Nationalmuseum: Singapurs Nationalmuseum umfaßt Sammlungen zur Archäologie sowie zur Flora und Fauna, Kunsthandwerk und die wertvollsten Stücke der Jadesammlung der Brüder Aw, der Gründer-Familie des Tiger-Balm Gardens. Einige Stücke gehen noch auf die Ching-Dynastie zurück.

Padang (malaiisch „Platz"); das erste freie Gelände, das Sir Thomas Stamford Raffles 1819 nach seiner Landung an der Mangrovenküste fand; Raffles-Denkmal.

Pasir Panjang Paradise: Kulturshow, Vorführung unter anderem von chinesischen, indischen und malaiischen Tänzen, der malaiischen Kunst der Selbstverteidigung, Bersilats und von Schattenspielen; an der Pasir Panjang Road, jeden Morgen gegen 10.30 Uhr.

Raffles Hotel: 1886 wurde dieses stilvolle Hotel von den Briten erbaut. In den Erzählungen von Somerset Maugham dient es häufig als Kulisse für Intrigen und Eifersuchtsszenen. Während der Kolonialzeit war es der zentrale Treffpunkt reicher Europäer in Singapur. Die Writers Bar erinnert heute noch an bekannte Schriftsteller wie Somerset Maugham, Joseph Conrad und Rudyard Kipling. Das altehrwürdige Raffles-Hotel ist eine besondere Sehenswürdigkeit, die man am besten kennenlernen kann, wenn man einige Tage in ihm wohnt. In dem an der Ecke Bras Basah/Beach Road gelegenen stilvollen Hotel scheint die Zeit noch stillzustehen. Den Ausklang des Tages im Palmengarten des Hotels zu erleben, ist für die in die Geschichte des Hotels eingeweihten Gäste nahezu

Sir Thomas Stamford Raffles

schon ein Ritual. Allerdings ist das Hotel seit Februar 1989 wegen Renovierungsarbeiten vorübergehend geschlossen.

Raffles, Thomas Stamford: Mit 14 Jahren in den Dienst der britischen East India Company getreten. 1805 wurde er als Assistent-Sekretär nach Penang entsandt. 1811–1816 britischer Gouverneur der während der napoleonischen Kriege eroberten niederländischen Besitzungen in Indonesien. Maßgebender Initiator der Wiederentdeckung des versunkenen Borobudur auf Java, dem größten buddhistischen Heiligtum der Erde. Er erwarb 1819 eine Mangroveninsel mit dem Dorf Temasik und gründete dort die Hauptstadt Singapur, deren Handelsgewinn schon 1825 den der Städte Malakka und Penang bei weitem übertraf. Obwohl die Insel einen ärmlichen Eindruck auf Raffles machte, erkannte er jedoch ihre besondere strategische Lage in der Malakka-Straße, die schon damals der bedeutendste Seeweg zwischen China und Indien war.

Raffles Village: Das Singapur vom Beginn des 19. Jhs. in Nachbauten mit Restaurants, Geschäften und Kulturzentrum.

St. Andrew's Cathedral: Anglikanische neugotische Kirche, Mitte des 19. Jahrhunderts von indischen Häftlingen errichtet.

Seletar Reservoir: Größtes Wasserreservoir Singapurs (24 Mio. m^3), Erholungsgebiet mit Aussichtsturm und Zoo an der Mandai Lake Road.

Sentosa Island: Vom Mount Faber kann man mit einer Seilbahn nach Sentosa, einer Singapur vorgelagerten Insel hinüberfahren. An einer am Hafen gelegenen Zwischenstation kann man ebenfalls einsteigen. Auf der Insel verkehren Busse (red bus = 2,– S$ oder green bus = 4,– S$), in deren Fahrpreis der Eintritt ins Coralarium, ins Maritime Museum und ins Fort Siloso enthalten ist. Die aufs Meer gerichteten Kanonen sollten Singapur vor einem japanischen Angriff von See her schützen. Während die Japaner damals zu Fuß vom malaiischen Festland kamen, schweben sie heute sogar zu Hunderten mit dem Sessellift nach Sentosa.

Siloso: Ein englisches Fort auf der Singapur vorgelagerten Erholungsinsel Sentosa. Es diente der Verteidigung gegen japanische Angriffe von See her.

Siong Lim See Monastery: Eindrucksvoller, im traditionellen chinesischen Stil 1904–10 erbauter Buddha-Tempel an der Kim Keat Road.

Sri Mariamman Temple: Die Fassade des Baus von 1827–43 ist mit zahlreichen Figuren besetzt, die die Taten der Göttin Kali und Szenen der Hindu-Mythologie zeigen. Der Sri Mariamman Hindu-Tempel ist der bedeutendste und größte seiner Art.

Dieser mit seinen rot-weiß gestrichenen Mauern an der South Bridge Road gelegene Tempel ist auch das ältestes Hindu-Heiligtum der Stadt.

Sultan Mosque: Vom letzten Sultan von Singapur errichteter Bau, religiöses Zentrum der islamischen Bevölkerung der Stadt. Die Sultan-Moschee an der North Bridge Road ist, obwohl sie 1922 gegründet wurde, eine der ältesten Moscheen Singapurs.

Temple of Thousand Lights: Buddhistischer Tempel mit einer 15 m hohen und 300 t schweren Buddhastatue. Die gesamte Ausstattung des Baus soll von dem uralt gewordenen thailändischen Mönch Vutthisasara angefertigt worden sein.

Thian Hok Keng Temple: Der „Tempel der himmlischen Glückseligkeit" ist der älteste chinesische Tempel der Stadt, 1840 als Armenküche und Schlafsaal errichtet.

Thieves Market: Der Diebesmarkt am Rochare Canal bietet viele Kuriositäten an. Neben Plunder gibt es manchmal noch Antiquitäten zu entdecken.

Tiger Balm Garden: 14 km außerhalb der City liegt bei Pasir Panjang im Westen der Insel der bekannte Tiger Balm Garden. 1931 wurde er auf Veranlassung der Gebrüder Aw Boon Haw gebaut, die mit ihrer Tiger Balm Creme in Asien zu Geld und Ansehen gekommen waren. Auch in Hongkong wurde von ihnen ein Tiger Balm-Garten gestiftet.

In einer Art Lehrschau werden Szenen aus der chinesischen Mythologie gezeigt. Neben künstlichen Grotten gibt es grell bemalte Tier- und Dämonen-Figuren, deren Bedeutung für den „Uneingeweihten" nur schwierig zu ergründen ist.

Van Kleef-Aquarium: 1955 gegründetes Aquarium; unter den 4 600 Seetieren sehr seltene Exemplare; Korallenausstellung. 1896 renoviert.

Zoological Garden: Der Zoologische Garten ist 28 ha groß und zeigt viele Tiere, die auf den benachbarten Inseln noch in Freiheit leben (Öffnungszeiten: 8.30–18 Uhr).

Hotels in Singapur

Die Hotels des Inselstaates stehen in Sachen Komfort, Service und Gastronomie an oberster Stelle der Weltrangliste. Um nicht nur mittels ihres Innenlebens bleibende Eindrücke bei ihren Gästen zu hinterlassen, hat man sich auch auf dem Gebiet der Hotelarchitektur etwas einfallen lassen. Daß sich die einzelnen Hotelketten in Singapur dabei zu überbieten versuchen, ist wohl kein Wunder.

Im Vergleich zu ebenbürtigen Hotelkategorien in der Bundesrepublik Deutschland zahlt man für eine Übernachtung in einem dieser Hotelpaläste 20 bis 40% weniger.

In den vielen kleinen chinesischen Hotels, die einfach, aber recht sauber sind, beträgt der Preis für ein Einzelzimmer 15 bis 30 S$. Wenn an den Wochenenden viele Besucher aus den Nachbarländern zum Shopping nach Singapur kommen, kann das Angebot an Hotelzimmern knapp werden. Reservierung ist dann zu empfehlen.

Preisklassen
1 = unter 15 S$ 4 = 51 – 110 S$
2 = 16 – 30 S$ 5 = über 110 S$
3 = 31 – 50 S$

Zimmereinrichtungen
Telefon   1
Musik/Radio   2
Farbfernsehen   3
Schreibtisch   4
Toilette   5
Kühlschrank   6
Kinderbett etc.   7
Sitzmöbel   8

Badezimmereinrichtungen
Kalt- u. Warmwasser   11
Liegebad   12
Dusche   13
Waschbecken & Spiegel   14
Bidet   15

Erholung und Sport
Schwimmbecken   21
Golfplatz   22
Reiten   23
Bootsverleih, Wasserski   24
Bowling   25
Tennisplatz   26
Sauna   27

Essen- und Getränkeservice
Restaurant   31
Grill   32
Bar/Cocktail Lounge   33
Cafe   34
Nachtklub   35
Discotheque   36
Festsaal   37
Konferenzsaal   38
24 Std.-Zimmer-Service   39

Andere Einrichtungen
Ladengalerie   41
Touristeninformation und
Reiseservice   42
Wäscherei-Service   43
Parkplätze, Garage   44
Friseursalon   45

Die in diesem Kapitel enthaltenen Hotelinformationen beruhen auf Angaben des Singapore Tourist Boards.

Name/ Address	Price Range	Number of Rooms	Facilities (Code Number)	Name/ Address	Price Range	Number of Rooms	Facilities (Code Number)
Singapur							
Century Park Sheraton 16, Nassim Hill Singapur 1025 Tel. 7 321 222 817 CPSSIN	5	462	1,2,3,4,5,6,7,8, 11,12,13,14,15, 21,27,31,32,33, 34,36,37,39,41, 43,44	Royal Holiday Inn 25 Scotts Road Singapur 0922 Tel. 7 377 966 Telex RS 218 118 HOLIDAY	5	600	1,2,3,4,5,6,7,8, 11,12,13,14,21, 27,31,32,33,37, 39,43,44
Boulevard Hotel 200 Orchard Road Singapur 1024 Tel. 7 372 911 Telex RS 21 771 BOUTEL	4	528	1,2,3,4,5,6,7,8, 11,12,13,14,21, 27,31,32,33,34, 36,37,39,43,44	Crown Prince Hotel 270 Orchard Road Singapur 0923 Tel. 7 321 111 Telex Rs 22 819 HCROWN	5	303	1,2,3,4,5,6,7,8, 11,12,13,14,21, 27,31,32,33,34, 37,38,39,41,43, 44,45
The Glass Hotel 317 Outram Road Singapur 0316 Tel. 7 330 188 Telex RS 50 141 GLHTL	4	509	1,2,3,4,5,6,7,8, 11,12,13,14,21, 26,27,31,32,33, 34,35,37,39,41, 43,45	The Dynasty 320 Orchard Road Singapur 0923 Tel. 7 349 900 Telex 36 633 Dyntel	5	400	1,2,3,4,5,6,7,8, 11,12,13,14,21, 27,31,32,33,34, 35,36,37,38,39, 41,43,44
Hilton International 581 Orchard Road Singapur 0923 Tel. 7 372 233 Telex RS 21 491 HILTELS	5	435	1,2,3,4,5,6,7,8, 11,12,13,14,15, 21,27,31,32,33, 34,36,37,39,41, 43,44,45	Federal Hotel 45 Scotts Road Singapur 0922 Tel. 7 325 555 Telex RS 42 173 FEDTEL	5	300	1,2,3,4,5,6,7,8, 11,12,13,14,21, 27,31,33,34,36, 37,39,43,44
Taipan Ramada Hotel 101 Victoria Street Singapur 0718 Tel. 3 360 811 Telex RS 21 151 TAIPAN	5	500	1,2,3,4,5,6,7,11, 12,13,14,15,21, 27,31,32,33,34, 36,37,38,39,41, 43,44	Hotel Equatorial 429 Bukit Timah Road Singapur 1025 Tel. 7 320 431 Telex RS 21 578 EQUATOR	5	224	1,2,3,4,5,6,7,8, 11,12,13,14,21, 27,31,33,34,39, 43
The Mandarin Singapore 333 Orchard Road Singapur 0923 Tel. 7 374 411 Telex RS 21 528 MANOTEL	5	1200	1,2,3,4,5,6,7,8, 11,12,13,14,15, 21,26,27,31,32, 33,34,35,36,37, 38,39,41,43,44, 45	Hotel Miramar 401 Havelock Road Singapur 0316 Tel. 7 330 222 Telex RS 24 709 MIRAMAR	4	346	1,2,3,4,5,6,7,8, 11,12,13,14,21, 27,31,33,34,37, 38,39,43,44

Hotel			
Ming Court Hotel 1 Tanglin Road Singapur 1024 Tel. 7 371 133 Telex 21 488 MINGTEL	4	300	1,2,3,4,5,6,7,8, 11,12,13,14,21, 27,31,33,34,35, 37,39,41,43,44
Cockpit Hotel 6/7 Oxley Rise/ Penang Road Singapur 0923 Tel. 7 379 111 Telex RS 21 366	4	182	1,2,3,4,5,6,7,8, 11,12,13,14,27, 31,33,34,43,44
Raffles Hotel* 1/3 Beach Road Singapur 0718 Tel. 3 378 041 Telex RS 21 586 RAFFLES	5	127	1,2,3,4,5,6,7,8, 11,12,13,14,21, 31,32,33,39,43
South East Asia Hotel 190 Waterloo Street Singapur 0718 Tel. 3 382 394	3	51	1,2,3,4,5,6,7,8, 11,13,14,31,43

Einfache Hotels:

Nam Hai 166 Bencoolen Street Tel. 3 375 396	2	n.b.	n.b.
San Wah 36 Bencoolen Street Tel. 3 362 482	2	n.b.	n.b.
Waterloo Hostel 55 Waterloo Street Tel. 3 361 685	2	n.b.	n.b.
Tiong Hoa 4 Prinsep Street Tel. 3 384 522	3	n.b.	n.b.
YMCA Metropolitan 60 Stevens Rd. Tel. 737 755	2	n.b.	n.b.
YMCA 70 Palmer Road Tel. 2 224 666	2	n.b.	n.b.

* Seit Februar 1989 wegen Renovierung vorübergehend geschlossen.

Praktische Hinweise

Währung
Die in Singapur gültige Währung ist der Singapur Dollar (S$).

Devisenbestimmungen/ Geldumtausch
Sowohl die Ein- und Ausfuhr von Landeswährung als auch von Devisen unterliegt keinerlei Beschränkungen.

Reiseschecks, besonders auf US$ lautende Traveller Cheques, können in Banken und Hotels sowie in mit „Licensed Money Changer" ausgewiesenen Wechselstuben problemlos eingetauscht werden. Lizensierte Geldwechsler gibt es in den meisten Einkaufszentren.

Kreditkarten
Die international gängigen Kreditkarten werden in Singapur fast überall akzeptiert.

Einreise
Reisende nach Singapur benötigen einen gültigen Reisepaß.

Für einen Aufenthalt von mehr als 3 Monaten benötigen Bürger der Bundesrepublik Deutschland und Österreichs ein Visum; Schweizer benötigen kein Visum.

Zollbestimmungen
Reisende über 18 Jahre dürfen zollfrei einführen (gilt nicht für Reisende aus Malaysia): 1 Liter Spirituosen, 1 Liter Wein, 1 Liter Bier, 200 Zigaretten oder 50 Zigarren oder 250 g Tabak.

Nicht für den persönlichen Gebrauch bestimmte Artikel sind deklarierungspflichtig. Die Einfuhr von Tieren bedarf einer behördlichen Genehmigung.

Ein Ausfuhrzoll existiert in Singapur nicht. Für Waffen, Tiere, Edelsteine, Gifte und Drogen wird eine Exportgenehmigung benötigt.

Achtung: Import, Export, Handel, Besitz und Anbau von Drogen werden strafrechtlich verfolgt. Bei Handel mit Heroin oder Morphium droht sogar die Todesstrafe.

Hinweis:
Im Sinne der „Convention on International Trade in Endangered Species of Wild Fauna and Flora" (CITES), zu deutsch kurz „Washingtoner Artenschutzübereinkommen", sollten Sie grundsätzlich keine Souvenirs kaufen, die aus wildlebenden Tieren bzw. Teilen davon oder wildwachsenden Pflanzen hergestellt sind.

Bezogen auf Singapur gilt dies für Elfenbein (Elfenbein von asiatischen Elefanten darf generell nicht gehandelt werden, auch nicht das von zahmen Elefanten), Schildpatt, Rhinozeros-Hörner, Schmetterlinge, Reptilienprodukte, verschiedene Vogelarten und Orchideen.

Lassen Sie sich nicht auf den Kauf eines der häufig angebotenen jungen Affen ein: Es gibt keine Genehmigung für private Halter.

Nehmen Sie bitte Abstand vom Kauf solcher „Souvenirs"; Sie leisten damit einen wichtigen Beitrag zur Erhaltung bedrohter Tier- und Pflanzenarten.

Impfungen/Ärztliche Versorgung
Es besteht keine Impfpflicht, außer für Reisende, die aus Gelbfieber-Infektionsgebieten kommen. Dringend empfohlen sind jedoch Cholera-Impfung und Malaria-Prophylaxe.

Die medizinische Versorgung ist sowohl durch staatliche als auch private Ärzte und Krankenhäuser (General Hospitals) sichergestellt. Auch verfügen die meisten Hotels über einen eigenen Arzt, der rund um die Uhr erreichbar ist.

Besondere Vorschriften
Mit einer Geldstrafe von je S$ 50,- werden geahndet: Das Wegwerfen von Abfall, das Rauchen in öffentlichen Gebäuden und Transportmitteln sowie das Überqueren der Straße, obwohl in weniger als 50 m Entfernung ein Fußgängerüberweg o. ä. vorhanden ist.

Flughafensteuer
Nach Brunei und Malaysia S$ 5,-, nach anderen Ländern S$ 12,-.

Taxipreise und Zuschläge
Mit Zähluhr: Die ersten 1,5 km oder weniger 1,60 S$, jede weiteren 300 m (oder weniger) bis zu 10 km 10 Cent, nach 10 km jede weiteren 250 m (oder weniger) 10 Cent, je 45 Sekunden Wartezeit 10 Cent.

Zusätzliche Fahrgäste: Bei mehr als zwei erwachsenen Fahrgästen 50 Cent für jeden weiteren erwachsenen Passagier; 3 Kinder unter 12 Jahren (ausgenommen Babys auf dem Arm) werden als 2 Erwachsene berechnet.

Sperrzonengebühr (Area License Fee): Ein Passagier muß eine Sperrzonengebühr bezahlen, wenn sein Taxi mit weniger als 4 Passagieren (incl. Fahrer) eine „restricted zone" in der nachfolgend aufgeführten Zeit befahren soll: wochentags und samstags 7.30–10.15 Uhr (ausgenommen sind Sonntage und öffentliche Feiertage). Die Sperrzonengebühr beträgt S$ 2,-. Wenn der Taxifahrer bereits eine Erlaubnis von einer vorangegangenen Fahrt besitzt, ist der Fahrgast nicht verpflichtet, eine neue Lizenz zu erwerben.

CBD (Central Business District)-Zuschlag: Für jede Fahrt, die in einer „restricted zone" beginnt, gelten für die nachfolgenden Zeiten die aufgeführten Zuschläge: werktags von 16.00–19.00 S$ 1,-, samstags von 12.00–15.00 S$ 1,- (ausgenommen Sonn- und Feiertage).

Airport-Zuschlag: Für jede Fahrt, die vom Changi-Airport aus geht, zahlt man einen Zuschlag von S$ 3,-.

Gebühr für die Anforderung eines Taxis via Telefon, Funk oder mittels direkter Vorbestellung: Für fernmündliche Bestellung eines Taxis S$ 1,-, für jede Vorbestellung eine halbe Stunde oder länger im voraus S$ 2,-.

Mitternachtszuschlag: Zwischen 24.00 und 6.00 Uhr gilt ein Zuschlag von 50% des Fahrpreises.

Gepäckzuschlag: Handgepäck ist frei; für Koffer und größere Stücke S$ 1,–.

Für Trishaws (Fahrrad mit zusätzlichem Fahrgastsitz) gibt es keine festen Preise; man sollte daher nur solche benutzen, die durch ein Reisebüro oder ein Hotel organisiert wurden.

Mietwagen
Die Preise für Mietwagen sind je nach Firma verschieden. Hier einige Preise als Anhaltspunkt: Klimatisierte Wagen mit Chauffeur kosten S$ 29–75 pro Stunde, bzw. S$ 175–525 pro Tag. Klimatisierte Wagen ohne Chauffeur kosten pro Tag S$ 55–320 und pro Woche S$ 390–1 920. Km-Gebühren: 40 Cents–S$ 1,20 pro km.

Das Mindestalter beträgt 23 Jahre; Mindestfahrpraxis von 1–2 Jahren erforderlich. Der nationale Führerschein wird zwar akzeptiert, ratsamer ist aber die Mitnahme eines internationalen Führerscheins. Linksverkehr! Höchstgeschwindigkeit in Ortschaften 30 Meilen/h; Anschnallpflicht.

Öffnungszeiten

Geschäfte: 10.00–18.30 Uhr, teilweise bis 21.30 Uhr (vor allem die an der Orchard Road).

Banken: montags bis freitags 10.00 bis 15.00 Uhr, samstags 9.30 bis 11.30 Uhr. Filialen der Development Bank of Singapore sind an Samstagen bis 15.00 Uhr geöffnet.

Post: täglich 8.00 bis 21.00 Uhr (Flughafen- und Killiney Road-Postamt).

Postgebühren
Luftpostkarte nach Europa –,40 S$.
Aerogramme –,35 S$.

Telefon
Ferngespräche sind vom Hotelzimmer aus mit Direktwahl möglich.

Wichtige Rufnummern

Notrufe: Polizei, Feuerwehr, Notarzt	995
Medizinische Versorgung: Singapore General Hospital	2 223 322
Fluggesellschaften:	
Lufthansa	7 374 444
Swissair	7 378 133
Singapore Airlines	2 238 888
Auskunft verschiedener Institutionen:	
Einreisebehörden	3 374 031
Flughafen	888 321
Bahnreservierungen und Auskunft	2 225 165
Taxi-Service (24-Stunden)	4 525 555
Zeitansage	1 711
Wettervorhersage	5 427 788

Stromspannung
220–240 V (Adapter notwendig).

Trinkgeld
In Hotels und Restaurants wird ein Service-Zuschlag von 10% erhoben. Trinkgeld ist nicht üblich, am Flughafen ist es sogar verboten.

Kleidung
Am besten geeignet für einen Aufenthalt in Singapur ist leichte Som-

merkleidung aus Naturfasern, wie Baumwolle oder Leinen. Formelle Kleidung ist zwar nur zu besonderen Anlässen erforderlich, in den entsprechenden Nachtlokalen jedoch nie fehl am Platze.

Sprache
Geschäfts- und Verwaltungssprache ist Englisch; es wird fast überall gesprochen und verstanden. Daneben gibt es Mandarin, Malaiisch und Tamil, die ebenfalls offiziell anerkannte Sprachen sind.

Diplomatische Vertretungen in Singapur

Botschaft der Bundesrepublik Deutschland
545 Orchard Road 14-01
Far East Shopping Centre
Singapore 0923
Tel. 7 371 355

Österreichische Botschaft
1 Scotts Road 22-04
Shaw Centre
Singapore
Tel. 2 354 088

Schweizerische Botschaft
541 Orchard Road 17-03
Liat Towers
Singapore 0923
Tel. 7 374 666

in der Bundesrepublik Deutschland

Südstr. 133
5300 Bonn 3
Tel. 02 28/31 20 07

in Österreich

Seilerstätte 22
A-1010 Wien
Tel. 2 22/52 06 17

in der Schweiz

6 bis rue Antoine-Carteret
CH-1201 Genf
Tel. 0 22/44 73 30

Informationen

Singapore Tourist Promotion Board
(Fremdenverkehrsbüro von Singapur)
Poststr. 2–4
6000 Frankfurt/Main
Tel. 0 69/23 14 56–7

Geschäftsstelle Schweiz
Bergstr. 50
CH-8032 Zürich
Tel. 01/25 25 36 5

131 Tudor Court
Tanglin Road
Republic of Singapore
Tel. 2 356 611

Literatur
APA-Foto-Guide – Singapur
Baedeker-Allianz-TB-Reiseführer – Singapur
Mai's Weltführer – Malaysia, Singapur
Polyglott – Singapur
Touropa-Urlaubsberater – Malaysia, Singapur
Was-Wie-Wo-Reiseführer – Malaysia/Singapur

Mit dem Bus von der Orchard Road

nach	Routing und Preise	Zielhalte
Arab Street	mit Bus 13 für 40 c nach	Victoria Street
Bukit Timah Reserve	mit Bus 171 für 80 c zum	B. T. Shopping Centre
Changi Airport	mit Bus 390 für 80 c zum	Changi Airport
Chinatown (Peoples Park)	mit Bus 124, 143, 167, 173, 182 für 60 c in Richtung	Sri Mariamman Temple South Bridge Road
Chinese & Japanese Garden	mit Bus CBD 1 für 50 c zum Clifford Pier von dort mit Bus 10, 30 für 80 c zum Jurong Bus Interchange, von dort mit Bus 242, 406 für 15 c zum	Chinese & Japanese Garden
Clifford Pier	mit Bus CBD 1 für 50 c zum	Clifford Pier
Crocodile Farm	mit Bus 111 für 60 c zur	Crocodile Farm
Instant Asia Show	mit Bus 143 ab Dynasty Hotel für 80 c zur	Inst. Asia Show/ Tiger Balm Garden
Jurong Bird Park	mit Bus CBD 1 für 50 c zum Clifford Pier, von dort mit Bus 10, 30 für 80 c zum Jurong Bus Interchange, von dort mit Bus 250 für 30 c zum	Jurong Bird Park
Little India	mit Bus 64, 65, 92, 106, 111 für 50 c zur	Serangoon Road
Ming Village	mit Bus 124, 143 für 80 c zum Teban Garden, von dort mit Bus 245 für 30 c zur	Pandan Road
Raffles Hotel	mit Bus 7, 14, 16 für 40 c zum	Raffles Hotel

Mit dem Bus von der Orchard Road

nach	Routing und Preise	Zielhalte
Railway Station	mit Bus CBD 1 für 50 c zur	Railway Station
Science Centre	mit Bus 7 für 80 c zum Jurong East Bus Interchange, von dort mit Bus 335 für 15 c zum	Science Centre
Sentosa Island	mit Bus CBD 1 für 70 c zum World Trade Center, von dort mit Fähre oder Seilbahn zur	Sentosa Island
Tiger Balm Garden	mit Bus 143 für 80 c ab Dynasty Hotel zum oder mit Bus CBD 1 für 50 c zum Clifford Pier, von dort mit Bus 10, 30, 97 für 80 c zum	Tiger Balm Garden

Mit dem Bus von Singapur nach Malaysia

nach	Abfahrtsort	Abfahrtszeiten	Preis	Fahrzeit	Stopover
Johore Baharu	St. Lavender Terminus	alle 10 Minuten	1 S$	ca. 1 Std.	–
Mersing	St. Lavender Terminus	9.00, 10.00, 22.00 Uhr	11 S$	3–4 Std.	–
Malakka	St. Lavender Terminus	8.00, 9.00, 11.00, 13.00, 14.00, 15.00 Uhr	11 S$	3–4 Std.	Ayer Hitam
Kuantan	St. Lavender Terminus	9.00, 10.00, 22.00 Uhr	16 S$	7–8 Std.	Mersing
Kuala Lumpur	St. Lavender Terminus	9.00, 21.00 Uhr	17 S$	8–9 Std.	Muar
Butterworth	St. Lavender Terminus	6.30 Uhr	30 S$	14 Std.	Muar/Ipoh

Singapur
Folgende Sortierungen sind im Gebrauch:
Scheine Dollar 1, 5, 10, 20, 50, 100, 500, 1000, 10 000
Münzen Cent 1, 5, 10, 20, 50, 1 Dollar

Register

Alor Setar	116, 140
Ampang	116
Angkasapuri	116
Arab Street	187
Armenian Apostolic Church of St. Gregory the Illuminator	187
Ayer Itam	116
Bako-Nationalpark	133
Balambangan	137
Bandar Seri Begawan	65f, 114f, 139
Banggi	137
Batang Rajang	133
Batu Ferringhi	116
Batu Pahat	116
Batu-Höhlen	56f, 116
Bayan Lepas	116
Benta-See	117
Beras Basah	117
Berinchang	117
Beserah	117
Binatang	133
Bintulu	133
Borneo	133
Botanic Gardens	187
Brunei	63f, 114f, 139
Bugis Street	188
Bujang Valley	117
Bukit Belagong	115
Bukit Timah Nature Reserve	188
Butterworth	117
Cameron Highlands	117
Central Park	188
Change Alley	188
Cherating	117
Chettiar Hindu Temple	188
Chinatown	188
Chinese Garden	188
Crocodile Farm	189
Dari Laut-Museum	189
Dayang Bunting	118
Empang Jaleh	118
Endau-Fluß	118
Fraser's Hill	118
Gaya	137
Genting Highlands	118
Georgetown	118, 129
Gerik	119
Glugor	118
Gomantang-Höhlen	137
Gombak-Fluß	118
Gunong Berinchang	119
Gunong Jasar	119
Gunong Mulu-Nationalpark	134, 135
Gunong Tahan	75, 119
Hajjah Fatima Mosque	189
House of Jade	189
Ipoh	119
Istana Balai Besar	121
Japanese Garden	189
Jelai-Fluß	119
Jesselton	137
Johore	119
Johore Baharu	120
Johore Lama	120
Jurong Bird Park	189
Kampong Ayer	65
Kampong Makam	120
Kampong Raja	120
Kangar	120
Kapit	60, 134
Kedah	120
Kelantan	120
Kellie Castle	120
Kemaman	120
Keningau	137
Kinabalu-Nationalpark	137
Kinta Valley	120
Kota Baharu	121
Kota Kinabalu	112, 137, 140
Kota Tinggi	121
Kuala Belait	115, 139
Kuala Dungun	121
Kuala Kangsar	121
Kuala Lipis	121
Kuala Lumpur	106f, 122f, 124f
Kuala Taku	125

Kuala Trengganu	125
Kuan Yin Temple	189
Kuantan	125
Kuching	110, 134, 140
Kudat	138
Kukup	126
Kusu-Insel	173
Labuan	138
Lake Chini	126
Langkawi Island	126
Lata Jarom-Wasserfälle	126
Lazarus-Insel	173
Little India	192
Lumut	126
Lutong	136
Malakka	126, 140
Malawali	138
Mandai Orchid Garden	192
Maxwell Hill	127
Merlion Park	192
Mersing	128
Mimaland	128
Miri	136
Mount Faber	192
Mount Kinabalu	75, 113, 138
Mulu Caves	136
Nationalmuseum von Singapur	192
Negri Sembilan	128
Niah-Höhlen	136
Padang	192
Pahang	128
Panching Cave	128
Pangkor Insel	128
Pantai Chinta	128
Parit-Wasserfälle	129
Pasir Bogak	129
Pekan	129
Penampang	138
Penang	129
Perai	130
Perak	129
Perak-Fluß	129
Perlis	129
Petaling Jaya	129
Port Dickson	130
Port Swettenham	130
Prince of Wales Island	130
Pulau Hantu	173
Pulau Seking	173
Pulau Terkukor	173
Raffles Hotel	192
Raffles Village	192
Ranau	138
Ringlet	130
Sabah	112f, 137f
Sandakan	139
Sarawak	60f, 108f, 132f
Sarawak-Fluß	137
Selangor	130
Selatar Reservoir	193
Sentosa	172, 193
Sepilok	139
Seremban	130
Seria	114f, 139
Shah Alam	130
Sibu	60, 137
Siloso	194
Singapur	49f, 54f, 160ff, 190
Siong Lim See Monastery	194
Sisters Island	173
Sri Mariamman Temple	194
Sri Menanti	131
St. Andrew's Cathedral	192
St. John's-Insel	173
Sultan Mosque	194
Taiping	131
Taman Negara-Nationalpark	131
Tanah Rata	131
Tanjong Aru	139
Telok Assam	137
Telok Chempedak	131
Temerloh	131
Temple of Thousand Lights	194
Templer-Park	131
Tenom	139
Thian Hok Keng Temple	194
Thieves Market	194
Tiger Balm Garden	194
Tioman	47f, 132
Trengganu	132
Tuaran	139
Tunku Abdul Rahman-Aquarium	131
Van Kleef-Aquarium	194
Wellesley	132
Western Hill	132
Zoological Garden	194

Index

Fototeil

Bilder des Landes	6
Bildlegenden	42

Impressionen

Inselleben à la Robinson	47
„Hast Du heute schon gegessen?"	49
Das Raffles-Hotel – Singapurs Trostpflaster in Sachen Nostalgie	54
Thaipusam – das Fest der Demut	56
Flußfahrt in Sarawak	60
Besuch im Zwergstaat Brunei	63
Übersichtskarte	68

Informationen Malaysia

Malaysia: Gestern – Heute	70
Lage und Landschaften	75
Klima, Wetter	76
Klimatabellen	77
Flora und Fauna	79
☐ Die Mangrove – eine Pionierpflanze	82
Menschen	84
Wirtschaft und Verkehr	87
Einkaufen in Malaysia	91
Sport und Unterhaltung	93
Essen und Trinken	95
Malaysias Früchte	97
Malaien, Chinesen, Inder und wir – ABC des guten Tons	99
Kleiner malaiischer Sprachkurs	102
Kuala Lumpur: Von einer Minenstadt zur Weltmetropole	106
Sarawak	108
Dayaks	110
Sabah	112
Brunei	114
Malaysia von A – Z	116
Stadtplan Kuala Lumpur	122
Plan Gunong Mulu-Nationalpark	135
Stadtpläne Alor Setar, Malakka, Kuching, Kota Kinabalu	140
Hotels in Malaysia	141
Praktische Hinweise	154
Entfernungstabelle	157
Geld Malaysia	158

Informationen Singapur

Singapur: Gestern – Heute	160
☐ Lee Kwan Yew – Staatsmann zwischen zwei Welten	162
Singapur – Stadt und Mensch	164
Das historische Zentrum	166
Das neue Singapur – Kaleidoskop der Sehenswürdigkeiten	168
Singapurs Inseln	172
„Shopping" in Singapur	173
Plan Orchard Road	175
Singapur – Paradies für Feinschmecker	177
„Singapore Amusement"	180
„Feste feiern" in Singapur	183
Singapur sportiv	185
Singapur von A – Z	187
Stadtplan Singapur	190
Hotels in Singapur	195
Praktische Hinweise	198
Busverbindungen	202
Geld Singapur	204

Register	205
Index	207

Hildebrand's Urlaubsführer

Band 1 Sri Lanka (Ceylon)
von Professor Dr. Manfred Domrös
und Rosemarie Noack

Band 2 Malediven
von Wolfgang Freihen und
Professor Dr. Manfred Domrös

Band 3 Indien, Nepal
von Klaus Wolff

Band 4 Thailand, Burma
von Dr. Dieter Rumpf

Band 5 Malaysia, Singapur
von Kurt Goetz Huehn und
Anthony Wong Kim Hooi

Band 6 Indonesien
Von Kurt Goetz Huehn

Band 7 Philippinen
von Dr. Dieter Rumpf, mit Beiträgen
von Dr. Gerhard Beese und
Wolfgang Freihen

Band 8 Hongkong
von Dieter Jacobs und
Franz-Josef Krücker

Band 9 Taiwan
von Professor Dr. Peter Thiele

Band 10 Australien
von Michael Schweizer und
Heinrich von Bristow

Band 11 Kenia
von Reinhard Künkel und Nana
Claudia Nenzel, mit Beiträgen von
Dr. Arnd Wünschmann, Dr. Angelika
Tunis und Wolfgang Freihen

Band 13 Jamaica
von Tino Greif und Dieter Jacobs

**Band 14 Dominikanische
Republik, Haiti** (Hispaniola)
von Dr. Bernd Peyer, Dr. Gerhard
Beese und Tino Greif, mit Beiträgen
von Wolfgang Freihen und
Wolfgang Müller

Band 15 Seychellen
von Clausjürgen Eicke, mit Beiträgen
von Christine Hedegaard und
Wolfgang Debelius

Band 16 Südliches Afrika
von Clausjürgen Eicke, mit Beiträgen
von Peter Gerisch und Hella Tarara

Band 17 Mauritius, Réunion
von Clausjürgen Eicke, mit Beiträgen
von Peter Gerisch, Joachim Laux,
Frank Siegfried, Elke Oßwald und
Dr. Gerhard Beese

Band 18 China
von Manfred Morgenstern

Band 19 Japan
von Dr. Norbert Hormuth

Band 20 Cuba
von Heidi Rann und Peter Geide, mit
Beiträgen von Michael Schweizer
und Paula DiPerna

Band 21 Mexico
von Matthias von Debschitz und
Dr. Wolf-Günter Thieme, mit
Beiträgen von Werner Schmidt,
Rudolf Wicker, Dr. Gerhard Beese,
Hans-Horst Skupy, Ortrun Egelkraut
und Dr. Elisabeth Siefer

Band 24 Korea
von Dr. Dieter Rumpf und
Professor Dr. Peter Thiele

Band 25 Neuseeland
von Robert Sowman und
Johannes Schultz-Tesmar

Band 26 Frankreich
von Uwe Anhäuser, mit Beiträgen
von Wolfgang Freihen

Band 27 Costa Rica
von Ina Knobloch